JN320497

ライブラリ 経営学コア・テキスト=6

コア・テキスト
人的資源管理

安藤 史江

新世社

編者のことば

　経営学は常識の学問である。経営学はいまや現代人にとっての基本的なリテラシーの一部である。最新ニュースのほとんどに企業や組織がからみ，この世のほとんどすべての問題は，経営の問題として読み解くことができる。経営学はまさに現代社会の常識なのである。

　経営学は常識の学問である。経営学は科学であり，個々の理論やモデルが正しいかどうかはデータと事実が決める。しかもその検証作業は，一部の研究者たちだけの占有ではない。広く一般の人々も日々の実践の中で検証を繰り返し，その結果生き残った経営理論だけが，常識として広く世の中に定着していく。

　経営学は常識の学問である。経営学は常識にもかかわらず，学問としての体系をもっている。そこが普通の常識とは異なる。体系的に学び，体得することができる。実際，現代ほど学問として体系的な経営学の教科書が渇望されている時代はない。高校生から定年退職者に至るまで，実に多くの人から「経営学の良い教科書はどれか」と質問される。

　それでは，良い教科書の条件とは何か。第一に，本当に教科書であること。予備知識のない普通の人が，順を追って読み進めば，体系的に理解可能な本であること。第二に，学問的に確からしいことだけが書かれていること。もちろん学問には進歩があり，それまで正しいとされていたものが否定されたり，新しい理論が登場したりすることはある。しかし，ただ目新しくて流行っているというだけで根拠もなく取り上げるビジネス書とは一線を画する。そして第三に，読者がさらに学習を進めるための「次」を展望できること。すなわち，単体として良い本であるだけではなく，次の一冊が体系的に紹介され，あるいは用意されていることが望ましい。

　そのために，このライブラリ「経営学コア・テキスト」が企画された。経営学の「核となる知」を正しく容易に理解できるような「良い教科書」群を体系的に集大成する試み。そのチャレンジに，いま21世紀を担う新世代の経営学者たちが集う。

高橋　伸夫

はしがき

　本書は，人的資源管理を初めて学ぶ，大学の学部生や大学院の学生向けにまとめた教科書です。同時に，企業で実際に人事に携わる社会人や企業の人的資源管理に関心のある人々すべてを読者対象としています。

　すでに多くの人的資源管理に関するテキストが存在する中，あえて本書をまとめるにあたって，本書では以下の2点を目標として掲げています。第1は，人的資源管理の諸制度や諸施策が企業と従業員双方の幸せを実現するように制度設計されているか否かを検討すること，第2は，もし仮に十分な制度設計がなされていたとしても，その効果は人による運用次第と考えられることを問題提起すること，です。

　そのため本書では，各章の前半では従来の日本企業の人的資源管理のあり方を振り返り，後半ではそれが近年どのように変化しているかを解説するという構成をとっています。そのうえで，既存の制度と最近の変化の関係を考察したり，各章で取り上げる諸領域の変化の間の整合性を検討することを試みます。また，本書のいくつかの章を利用し，それら各章の前半部分に，ある種シビアなとらえ方にもとづいた「まとめ」を示すことにします。制度というものはそれを受け止める立場が異なったり，制度運用のあり方を一歩誤れば，いつでも別のとらえ方ができることを実感していただくためのものです。また，それぞれの章末には，紙面の関係上，本文には取り込めなかった事柄を含め，より発展的な学習の促進を目的とした演習問題を用意しました。

　人的資源管理は，経営学の他分野と比較しても，時代や企業環境の変化の影響を受けやすい領域，変化の激しい領域の一つと考えられます。実際，本書をまとめているわずかな期間にも，さまざまな変化が確認されています。これまでそれほど問題視されていなかったにもかかわらず，一転して大きな

社会問題としてクローズアップされるようになった事柄もあれば，もともと疑問を持つような仕組みや制度であったものの，最近になって急に法改正の必要性にまで言及されるようになった事柄もあります。したがって，今後数年を待たずして，本書で取り上げた内容のいくつかにも大きな変更が必要になることは，おそらく間違いないでしょう。

　だからこそ，本書の読者には，そうした一つひとつの個別の動きに惑わされず，大きな流れで物事をとらえ，その本質を見極める姿勢を大事にしていただきたいと考えています。既存の制度はもちろん，次々に登場し，時には企業の救世主のようにもてはやされ導入が進められる新たな制度や施策に対しても，けっして無批判に受け入れるのではなく，自分の信念や長期的に望ましいと思われる方向性と照らし合わせて，判断・評価する習慣をつけることが不可欠になるのではないでしょうか。

　本書の執筆にあたっては，主に厚生労働省や総務省などの政府発表によるデータや，さまざまな調査機関のデータ，人的資源管理に関する入門書および研究書，人事関連の雑誌記事などの，いわゆる2次データを活用しています。同時に，筆者自身の実施による従業員対象の質問紙調査やヒアリング調査の結果も用いています。財団法人中部産業・労働政策研究会と社団法人日本経営協会中部本部には，これらデータの収集および本書への活用に対して，快くご協力いただきました。また，両組織と合わせまして，筆者が研究主査を務めた両組織主催の研究会に参加され，実務に裏づけられたさまざまなご助言・情報提供を下さった各企業代表者の皆様方にも，この場をお借りして心より感謝申し上げたいと思います。

　また，東京大学社会科学研究所の佐藤博樹先生，本ライブラリの編者でもある東京大学大学院経済学研究科の高橋伸夫先生，ならびに高橋ゼミ生の皆様には，本書の原稿段階でその内容に関して貴重なご助言・ご意見をいただきました。人的資源管理に関する多くの混沌とした情報の中で，何かと迷いがちな筆者に，執筆の方向性や重要ながら見落としがちな多くの視点をご提供いただきましたこと，厚く御礼申し上げます。

さらに，筆者が所属する南山大学経営学部およびビジネス研究科（南山ビジネススクール）の諸先生方にも，さまざまな側面からご支援いただきました。経営組織論が専門の筆者に，人的資源管理に関する講義担当の機会を特別にご提供いただいたことはその一つです。それに加え，2006年度の本学ビジネススクールの開校に伴い，実務経験豊富な社会人の方々との日常的な交流が叶ったことも，筆者にとってはおおいに有益な学びの場となりました。また，原稿チェックなどでは，南山大学大学院ビジネス研究科経営学専攻修士課程の佐藤歩さんにもお手伝いいただきました。そのほか，数え上げれば際限ないほど，多くの方のご支援をいただきました。そのすべての方々に深く感謝申し上げます。

　新世社編集部の御園生晴彦氏には，本書出版の機会をいただいたうえ，執筆のスケジュール管理から内容の細部にわたるご助言まで，出版に関わる全過程を通じて多大なご尽力を賜りました。思うように筆が進まないうえ，何度も改訂を繰り返す筆者を辛抱強く見守っていただき，ご激励くださいましたこと，厚く御礼申し上げます。

　最後に，今は亡き父をはじめとし，陰になり日向になり，常に筆者を支え続けてくれている名古屋と東京の家族（愛猫を含む）に，そして先月元気に誕生してくれたわが子に，感謝の意を表することをお許しいただければと思います。

　　　2008年　葉月の名古屋で

　　　　　　　　　　　　　　　　　　　　　　　　　　安藤　史江

目　次

第1章　企業経営における人的資源管理の役割　　1

- 1.1　本書の目的と位置づけ：人的資源管理を学ぶにあたって ── 2
- 1.2　経営資源としての「ヒト」── 4
- 1.3　人的資源管理論の歴史 ── 5
- 1.4　日本の人的資源管理の特徴と内外環境の変化 ── 10
- 1.5　効果的な人的資源管理のあり方とは ── 18
  - ●演習問題　21

第2章　採用管理　　23

- 2.1　採用計画 ── 24
- 2.2　新規大卒者の採用プロセス ── 28
- 2.3　その他の対象者に対する採用活動 ── 39
- 2.4　採用に伴う不確実性への対策 ── 46
- 2.5　採用管理に関わる諸取り組みの効果 ── 53
  - ●演習問題　54

第3章　評価体系と報酬　　55

- 3.1　評価・報酬管理とは ── 56
- 3.2　職能資格制度と賃金制度の関係 ── 59
- 3.3　評価・報酬制度の混迷 ── 73
- 3.4　成果主義的な要素を有する諸制度 ── 76
- 3.5　成果主義的な制度変革による影響 ── 82
  - ●演習問題　85

第4章　配置・異動・昇進　　87

- 4.1　異動・昇進管理における適材適所とは ── 88
- 4.2　配置と異動 ── 89
- 4.3　昇進・昇格・降格 ── 93
- 4.4　出向・転籍 ── 101
- 4.5　異動・昇進管理における新たな動向 ── 104
- 4.6　異動・昇進管理における変化の位置づけ ── 114
  - ●演習問題　116

第5章　人材育成およびキャリア開発　　117

- 5.1　人材育成の考え方に変化はあるか ── 118
- 5.2　人材育成の体系 ── 119
- 5.3　人材育成の費用対効果 ── 127
- 5.4　近年の特徴 ── 132
- 5.5　人材育成に関して存在する格差 ── 137
- 5.6　育成格差によって被る影響 ── 144
  - ●演習問題　148

第6章　労働時間と就業環境　　149

- 6.1　労働環境整備の意義 ── 150
- 6.2　労働時間管理 ── 150
- 6.3　労働時間管理をめぐる実際 ── 161
- 6.4　オフィス環境 ── 172
- 6.5　福利厚生 ── 175
- 6.6　法律による影響 ── 178
  - ●演習問題　179

第7章　退職管理　181

- 7.1 退職管理の意義 — 182
- 7.2 退職・解雇 — 183
- 7.3 退職金制度 — 190
- 7.4 退職管理の具体的な取り組み — 193
- 7.5 再雇用とリテンション — 202
  - ●演習問題　210

第8章　これからを拓く人的資源管理　211

- 8.1 重要性が高まる2つのマネジメント — 212
- 8.2 安全・健康に関するリスク・マネジメント — 213
- 8.3 情報管理に関するリスク・マネジメント — 221
- 8.4 就業形態に関するダイバーシティ・マネジメント — 224
- 8.5 ダイバーシティ・マネジメントに関するトピックス — 235
- 8.6 これからの日本企業の人的資源管理 — 240
  - ●演習問題　243

文献案内 — 244
索引 — 247

第 1 章

企業経営における人的資源管理の役割

　本書では全体を通じ、日本企業における人的資源管理が、企業と従業員双方の幸せを実現するように制度設計されているか、そして、その目的どおりの制度運用がなされているかを考えていきます。そのため、本章ではまず、企業における人的資源管理は何に対するどのようなプロセスなのか定義づけするとともに、労働をめぐる近年の内外環境の変化の中で、これまでの日本企業の人的資源管理の特徴や主たる担い手が、どのような影響を受けつつあるかを概観します。

○ KEY WORDS ○
人的資源，経営資源，労務管理，人事管理，
人的資源管理，戦略的人的資源管理，三種の神器，
本社人事部，労働力人口，就業意識の多様化

1.1　本書の目的と位置づけ：人的資源管理を学ぶにあたって

　本書では，経営学の諸領域の一つ，企業の人的資源管理について学びます。人的資源管理のテキストは世に数多く，各制度や施策についての解説書もすでに豊富に存在します。その中で，あえて本書をまとめるにあたって，本書が目指すのは以下の2点です。

　第1に，それら諸制度や諸施策が，企業と従業員双方の幸せを実現するように設計されているかどうか，読者とともに検討していきます。一つひとつの制度や施策は優れていたとしても，それらが複数組み合わさることによって，当初期待された効果を打ち消しあったり，むしろそれぞれの制度の悪い側面を引き出してしまうことはけっして珍しいことではありません。そうした問題が生じる理由の一つとしては，制度間の整合性が不十分であることが挙げられます。また，たとえば採用管理に関して，複数の制度の整合性が確保されていたとしても，今度は採用管理，報酬管理，人材育成など，各領域の方針間に整合性が欠けている場合もあります。さらには，そもそも導入当初，その制度が持つ良い面ばかりに注目が集まり，それと背中合わせの問題点への注意が疎かになっていたことが理由となっている場合もあるでしょう。

　こうした点を検討するために，本書では，各章の前半で従来の日本企業の人的資源管理のあり方を振り返り，後半ではそれが近年どのように変化しつつあるかを紹介します。そして，それぞれの制度や施策の個別の内容を把握し，それら施策間の整合性を検討するだけでなく，各章で取り上げる前半の内容と後半の内容との間に整合性があるかどうかを考察します。また，そうした縦方向の理解のみにとどまらず，各章のまとめを横断的にとらえることによって，採用管理，報酬管理などの異なる領域間の整合性の見極めも試みます。このような一連の考察や試みを一つの材料として，近年の制度設計が

企業と従業員双方の幸せに貢献するものになっているか検討していくものとします。

　第2は，もし仮に十分な制度設計がなされていたとしても，その効果は人による運用次第であることを実感するため，本書を通じて一種の問題提起を行いたいと考えます。具体的には，制度運用に伴って実際には多かれ少なかれ存在するだろう，人間的な交流や心情的側面を可能な限り排除し，企業にとっての合理性のみを前面に押し出した無機的な制度運営を考えます。そしてその場合，本来どのような意図をもって制度設計したかにかかわらず，かなりシビアなとらえ方も可能になってしまうことを，本書のいくつかの章を利用し，それらの章の前半部分のまとめとして示すことにします。

　そのため，このようにして本書で描き出された，これまでの人的資源管理に対する一つのとらえ方は，時にうすら寒さや読後感の悪さを読者に感じさせることもあるでしょう。また，企業の方々，とくに経営者や人事担当者の方々は，自社ではそのようなことはない，はるかに温情にあふれ従業員を十分に尊重した制度にしている，見方が穿ちすぎている，などと憤慨の感情を覚えることさえあるかもしれません。

　もちろん，実際にはそこまで極端にドライに徹した制度運用を実施している企業は，けっして多くないものと信じたいところです。しかし，制度というものは，見方を変えたり制度運用のあり方を誤れば，いつでもここで描くようなとらえ方ができるということ，その怖さを認識することは非常に重要であると本書では考えます。したがって，こうしたまとめを一つの討議材料として，制度運用にあたってどのような配慮や工夫を行えば，「一人ひとりの心ある人間で構成されている組織」にふさわしい息吹を吹き込むことができるか，また，それを現在各社がどこまで実現できているか，改めて考え直す契機にしていただけたらと望んでいます。それが，真の意味で企業と従業員の双方，ひいては社会全体の幸せを実現することにつながると考えるためです。

1.2 経営資源としての「ヒト」

　人的資源管理における具体的な諸施策の理解に進む前に，まずは，企業における人的資源管理の対象から確認しておきましょう。

　その言葉が端的に表しているとおり，人的資源管理とは人的資源を管理の対象とするものです。企業の有する経営資源としては，ヒト，モノ，カネが挙げられます。また最近では，トキ，情報，知識なども，貴重な経営資源の一つとして数えられるようになっています。人的資源とは，このうちの「ヒト」にあたります。企業にとって，いずれの資源も等しく重要ですが，なかでもヒト資源の重要性は格別です。ヒトがいなければ組織自体が成り立ちません。いかに立派な組織目標や戦略を策定しても，労働力を提供してくれるヒトがいなければ実現も叶いません。他の経営資源をその本来の価値以上に活用できるか否かも，ヒトの能力にかかっています。とくに，知的労働の必要性が増し，知的生産性が企業の競争優位の源泉となっている現代では，ヒトの果たすべき役割は拡張を続けていると考えられます。

　人的資源は，他の資源以上にマネジメントの仕方次第で，いかようにも変わりうる非常に興味深い資源でもあります。機械と異なり，さまざまな感情があるため，労働環境や仕事内容に不満があれば労働の質は下がります。一方的に過度の労働を強制すれば疲労も覚えます。指示内容が十分に理解されない場合も，期待する成果につながりません。その反対に，働きがいを感じられる仕事や魅力ある報酬，個人の価値観や目的に合致する企業目標のもとでは，人々は喜んで労働力を提供するでしょう。雇用の安定や労働者との良好な関係の構築も，労働の質の向上にはプラスに働くと考えられます。

　また，人的資源は時間の経過とともに成長可能な資源ともいえます。いかに優秀な人材を獲得しても，その後に能力を磨く機会を提供しなかったり人材開発の努力を怠れば，使えない資源となることもある一方，大切に育てれ

ば育てるほど大きな果実を実らせます。言い換えれば，人的資源とはその限界があらかじめ規定されている存在ではなく，企業の姿勢一つで，その芽を摘んだり開花させることが可能な，柔軟性の高い特殊な資源と理解できるのです。そして，こうした人的資源独特の性質を正しく理解し，企業目標達成に向けてどれだけ有効にその持てる力を引き出せるかが，企業の命運を握る鍵となるのです。

それでは，ヒトを他の経営資源とは一種異なる特別な資源として積極的にとらえようとする考え方は，いつ頃から芽生えたものなのでしょうか。実は，それほど以前からのことではないと理解されています。そこで，ヒトに対するこうしたとらえ方の変遷・発展を知るために，アメリカでの動きを例にその歴史を概観してみましょう。

1.3 人的資源管理論の歴史

◯ テイラーの科学的管理法

労働者とその働きぶりの管理に対する関心が高まり，企業が意識的にそのための施策に取り組むようになったのは，イギリスやアメリカで工場での大量生産が可能になった産業革命以降のことです。急速な技術革新は，それまでの生産管理システムに大きな変革をもたらしました。それに伴い，多くの人手が必要となり，各社では移民や未熟練労働者の活用が急増しました。この変化は，管理すべき労働者の数が増加したことを単に意味するわけでなく，量に加え質のコントロールも必要になったことを意味していました。つまり，使用者である企業にとって，労働者の作業能率や労働意欲の向上は，まさに喫緊の課題となったのです。

もちろん，この段階での労働者観は資源としてのヒトとはかけ離れたもの

であり，単にコストを生む，それ故，徹底的に管理すべき存在にすぎませんでした。このように，労働効率や労働生産性を高める目的から企業がその従業員に対して行う一連の施策や管理を，労務管理（labor management）と呼びます。当初は，労働者個人の経験や勘に任せるという，管理とは名ばかりの成り行き管理が一般的でしたが，労働の質を統制するために次第にそうした考え方から脱却し，作業方法や手順を科学的に管理しようとする動きが生じるようになりました。その先駆者はいうまでもなく，科学的管理法で知られるテイラー（F. W. Taylor）です。

テイラーの最大の功績は，それまで工具個人の腕に依存していた作業手順を，時間研究などの手法を通じて科学的に明らかにし，それを標準作業方法として他の工員に明示・徹底したことです。その結果，たとえ熟練者でなくても，短時間で優れた作業手順の習得・再現が可能になりました。この課業管理によって，労働時間の短縮および労働能率の増進がはかられたことはあまりにも有名です。また，指図どおりの時間内に正しく作業を完了できた工員には加算給を支払う，差別的出来高給と呼ばれる賃金刺激策を導入し，労働者の意欲喚起をはかったことも特徴の一つです。

こうした内容の労務管理が普及することによって，確かに，企業は以前と比較してより効率よく労働者を活用できるようになりました。しかし，労務管理的な発想のもとでは，経営における計画機能と作業機能は完全に分離され，労働者には作業機能だけが期待されることになりました。いわば，この時代には利用可能な限り利用する，まるで道具や機械のような労働者観が一般的だったとみることができます。

◯ 労務管理から人事管理へ

しかし，まもなくこうした機械的な労働者観に対する批判が強まります。とくに，1920年代から30年代にかけて，メイヨー（E. Mayo）やレスリスバーガーら（F. J. Roethlisberger & W. J. Dickson），ハーバード大学の研究

者の活動を中心に注目を集めたホーソン実験の結果は，監督者との関係やインフォーマル・グループと呼ばれる職場における人間関係が作業能率に大きな影響を与えることを明らかにして大きな反響を呼びました。こうした発見を背景に，労働者がヒトであることをより意識して，賃金や労働時間管理よりもむしろ，その心理状態に配慮すべきではないかとの考えが徐々に広がります。

さらにその後，1972年にオハイオ州ローズタウンで，賃金には満足でも，単調な仕事や機械的な仕事の進め方に不満をもった労働者が大規模なストライキを起こすと，それが契機となって，労働生活の質（QWL ; Quality of Working Life）の向上を求める運動が盛んになりました。より人間らしい働き方を可能にするためとして，心理学や行動科学の知見が積極的に活用されることになります。職務充実や自律型作業チームなどの試みが企業内で次々と実施されるようになったのも，この時期からのことです。

このように，労働者の心理状態や働きがいに焦点をあて，そのための職場設計や組織開発（OD ; Organizational Development）によって労働の質を高めようとする発想は，労務管理と区別する意味で，人事管理（personnel management）と呼ばれます。管理対象とする労働者の範囲はホワイトカラーにも広げられ，職場環境や人間関係に加え，採用から退職までの雇用に関する領域を幅広くカバーするようになりました。もっとも，労務管理の反動もあってか，人事管理においては，労務管理の主関心であった賃金や労働時間管理に対する関心はけっして高いものではありませんでした。

こうした人事管理の発想は，労務管理と比較すれば大幅に労働者の人間性を回復するものでした。それでも依然として，「育てる」という発想ではなく，「労働者を満足させることで現有能力を有効に活用する」という発想でした。つまり，この段階ではまだ，人的資源は他の経営資源と同等の位置づけだったと理解することができます。

○ 人的資源管理への発展

　こうした労働者観・従業員観が大きく転換したのは，1980年前後といわれています。当時，アメリカの製造業は自らの国際競争力の低下に苦しんでおり，その原因として，これまでの対従業員政策に問題があったのではないかと考えるようになります。従来の企業は，人事管理の段階になってさえ，従業員がもともと保有している能力をいかに効果的に，しかも人件費などのコストをいかに最小限に抑えて引き出すか，という視点にとらわれていました。

　しかし，前述したように，本来の人的資源は他の資源とは異なり，より大きな可能性を秘めた柔軟性の高い存在です。現有能力をただ活用するだけでは得られるリターンにも限界があります。それに対して，まず投資や育成を実施し，その能力をさらに高めてから活躍の機会を与えれば，より大きなリターンが期待できます。こうした観点から，当時比較的好調だった日本企業を調査したところ，従業員を使い切るというよりは，まさに長期にわたって囲い込み育てることに重点を置いた従業員政策をとっていることが判明しました。そして，その調査結果がヒト資源に対する発想の転換を後押しすることになりました。人的資源を経営資源の中でも特別な存在としてとらえるこの発想こそ，人的資源管理（HRM；Human Resource Management）と呼ばれるものです。

　人的資源管理では，これまで人事管理において個別に管理していた採用や評価，育成など，雇用に関する諸領域をより統合的な視点から設計します。そうしなければ，長期間に及ぶ育成方針の一貫性が保てないためです。もちろん，人事管理でやや疎かになっていた賃金管理や労働時間管理も，従業員の育成を進めるうえでおおいに関係するため，人的資源管理の発想のもとでは重視されることになります。最近では，一人ひとりの個性や能力により適合した育成の実現を目的に，従来のような一律の集団管理から個別管理への関心も高まっています。たとえば，FA制度の導入（第4章）や従業員に対

図表 1.1　人的資源に対する管理的視点の推移

	労務管理	人事管理	人的資源管理
時　期	1910 年頃から	第 2 次世界大戦以後	1980 年前後から
対象とする労働者	生産労働者，工員などのブルーカラー	ホワイトカラーにも対象を拡大	主にホワイトカラー，とくに知的労働者
労働者観	道具・機械のように利用すべき存在。	他の経営資源と同等の資源。現有能力を有効活用すべき存在。	他の経営資源とは一線を画す，大きな可能性を秘めた資源。投資・育成によって現有能力の向上を支援することで，より大きなリターンを狙うべき存在。
管理の目的	管理機能と作業機能の分離と，作業方法の科学的な分析による，作業能率のアップ。	労働者の心理状態，人間関係に配慮することによる職務満足と，それを通じた労働の質の向上。	経営資源の価値を飛躍的に高めることを通じた，長期的な組織能力，競争優位性の獲得。
管理領域	・労働時間 ・賃金	労働条件以外の雇用全般。ただし，それぞれの領域は個別の視点から管理。	育成方針の一貫性を保つため，雇用全般を統合的な視点から管理。
管理方法	集団一律管理	集団一律管理	集団一律管理ながら，徐々に個別対応のウエイトが増加。
施策例	・課業管理 ・差別的出来高給制　　　　　　　　　など	・職務充実 ・自律的作業チーム ・組織開発　　　　　など	・キャリア支援 ・メンタリング ・FA 制度　　　　　など

するキャリア開発支援の実施（第 5 章）などは，その典型例といえるでしょう。

　現在はさらに一歩前進し，企業戦略，組織構造，人的資源管理すべての適合性を考える戦略的人的資源管理（SHRM；Strategic Human Resource Management）の重要性が強調されています。こうした変遷をまとめたものが図表 1.1 です。整理すると，人的資源管理とは，①他の経営資源と比較して

はるかに多くの可能性を秘めている人的資源を対象とし、②そこから得られるであろう長期的なリターンを目的として、③雇用から労働条件に至るすべての領域を統合的視点にもとづいて管理するプロセス、と定義できそうです。

1.4 日本の人的資源管理の特徴と内外環境の変化

◯ 日本企業の人的資源管理の特徴

　日本企業において、人的資源管理が比較的早くから実施されていたことは、先に述べたとおりです。アメリカから多くの影響を受けた日本では、テイラーの科学的管理法が注目を集めると、確かにそれをすぐに導入する動きがみられました。しかし、第2次世界大戦後、労働基準法の制定に代表されるように、従業員の権利保護が強く求められるようになると、企業と従業員の関係には大きな変化が生じます。たとえば、身分差別的な処遇が禁じられたことにより、世界に類を見ないホワイトカラーとブルーカラーを区別しない雇用管理が実現しました。また、比較的最近まで当然のように認識されてきた、「従業員は皆家族で、経営者と従業員は親子のようなもの」とする関係が始まり、長期雇用を前提とした内部育成が一般的になります。カバーする領域も、雇用から労働条件に至るまで総合的な視点に立ったものとなりました。要するに、日本の場合は主として外部からの圧力によってではありますが、労務管理から一足飛びに人的資源管理の発想へ移行したと考えられるのです。

　その日本企業の人的資源管理の特徴は、「OECD対日労働報告書」(1972)の発表以来、三種の神器と説明されてきました。三種の神器とは生涯雇用、年功賃金、企業別労働組合の3つです。生涯雇用とは、一度採用したら原則定年まで従業員の雇用を保証する制度のことを指し、いわゆる終身雇用のことです。年功賃金とは、勤続年数や年齢が上昇するほど賃金が高くなる処遇

制度を指します。また企業別労働組合とは，同一の企業に雇用される労働者を，職種を越えて組織した労働組合のことです（コラム参照）。日本ではもっとも多い形態ですが，諸外国では産業別組合や職業別組合のほうが一般的です。また，日本企業の労働組合は，従業員は全員組合員とし組合脱退者は原則として解雇するよう使用者に約束させる，ユニオン・ショップ制をとるケースが多いのも特徴といえます。組合加入を従業員の自由に任せるオープン・ショップ制はともかく，従業員を採用する際は組合員からとするクローズド・ショップ制は，ほとんど見受けられません。

なお，日本企業では企業別組合のメリットを活かし，企業と労働組合との関係を比較的良好に維持してきました。実際，管理職の多くは以前の組合員ですし，かつて組合幹部だった者が役員になっていることもけっして珍しくありません。しかし，1960年代や70年代に35％程度だった組合組織率は年々低下し，2000年以後は20％を割り込むなど，以前と比べると明らかに弱体化しています。そのため，中間管理職やパートタイム労働者など，これまで組合員の対象外だった人々を取り込もうとする努力が，現在ゆっくりと進行しつつあります。

コラム　労働組合

労働組合とは，一人ひとりでは弱い存在である労働者が主体となって，自主的に労働条件の維持改善やその他の経済的地位の向上をはかることを目的に結成した団体のことで，主として使用者側との団体交渉を通じてその目的を達成しようとするものです。労働組合には憲法28条で団結権，団体交渉権，争議権の労働三権が保障されており，使用者である企業側が，団体交渉を拒否したり，組合活動を理由にした不利益取り扱いや支配介入を行うなどの不当労働行為を行った場合，組合側は労働組合関係の専門行政機関である労働委員会に救済申し立てができることになっています。労働組合が労務の提供を拒否して行う争議行為には，集団的な労務拒否である「同盟罷免（ストライキ）」，仕事のスピードを落としたり特定の仕事を拒否する「怠業（サボタージュ）」，会社の入口で見張り・説得などを行う「ピケ」といった種類があります。いずれも組合としての正当性を欠かない限り，刑事・民事免責の保護が適用されます。

◯ 日本企業における人事部の役割

　こうした特徴を持つ日本企業の人的資源管理の主たる担い手は，やはり人事部でしょう。

　人事部の役割は大きく3つあります。1つめはトップとのパイプ役です。トップが企業目標・戦略，それにもとづく人事方針を決定すると，人事部はその実現を目指した制度や手続きの設計を担います。機能していない制度，必要性の薄れた制度があれば，見直しや修正も行います。時には，より能動的に人事部のほうからトップに働きかけ，人材育成に関わる戦略の形成に参加することさえあります。

　役割の2つめは，事業部などラインとのパイプ・調整・助言役です。通常，生産部門や販売部門などのラインにも人事業務を担当する者は存在します。しかし，スタッフである本社の人事部が，採用から報酬，人事異動や昇進，社員教育などの一切を細部にわたって意思決定し，ラインは専らその指示を受け入れるだけということも少なくありません。また，事業部内の異動に関してはラインに権限があっても，事業部をまたがる異動には本社人事部が絶対の権限を持つことも多々あります。もちろん，ライン側に人事に関する権限委譲が進んでいる場合も企業によっては皆無ではありません。その場合の本社人事部の役割は，全社的な視点からの事業部間の調整や制度運用に関する助言・支援に置かれます。

　3つめは，良好な労使関係の維持・支援です。人事部は従業員の福利厚生，労働条件の改善に対する責任があるうえ，採用や異動，退職など従業員の身分や雇用に直接関することも主たる業務としています。そして，それらの決定や諸条件の変更にあたっては，必ず事前に労働組合と協議して承認される必要があります。そのため，前述のように労働組合の組織率が低下傾向にある現在でもなお，良好なコミュニケーションを維持することが重要とされるのです。

　まとめれば，人事部は図表1.2で表すように，トップ・マネジメントと

図表 1.2　本社人事部の役割

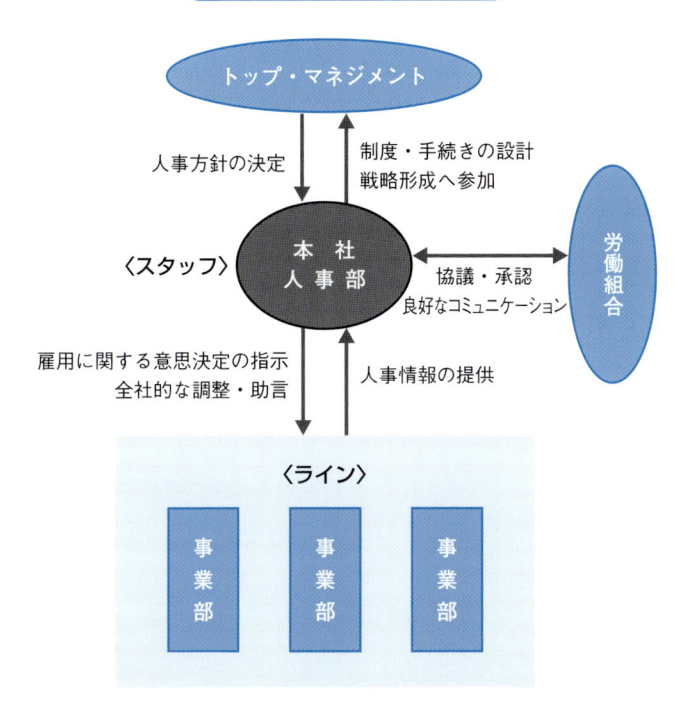

```
                トップ・マネジメント
                    ↑  ↓
         人事方針の決定  制度・手続きの設計
                        戦略形成へ参加
                                        労働組合
     〈スタッフ〉  本社人事部  ←→  協議・承認
                                   良好なコミュニケーション
                    ↓  ↑
        雇用に関する意思決定の指示  人事情報の提供
        全社的な調整・助言
                〈ライン〉
          事業部  事業部  事業部
```

ライン，労働者の代表である労働組合それぞれと緊密に連携をとることで，人的資源管理の担い手としての役目の遂行に務めているのです。

　これまでの日本企業における本社人事部の地位や権限は，アメリカ企業と比較するとかなり強力と理解されていました。実際，日本の従業員に出世コースや花形部門を尋ねると，アメリカとは異なり，企画部やマーケティング部門に次いで人事部が上位に挙がります。その主な理由としては，社内のほぼすべての管理職やトップと接触するため有意義な人脈が形成しやすくなる，または，人事に関する全社的な情報を入手できるため社内の実情を見極めやすくなる，と思われていることがあるようです。

このように本社人事部が強力であることの主要メリットは，人事情報が集中することで情報管理に関する規模の経済が働くことと，部分最適ではなく全体最適を実現しやすいこととされます。それに対してデメリットは，現場情報はラインがもっとも正確に把握しており，そのすべてを本社人事部に提供しているとは限らないことによる情報の非対称性の発生や，全社的な調整に伴う意思決定スピードの遅れやコスト，真の意味で一人ひとりの従業員に合ったきめ細かい対応が難しいこと，などといわれます。

○ 日本企業の雇用を取り巻く内外環境の変化

　最近，労働をめぐる内外環境の変化は著しく，上述したような従来の日本の人的資源管理の特徴や担い手も変質を迫られているといわれます。それでは，いったいどのような環境変化が生じているというのでしょう。

　まず外部環境の変化から取り上げます。好況期・不況期などの景気動向の変化，市場・技術の変化のスピードの加速化，グローバル化の進展によるコーポレート・ガバナンスや株主重視意識の高まりはその代表例です。しかし中でも，少子高齢化による労働力人口の減少は，近年最大の懸念事項の一つといえます。

　労働力人口とは，15歳から64歳までの人口のうち，働く意思や能力のない者を除いた就業者・完全失業者の合計数のことを指します。過去何十年と毎年増加を続けていたのですが，1997年から2002年をピークとして，以降は緩やかな減少局面に入っています。この傾向は，2007年問題と呼ばれる団塊の世代の大量退職が順次進行していけば，ますます強まることでしょう。これに関して「厚生労働白書」（2006）では，日本の高齢化が諸外国と比較し，異常に早く進展していることを指摘しています。総人口に占める65歳以上の割合を高齢化率といいますが，この高齢化率が7％を超えてからその倍の14％に達するまでの所要年数を比較すると，フランスでは115年，スウェーデンは85年とかなり長い期間を要しているのに対し，日本では24年

しかかかっていないというのです。

　労働力人口の減少に加え，働く人々に占める正規従業員（雇用期間に定めのない従業員）比率も低下しています。これには，景気動向や市場ニーズの変化だけでなく，企業側の事情や人々の就業に対する価値観の変化が色濃く影響しています。したがって，外部環境の変化というよりは，内部環境の変化として受け止めたほうが適切かもしれません。たとえば企業側の事情としては，人件費の削減や数量的柔軟性（必要に応じて労働者の数を柔軟に操作できること）の向上が挙げられます。また，個人の価値観の変化としては，正規従業員という働き方に必ずしもこだわらない人々が増加していることなどが該当します。もっとも，第8章で取り上げるように，正規従業員になれないため，やむなく非正規従業員の道を選ぶ人々が多いことも見過ごせない事実です。

　正規従業員の価値観にも変化は認められます。終身雇用・長期雇用を望む声は依然として強いものの，若い人々ほど転職に対する抵抗感は弱く，若い世代の転職者比率は年長者と比較して高くなっています。また，図表1.3は，新入社員を対象に，現在の会社を選択するうえでもっとも重視した項目についての調査結果を抜粋したものですが，「会社の将来性を考えて」という項目が年々減少しているのに対し，「個性・能力を生かせる」「仕事のおもしろさ」の項目が増加していることが読み取れます。すなわち，会社への依存意識は弱まり，それに代わって自分らしさの発揮や仕事のやりがいを重視する傾向へとシフトしているのです。やりがいの定義は人それぞれで，会社内でのキャリアアップを望む者もいれば，一つの専門分野に深く取り組むことを望む者もいます。

　こうした変化に加え，働く人々のライフスタイルの多様化も進み，仕事よりプライベートを重視する者が増えたり，夫婦に子ども2人という家族形態が必ずしも一般的とはいえない状況が生まれています。さらに近年では，働く人々の間にかつてないほど権利意識が高まり，納得性・公平性を求める傾向が強まっています。

図表1.3 会社を選ぶときもっとも重視した要因

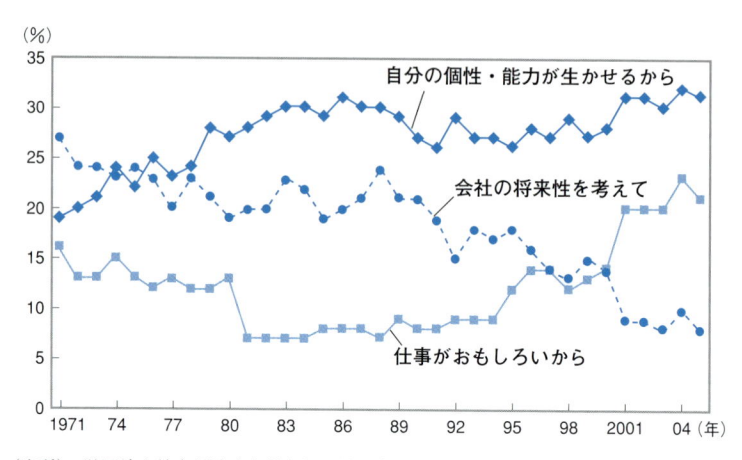

（出所）財団法人社会経済生産性本部・社団法人日本経済青年協議会（2005）「平成17年度新入社員「働くことの意義」調査報告書」より筆者作成。

○ これまでの人的資源管理に対する影響

　こうした内外環境の変化により，これまでの人的資源管理の特徴や担い手には実際どのような影響があるのでしょうか。

　たとえば，労働力人口の減少は，女性の社会進出や外国人労働者の活用を促すと考えられます。実際，かつてと比較すると共働きが増えるなど，働き続ける女性が増加したことが明らかになっています。また，日本の若者が就業を好まない3K（きつい・汚い・危険）と表現される製造現場などを中心に，外国人労働者は重宝がられています。しかし，これまでの日本企業の人的資源管理の焦点は正規従業員の日本人男性に置かれ，賃金を始めとする処遇全般は彼らに合わせた形で設計されていました。その制度をそのまま維持するのであれば，たとえ絶対数が増えても，女性や外国人，非正規従業員は周辺業務に置かれ続けることになります。そのように考えると，確かにこれ

までの制度には検討の余地があるといえるのかもしれません。

　また，働く人々の就業意識の多様化も，これまでの特徴とされた終身雇用や年功序列への見直しを促しているといわれます。従来の制度は画一的で，個人の多様な希望や意欲に十分対応していないとの批判が高まっているのです。ただし，離転職者や中途採用者も増加している一方で，とくに景気が悪くなると，むしろ終身雇用を高く評価する従業員も多数存在します。そのため，誰をターゲットとして何をどのように変化させるべきかは難しいところです。

　本社人事部は，こうした状況に適切に対応して，必要であれば制度の修正や見直しを行わなければなりません。その意味では，その役割や存在意義は変わりがないともいえます。しかし，本社人事部こそ人的資源管理の変革を妨げる元凶である，ラインへ分権化したほうがより早くきめ細かいニーズに対応できる，との批判も近年では沸き上がっています。実際，長引く不況でコスト削減の圧力が強まると，こうした論調を背景に人事部の規模縮小が多くの企業で着手されました。人事部のスタッフ数の削減や，福利厚生部門・教育研修部門の分社化などがその一例です。ただし，分権化には常に，各事業部が優秀な人材を囲い込むという部分最適の危険性が伴ううえ，いかなる場合であっても全社的な調整が完全に不要になることはないようにも思われます。

　変えるべきか変えざるべきか，変えるべきがあればどの部分で，しかも，企業・従業員双方の幸せを実現するという観点から望ましいと考えられる変化の方向性とはどのようなものか。そして近年，多くの企業を舞台にして実際に観察されるさまざまな変化は，果たしてそうした必要な条件を十分に満たすものなのか。こうした疑問は，これまでの日本企業の人的資源のあり方を整理するとともに，それを近年の諸変化と比較することである程度検討可能になると考えられます。そこで，本書では以下，人的資源管理がカバーする諸領域を順に確認していくことにします。

1.5　効果的な人的資源管理のあり方とは

○ 人的資源管理の分野が取り扱う領域

　人的資源管理がカバーする領域を図示すると，図表1.4 のようになります。大きくは3種類の管理に分類することができます。

　第1は，従業員の採用から退職までの，いわゆる人材フロー管理です。どのような能力・資質を持った従業員を何人採用するかは，企業の現在および将来を決定づける重要な意思決定です。雇用可能な人数には限界があるため，新たに採用する従業員がいれば，それに応じて退職者も必要となります。これらの管理が適切に実施されないと，業務量と比較して過剰な人員を抱え込みすぎたり不足しすぎたりとの問題が生じます。つまり，フロー管理の整備は，企業の人的資源管理にとって最低限の要件と考えられます。

　第2は，外的・内的報酬によるモチベーション管理です。従業員の動機づけ，質の高い労働力の確保には，評価・報酬管理が大切です。また，評価にもとづく配置転換・昇進管理，そして人材育成にも工夫が必要です。人間は，金銭や役職のような外的報酬だけでなく，自己実現ができる仕事との出会いや自己の成長を実感できる機会といった内的報酬にも動機づけられる存在だからです。雇用した人材をどれだけ伸ばし，有効活用できるかは，これらモチベーション管理の巧拙にかかっているといっても過言ではありません。

　第3は，労働時間や労働環境，福利厚生などの労働諸条件管理です。ハーズバーグ（F. Herzberg）は，労働環境などは不十分ならば従業員の不満足をもたらすものの，十分に整備したからといって満足や動機づけにはつながらない衛生要因として，動機づけ要因と明確に区別しています。しかし，過酷な労働時間や劣悪な職場，不十分な福利厚生では，確実に従業員の労働意欲を低下させ人的資源を磨耗させます。つまり，衛生要因だからといってけ

図表 1.4 人的資源管理の領域

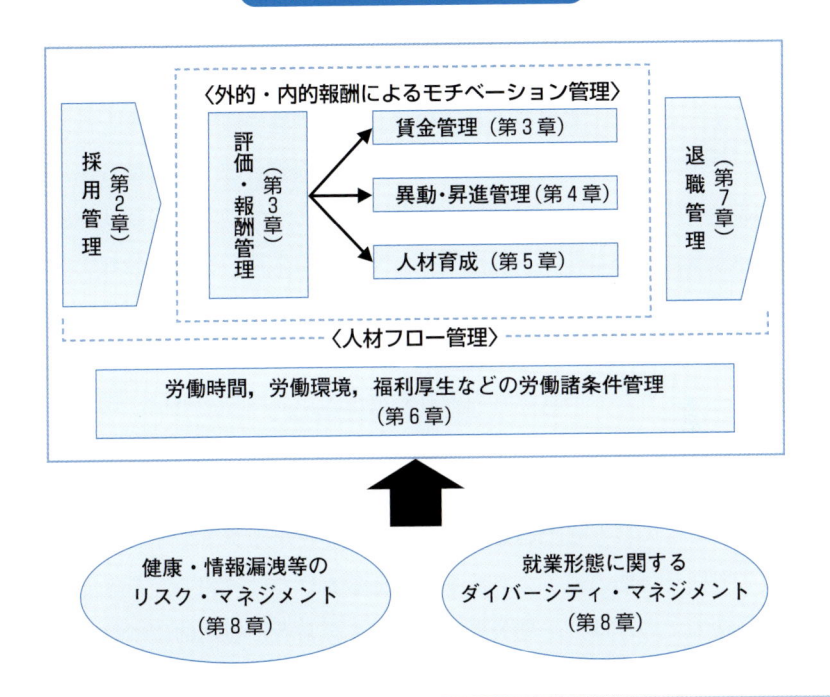

```
┌─────────────────────────────────────────────────────────┐
│         ┌─────────────────────────────────────┐          │
│         │ 〈外的・内的報酬によるモチベーション管理〉│          │
│ ┌───┐   │ ┌───┐  ┌──────────────┐           │  ┌───┐   │
│ │採 │   │ │評 │→│賃金管理（第3章）│           │  │退 │   │
│ │用 第2│ │価第│  ├──────────────┤           │  │職 第7│
│ │管 章│→│・3→│→│異動・昇進管理（第4章）│       │→│管 章│
│ │理 │   │ │報章│  ├──────────────┤           │  │理 │   │
│ └───┘   │ │酬 │→│人材育成（第5章）│           │  └───┘   │
│         │ │管 │  └──────────────┘           │           │
│         │ │理 │                               │           │
│         │ └───┘                               │           │
│         └─────────────────────────────────────┘          │
│                   〈人材フロー管理〉                        │
│  ┌───────────────────────────────────────────┐          │
│  │ 労働時間，労働環境，福利厚生などの労働諸条件管理  │          │
│  │              （第6章）                       │          │
│  └───────────────────────────────────────────┘          │
└──────────────────────↑──────────────────────────────────┘
          ┌──────────────┐    ┌──────────────┐
          │健康・情報漏洩等の│    │就業形態に関する│
          │リスク・マネジメント│    │ダイバーシティ・マネジメント│
          │   （第8章）   │    │   （第8章）   │
          └──────────────┘    └──────────────┘
```

っして軽視できる存在ではなく，むしろ，労働諸条件管理とモチベーション管理は車の両輪のような，相互に不可欠なものと解釈できるのです。

このほか，本書ではリスク・マネジメントとダイバーシティ・マネジメントについても取り上げます。リスク・マネジメントにもさまざまなものがありますが，健康管理や従業員を通じた情報漏洩防止などの人的資源に関するもののみ対象とします。また，ダイバーシティ・マネジメントは就業形態の多様化に関して着目するものとします。

これらの諸領域については，図表 1.4 に記載した各章で取り上げていきます。

◯ 制度設計にあたって考慮すべき諸ポイント

　本章の導入部分でも述べたように，人的資源管理では，これら諸領域を統一的な視点からとらえ，一貫性のある施策・制度づくりを心がけることが求められます。その際，重要視されるのは，企業目標や戦略との整合性（外的整合性）に加え，組織構造や自社の組織体力との整合性（内的整合性）の，大きく2つです。整合性が欠けていると，たとえ一つひとつの制度や施策は優れていても，全体としてみると望ましくない結果につながる恐れがあります。そこで，鳥瞰的な視点から制度に関する整合性に目を配る部署，その役目を負う人々が必要となってきます。それこそが，これまでは人事部だったわけです。しかも，人的資源管理の有効活用という観点からは，投資とリターンの関係についても，当然十分な計算が必要となります。

　また，整合性が確保された制度設計が，そもそも企業と従業員の双方の幸せを実現するものになっているかどうかも重要なポイントです。効率や成果を重視して従業員間の競争をあおり，使える人材だけに報い，そうでない人材を切り捨てていけば，一見公平であるうえ経営者は短期的には儲けることができるかもしれません。しかし，それでは，労務管理を始めとする人的資源管理以前の時代に逆戻りすることと同じであり，長期的にみると多くの人材を疲弊・枯渇させ，ひいては企業の首を絞めることにもつながりかねません。仕事が楽しい，働くことが喜びだという，輝いている人々を可能な限り多く生み出していくことこそ，企業や社会の真の発展につながっていくと考えられるからです。

　なお，制度設計にあたっては，経営学の知識だけでなく，労働基準法や労働安全衛生法などの労働法や，基本的人権などを定めた憲法などの知識も必要となります。法の基準を超えることはまったく問題ありませんが，法の基準を満たさなければ処罰の対象になるうえ，コンプライアンス（法令遵守）違反企業として世の中の批判にも晒されてしまいます。そのため本書でも，各章の不可避的な部分については，最低限の範囲で法律の紹介をしていきま

す。しかし，法学の世界も非常に深く，表層的な理解では明らかに不十分といえます。そのため，より興味を持った読者には，これを機に人的資源管理の分野とあわせて，労働法のテキストで本格的に学ばれることをお勧めします。

演習問題

1.1　「人的資源管理」と聞いて連想する言葉やイメージを，可能な限り多く書き出してみましょう。

1.2　「ヒト」を「人的資源」として積極的にとらえることによって，企業のマネジメントの姿勢にどのような変化が起こりうるか，具体的に考えてみましょう。

1.3　労働をめぐる内外環境の変化の中，もし企業に変わるべき点があるとすれば，それはどのような点だと思いますか。また，その反対に変わるべきでない点があるとすれば，それはどのような点だと思いますか。現時点での考えをまとめておきましょう。

1.4　日本企業の人事部とアメリカ企業の人事部の位置づけには，かなりの違いがあります。一般的なアメリカ企業の人事部の位置づけを調べるとともに，そうした日米の違いが生じた理由について考えてみましょう。

第 2 章

採用管理

　続いて，人材フロー管理の入口としての「採用管理」に着目します。企業が欲しがる「自社に合った優秀な人材」の基準は何で，どのようなプロセスで企業はその基準を満たす人材を必要数確保しているのでしょうか。

　本章では，これまでの採用活動のあり方は，見方次第では失敗のリスクを避ける「守り」の要素が強いものと解釈されること，そこに基本的な変化がない中で従業員のオプションを多少増やしても，十分な整合性を確保しきれない可能性を指摘します。

◦ KEY WORDS ◦

要員計画，母集団形成，多面的な選考，採用に伴う不確実性，
第二新卒，七五三現象，RJP，インターンシップ制度

2.1 採用計画

◯ 企業が欲しがる人材とは

　企業における採用活動は，人材フロー管理のまさに入口部分にあたります。そのため，採用管理を入口管理と称することもあります。

　企業がぜひ採用したいと考えるのは，どのような人材でしょう。おそらく「自社に適合した優秀な人材」との回答が多くなることでしょう。しかし，感覚的には首肯できても，誰でも理解できるように客観的かつ具体的にその基準を説明するのは，必ずしも容易なことではありません。

　たとえば，仮にあるスキルを一定レベル以上保有している人材を優秀と見なすことにしても，技術や市場，社会ニーズの変化によって，そのスキルの重要性が相対的に低下することは十分にありえます。その場合，「優秀」の基準は変化する可能性があります。同様に，その企業の業務内容や制度，組織文化に大幅な変更が生じれば，かつて適合していると判断された人材の中にも適合しなくなる者が生じることでしょう。

　もちろん，こうした議論は詭弁にすぎず，客観的な基準など存在しなくても，真に卓越した人材や自社に合わない人材は，誰の目からみても明らかという考え方もあります。しかし，企業が多額の経費をかけて採用活動を行う以上，何も客観的な基準や方針を持たないままの採用計画はありえないのも事実です。実際，採用計画は明確な要員計画の立案から開始されるのです。

◯ 要員計画

　要員計画とは，将来自社にとってどのような人材がどの程度必要かを算定し，採用人数や採用方針を決定することをいいます。必要な人材の質につい

ては曖昧な議論になりがちでも，必要な人数については具体的な基準を示すことが容易です。

　採用人数の算定の基本は，必要な労働力の量と現在の労働力との差を見極めるという一点に尽きます。ただ，現在の労働力については把握が可能でも，必要な労働力はどの時点を目標とするかで異なってきます。**短期計画**の場合には欠員が出たら補充するという単純な形で済みますが，**長期計画**になればなるほど，将来起こりうるさまざまな環境変化を予測しなければなりません。たとえば，経営戦略から考えて将来必要になると思われる業務量や，目指すべき売上高・付加価値額に関する検討は非常に重要になります。同時に，部署の新設や統廃合の可能性を含めた判断なども求められます。

　長期的な計画の場合，その間に起こりうる**労働力の変動**についても考慮する必要が生じます。たとえば，定年退職や自発的な離退職による従業員数の減少や，従業員の育成に要する時間，昇進できる従業員の割合なども計画に入れておかなければなりません。読み違えれば，欠員を補充したはずが逆に余剰人員を抱え込むことさえ起こりえます。

　採用予定の総人数が決定した後は，各部署・事業部による**増員要求の調整**も必要です。総人件費の関係などから，全部署の希望を同時に充足することは不可能なケースが通常です。そのため，増員希望を出してきた各部署の業務量や，増員の必要性・緊急性の高さなどを比較し，その結果にもとづいたウエイトづけと人数配分を行うことが一般的です。この総人数の決定と各部署からの増員要求の調整は，必ずしも固定的なプロセスでなく，状況に応じて同時並行的に進められる場合もあります。

　このように長期計画にもとづき必要な人数を算定していても，企業の要員計画はその時々の経済状況や景気の影響を受けやすいものです。たとえば，**公共職業安定所**（ハローワーク）で扱った求職者数に対して，企業などからの求人数がどれだけ存在したかを表す数字を，**有効求人倍率**と呼びます。好景気には有効求人倍率が1を超えることが一般的で，求職者側に有利な，いわゆる**売り手市場**となります。反対に，不況時には有効求人倍率は1を下回

2.1 採用計画

り，求職者にとっては不利な，企業側の買い手市場となります。これは，悪化する業績から判断して企業も人件費の抑制をはからざるをえず，いっせいに採用を手控えるために生じます。本来は，景気の動向に左右されて節操なく計画変更をするのではなく，こうした変動も見越した長期計画を立てておくべきですが，なかなか難しいのが現実なのです。

○ 採用対象の決定

　採用予定総数を決定した後は，採用対象者の種類や割合を決定する必要があります。採用対象者の分類方法はさまざまですが，これまでは主に，図表2.1の例で示すような3種類の観点に従って，採用対象者を決定していたと考えられます。

　まず1つめは，雇用形態の違いによる分類です。具体的には，正規従業員の採用か非正規従業員の採用かを決定します。正規従業員とは，雇用期間に定めのないフルタイム勤務の従業員のことです。よく一般職，地域限定職，総合職などの名称を耳にしますが，これらの区分は各企業の運用上，もしくは便宜上のものであり，すべて正規従業員に分類されます。それに対して，非正規従業員とは，雇用期間に定めのある人々のことです。詳細は第8章に譲りますが，企業による直接雇用のパートタイマーや契約社員，嘱託社員などは，こちらに該当します。企業戦略のコアに関わる採用の場合は正規従業員を，業務内容が比較的軽微であったり季節変動や繁閑があり高い数量的柔軟性を確保したい場合には，非正規従業員の採用を計画することが多くなります。

　2つめは，即戦力を期待するか否かの分類です。具体的には，中途採用と新規学卒者採用（新卒採用）のいずれを選択するかを決定します。企業が求める能力をその時点の内部人材では確保できない場合や，育成しようと思えば不可能ではないが育成に費やす時間やコストが多大と判断される場合には，中途採用を歓迎する傾向があります。同様に，突然の退職者による欠員の発

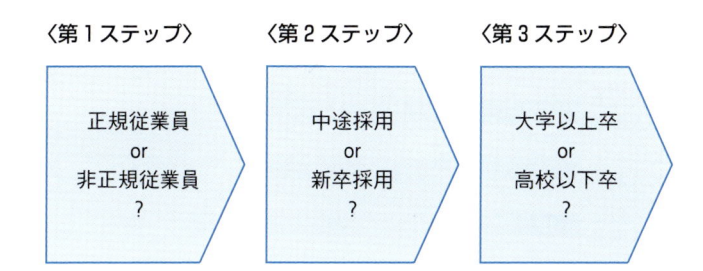

図表 2.1　採用対象者の決定ステップの一例

〈第1ステップ〉　　〈第2ステップ〉　　〈第3ステップ〉

正規従業員 or 非正規従業員 ?　→　中途採用 or 新卒採用 ?　→　大学以上卒 or 高校以下卒 ?

生時にも中途採用者の利用がみられます。一方，新卒採用は，他社の文化や価値観，仕事の進め方にまだ染まっていない人材を自社の行動様式に合わせて育成したい場合や，育成のペースやレベルを自由にコントロールしたい場合には適しているといえます。この場合，将来の伸びしろに期待して採用に踏み切るわけです。

　3つめは，学歴による分類です。後述するように学歴の違いで採用プロセスも微妙に異なります。企業の将来を担う基幹的な人材を採用したいと考える場合，まずは大卒以上の人々から期待をかける傾向が見出せます。

　このように，仮に厳密な採用基準を定めない場合でも，企業は採用対象者に関する大括りの分類を活用することで自社の企業目標や戦略，その時々のニーズに合致する人材の確保を可能にしています。たとえば，正規従業員のみを対象とした厚生労働省の「平成17年度雇用構造調査」によると，大企業ほど大学・大学院の新卒者の採用割合は高まる傾向があります。図表2.2から読み取れるように，従業員規模5,000人以上の企業の場合，その割合は6割以上にも上ります。これは，大企業ほど自社の企業戦略を実行に移せる将来の基幹人材を求めていることを示す結果ととらえることができます。

　もっとも，最近では新卒者に占める大卒者の割合は高くなっています。文部科学省の「平成18年度学校基本調査」によると，中学・高校卒が31％，

図表2.2　新規学卒・中途採用者の内訳

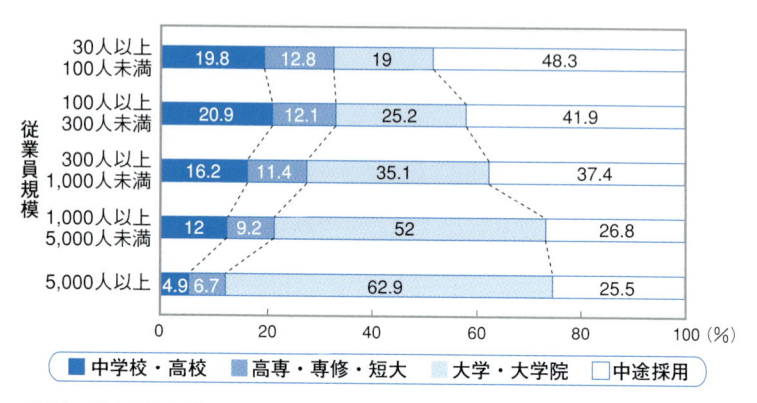

従業員規模	中学校・高校	高専・専修・短大	大学・大学院	中途採用
30人以上100人未満	19.8	12.8	19	48.3
100人以上300人未満	20.9	12.1	25.2	41.9
300人以上1,000人未満	16.2	11.4	35.1	37.4
1,000人以上5,000人未満	12	9.2	52	26.8
5,000人以上	4.9	6.7	62.9	25.5

（出所）厚生労働省「平成17年度雇用構造調査――企業における若年者雇用実態調査」より筆者作成。

短大・高等専門学校卒が11％，大学院の修士卒が7％であるのに対して，大学卒は51％と全体の過半数を占めています。そこで，以下ではまず，もっとも割合の多い新規大卒者の採用プロセスから確認していきましょう。

2.2　新規大卒者の採用プロセス

◯ 採用計画策定から母集団形成まで

新規大卒者の一般的な採用プロセスは，図表2.3のように表すことができます。まず第1段階として，前述のような要員計画，おおよその採用対象者を決定した後，他社や学生の動向を把握しながらもっとも効果的と思われる年間スケジュールを決定し，採用予算をスケジュールに合わせて配分する

図表2.3 新規大卒者を対象にした採用活動の流れ

採用計画
1. 要員計画
2. 採用対象・基準の決定
3. 採用スケジュール決め
4. 全体予算決定・予算配分

↓

母集団形成
5. 採用ウェブページの開設
6. プレエントリー開始
7. セミナー・会社説明会
8. 本エントリー

↓

選 考
9. 適性検査・筆記試験
10. グループ面接・個人面接
  （1次面接から最終面接）

↓

内 定
11. 内定通知書の授与
12. 内定承諾書の提出

↓

内 定 式

↓

入 社 式

作業を行います。

　第2段階は，広報・募集活動を通じた母集団の形成です。たとえ企業側が厳密に採用対象者の種類や数を決定したとしても，求めるタイプや水準の学生がその企業を認知し，関心を持ち，実際に応募してこなければ実質的な採用活動に着手できません。具体的な求人方法には，採用ウェブページの開設や就職サイト，郵送もしくは電子メールによるダイレクトメールの活用など

のフォーマルな方法と，縁故などのインフォーマルな方法があります。近年では，資料請求やセミナーへの応募，エントリーはすべて採用ウェブページ上で，という企業も少なくありません。実際，新規大卒者のほぼ100%がインターネットを活用した応募をしています。こうした傾向は，大きな資金を投入できる大企業ほど顕著で，自社の求める人材，入社後の業務内容，選考方針や具体的な労働条件などは，まずウェブページを通じて応募者に伝えます。面接回数やおおまかな決定時期など，選考スケジュールをここで公開することも可能です。

　企業が採用ウェブページを開設すると，応募者である大学生・大学院生による資料請求・プレエントリーが開始されます。プレエントリーとは，企業が開催するオープンセミナーや会社説明会に学生が申し込むことを指します。その際に企業が応募者に求める内容は，ごく簡単な履歴書や自己PR，志望動機などです。この段階から実質的な書類審査を開始することもあれば，審査・選別はしないものの，その後の情報提供・閲覧を申込者のみと限ることもあります。なお，文系学生と理系学生ではプレエントリーの数や範囲が異なり，平均的な文系学生のプレエントリー数は80社以上と，理系学生の約1.5倍に上ることがわかっています（毎日コミュニケーションズの2006年度調査）。理系学生の場合，研究室や自身の専門分野との関係に制約されがちなため，こうした違いが生じているとみられています。もっとも最近では，理系のメーカー離れという現象に象徴されるように，変化もみられます。

　セミナーや会社説明会では，自社が求める人材要件や仕事の現実を繰返し，かつ段階的に深めながら伝えていきます。この過程では，企業自身が応募者のスクリーニングを行うとともに，学生側にもセルフ・スクリーニングの実施を期待しています。すなわち，学生に対して多くの情報を提供し，それを元に自己分析や就業に関する意識を醸成させて，「自分とこの会社は合う」と自己判断した学生のみを本エントリーに踏み切らせることを狙っているのです。本エントリーでは，履歴書や自己PR，志望動機に加え，簡単な課題や小論文を課したエントリーシートを提出させ，書類審査を実施します。そ

こでは，文章に表れる基本的な姿勢・生活態度，仕事への取り組み意欲，文章構成力，言語能力などが評価の対象になります。この合格者のみ，次の本格的な選考に進むことができます。

○ 初期選考から内定，入社式まで

　本エントリー通過後から開始される初期選考では，適性検査や学力・一般常識に関する筆記試験を課す企業が一般的です。その最大の目標は，面接が可能な人数までに応募者を絞り込むことです。面接と比較して，実施に伴う費用や労力を節約できるうえ，多くの応募者を同時に同じ問題に取り組ませ，結果を客観的に比較できる点が長所とされます。適性検査ではSPI2やTAP，内田クレペリン検査などが有名ですが，企業が独自に開発したものを使用するケースもあります。それに対して，可能な限り多くの応募者と接して，筆記試験ではわからない独自の持ち味や個性をもった人材を拾いたいという方針の場合は，こうした適性試験を最終面接の直前のタイミングまで引き延ばすこともあります。

　筆記試験の合格者には面接を行います。面接にはグループ面接と個人面接があり，初期には前者を，選考が進むにつれ後者を利用する企業が多くなります。グループ面接には，複数人を一度にまとめて行う集団面接もあれば，共通のテーマを与えるグループ・ディスカッションやグループワークもあります。面接では一般に志望動機の明確さ，熱意，自己アピール力，ストレス耐性（困難やストレスに耐えうる力）などに評価のポイントが置かれます。これに加えグループ面接では，たとえば集団面接の場合，他の応募者が回答しているときの態度の良し悪しや，集団の中で各自の回答にアイデンティティが示せるかどうか（他者にひきずられないかどうか）などをみ，グループ・ディスカッションやグループワークでは，他の応募者との距離のとり方や協調性，リーダーシップを始めとするグループ内での役割発見能力をみるなど，個人面接とは異なる点も評価項目とします。

しかし，面接には，応募者が同席した他の応募者の発言や態度，その時点の偶然の出来事の影響を受けやすいという問題のほか，面接官との相性に左右される，応募者が本領を発揮できないまま時間切れになる，などの評価の限界がどうしても伴います。そこで，評価結果の信頼性を確保するため，企業側は可能な限り複数名で面接を担当し，しかも複数回実施することが必要となります。ある調査によると，平均的な面接回数は3回から4回といいます。その場合，1次面接は入社5年目から7年目程度の若手（係長クラス以下）が，2次面接は部課長などの中堅クラスが，そして3次面接は配属候補部門の部長や人事部長，役員が担当し，その後ようやく最終面接に至るパターンが多くなっています。

　最終面接合格者には，内定者として内定通知書を渡します。どの企業からも内定を獲得できない学生がいる一方，一度に複数の企業から内定を得る学生もいることから，内定者がその企業に就業することを選択した場合のみ，企業は内定者から内定承諾書の提出を受けることができます。なお，労働基準法上は，採用内定を出した段階で労働契約は成立すると解するため，企業は内定者に対してその時点で，労働時間，賃金，就業規則その他の労働条件を書面交付の形で明示する必要があります。

　その後，10月1日以降に内定者を集めた内定式を迎えます。そして，翌年4月1日以降の入社式で正式な採用辞令交付を行い，晴れて新入社員となった内定者から各社は誓約書の提出を受けます。企業によってはこの間，内定者同士の交流やモチベーション維持，不安の除去，能力向上などを目的に，内定者懇談会や入社前研修を行うところもあります。

○ 選考方法にみる採用についての企業の考え方

　新規大卒者の採用に関するこれら一連の流れをみると，本格的な選考以外にもさまざまな形で選考を実施していることがわかります。それらの特徴を図表2.4のように整理・比較してみると，それぞれに評価のポイントや方

図表2.4 選考方法の特徴の比較

	評価ポイント	長所	短所
採用ウェブページの開設	・求める人材についての自社の考え方に共感するか。 ・自社の考え方を理解できるか。	・不特定多数の人々を対象にして、いっせいに情報発信が可能。 ・効果と比較して低コスト。	・ウェブページの作り方が稚拙であったり、魅力に欠けていると、逆効果も。 ・求める人材に情報が行き届いているかは確認できない。
プレエントリー	・志望動機や自己PRが明確に自分の言葉で書かれているか。 ・熱意が感じられるか。	・自社に興味を持った学生のみに母集団を絞ることが可能。 ・対象が絞られることで、情報発信コストを節約可能。	・1人の学生が非常に多くの応募をするため、処理数が膨れ上がり、労働量が増加。 ・応募が本気かどうか、まだ見極めがつかない相手との交流。
セミナー・会社説明会	・企業が発信するより深い情報に対しても、共感・理解できるか。 ・参加態度から熱意や能力が感じられるか。	・質疑応答などを通じ、より的確に情報伝達が可能。 ・有望な候補を直接発掘でき、学生のセルフ・スクリーニングも促せる。	・大人数を集めての説明会では、十分に長所が活かせない可能性も。 ・場所確保などに関するコストがかかる。
本エントリー	文章から伝わる基本的生活態度、文章構成力、言語能力、論理力、意欲が水準に達しているか。	・筆記試験実施に適した人数まで応募者を絞れる。 ・同じ問題に対する答えを比較することで、応募者の相対的な評価が可能。	・応募者がまだ多数のため、選考コスト・時間がかかる。 ・選考が主観的に行われるため、必要な人材を見誤るリスクも。
適性試験・筆記試験	・一般常識・学力などの知識の高さはどれくらいか。 ・適性検査による極端に不適格な人材の排除。	・一度に大勢の人々を客観的な結果で比較可能。 ・効果と比較して低コスト。	筆記試験ではわからない個性的な人材が不合格になる可能性も。
グループ面接	他者との関係における協調性、リーダーシップ、役割発見能力、熱意、コミュニケーション能力など。	本人の主張からだけではわからない、他者との接し方、関係構築能力がわかる。	・1人あたりの発言時間が短くなる。 ・同席者によって役割が左右され、本質が見極めにくい。
個人面接	熱意、自己アピール力などのコミュニケーション能力、志望動機の明確さ、ストレス耐性など。	一人ひとりの話が比較的じっくりと聞けて、相手の個性や能力を見極めることが可能。	・面接者との相性、その場で面接者が見せた態度が、被面接者の回答に大きく影響。 ・面接者からみたバイアスが結果に響くリスクあり。

法の長短が存在していることがわかります。

　こうした結果にもとづき，第1章の冒頭で述べたように，仮に未来の従業員に対する企業の心情的側面を極力排除し，合理的な側面だけに焦点をあてた場合，これまでの企業の採用管理をどのようにとらえ直すことができるか，考えてみましょう。すると，制度設計上の各社の意図にかかわらず，その特徴は次の2点に集約できそうです。

　第1の特徴は，選考に関する失敗のリスクを可能な限り抑えることに，採用活動の重点が置かれているようにみえることです。方法や担当者を変えて何回も多面的に選考を実施しているのは，信頼性の確保以上に失敗のリスクを恐れるためである可能性があります。たとえば，筆記試験には結果の客観性はあっても，知識があるが魅力のない人材を落とす力はありません。それには面接のほうが適しています。同様に，グループ面接では集団の中で適切に振舞える人物か否かは判断できても，仕事に必要な適性や能力を持っている人材かどうかを見抜くには十分ではありません。それぞれの選考方法には限界があるのです。そこで，さまざまな選考方法を補完的に利用し，繰返しチェックすることで，不適切な人材を候補に残さないよう努力している，ととらえることができます。

　第2の特徴は，平均的な意味での優等生は採用するものの，将来会社が危機に瀕したときに救世主となる可能性もある，規格外の優れた人材については，必ずしも積極的に採用する姿勢をみせていないことです。多面的に評価するとはいえ，選考は順を追って進むため，ある選考で水準以下だった応募者は，たとえ別の選考基準では卓越した能力を示すとしても，その後の選考に進む権利を失います。また，たとえ優れた能力を有していても，常人の30年先を見越した独創的な発想の仕方をするなど，面接官たちの現時点の能力で評価不能な人物に対しては，不合格にしていることも少なくありません。これらの人物の採用は，大きく成功する可能性もある一方，大きく失敗するリスクもはらんでいます。これは第1の特徴の裏返しともいえ，両者をあわせると，これまでの採用活動のあり方は失敗のリスク回避を第一とした

「守り」の要素が強いものである，と解釈できそうです。採用活動の中心を新規大卒におく姿勢も，攻めと同時に守りの要素の強さを感じさせます。

　ところで，仮にこうした考え方で企業が採用管理を行う場合，本当に「自社に適合した優秀な人材」の採用は可能なのでしょうか。そもそも，新規大卒者を採用する目的は，即戦力ではない分，将来の伸びしろに期待ができ，いずれ基幹的な役割を担える人物の確保にあったはずです。しかし，前述の採用プロセスをみる限り，一見，現在の適性や能力しか評価できないようにみえます。そのうえ，その評価も守りの姿勢にもとづくものとなれば，この本来の目的の達成は難しそうです。

　それにもかかわらず，多くの日本企業において，こうした採用方法が維持されている場合，その理由としては次のようなものが考えられます。すなわち，企業環境が激しく変化する中，伸びしろを確実に見極めることが実際には不可能に近いこと，したがって，現在用意したすべての基準である程度の能力が認められた者は，おそらくある程度は伸びるだろうとの見込みにもとづいて採用活動を進めざるをえないということです。つまり，企業のこれまでの「自社に適した優秀な人材」の基準とは，真に卓越した将来伸びる人材というよりは，より現実的に，現在ある程度の能力を持った人材のことだととらえ直すことができそうです。仮にそうだとすると，企業側はこれまでの方針や選考方法を単純に継続するだけでなく，それらが企業や従業員の現在および将来に及ぼす影響やその是非について，一度立ち止まって考えてみる必要があるとはいえないでしょうか。

○ 最近の採用活動の特徴

　内外環境や時代の変化の中，企業の採用管理手法にも多少の変化がみられます。

　変化の1つめは，やはり企業・学生双方のインターネットの活用です。企業側にとっては，適宜，大量かつ新鮮な情報を不特定多数に幅広く提供でき

る点や，工夫次第で同じ情報内容でもより魅力的にアピールすることが可能な点が長所といわれます。とくに，それほど追加コストをかけずに応募者の母集団を拡大できる点が，選考段階で有能な人材が含まれる可能性を高め，結果としての見込みの精度を上げるのに役立つと考えられています。

　もっとも，p.33の図表2.4で示したように，提供した情報の魅力が意図どおりには十分伝わらない場合や，真偽は別として何らかの悪評が広がった場合には，逆に母集団を縮小させてしまうリスクもあります。また，母集団は膨張しやすいのに，その中に企業の求める人材がそれほど含まれない恐れもあります。実際，大企業のエントリー数は数万に上りますが，セミナーや会社説明会にはそのうち3割参加すれば良い方ともいわれます。そもそも，それら膨大な数のエントリーの処理は，大変な作業です。そこで，こうした無駄を回避し選考の精度を上げるために，最近では，せめて説明会では一人ひとりの学生と十分なコミュニケーションをとれるようにと，若手社員を囲んだ座談会形式に切り替える企業も増えてきています。

　変化の2つめは，採用活動の早期化とそれに伴う集中化です。1997年度の就職協定廃止後，企業の採用活動が原則自由となり，人材獲得競争が過熱しました。それを懸念した日本経団連は，加盟企業に対して，就職協定に代わる採用活動のガイドライン，新規学卒者の採用・選考に関する企業の倫理憲章（図表2.5）を遵守する共同宣言参加を促しました。この共同宣言を受けて，選考開始時期のピーク自体は確かに3月中旬から4月上旬に移りました。しかし，内定開始時期のピークそのものは1カ月以上早まり，ディスコが実施した2006年度調査によると，7割近い企業が4月下旬までに内定を出していることが明らかになっています。こうした企業の行動は，選考を長期化し内定を出し遅れることによって，優秀な人材を他社に奪われることを防ぐためと考えられます。

　変化の3つめは，早期化・集中化と矛盾するようですが，採用活動の通年化です。かつての日本企業では新規大卒者の採用活動は春に集中していましたが，最近では，春に内定をとりそびれた学生などを対象として，予定採用

> **図表2.5 新規学卒者の採用選考に関する企業の倫理憲章（2008年度）**

1．正常な学校教育と学習環境の確保
　採用選考活動にあたっては，正常な学校教育と学習環境の確保に協力し，大学等の学事日程を尊重する。

2．採用選考活動早期開始の自粛
　在学全期間を通して知性，能力と人格を磨き，社会に貢献できる人材を育成，輩出する高等教育の趣旨を踏まえ，学生が本分である学業に専念する十分な時間を確保するため，採用選考活動の早期開始は自粛する。まして卒業・修了学年に達しない学生に対して，面接など実質的な選考活動を行うことは厳に慎む。

3．公平・公正な採用の徹底
　公平・公正で透明な採用の徹底に努め，男女雇用機会均等法に沿った採用選考活動を行うのはもちろんのこと，学生の自由な就職活動を妨げる行為（正式内定日前の誓約書要求など）は一切しない。また大学所在地による不利が生じぬよう留意する。

4．情報の公開
　学生の就職機会の均等を期し，落ち着いて就職準備に臨めるよう，企業情報ならびに採用情報（説明会日程，採用予定数，選考スケジュール等）については，可能な限り速やかに，適切な方法により詳細に公開する。

5．採用内定日の遵守
　正式な内定日は，10月1日以降とする。

6．その他
　高校卒業者については教育上の配慮を最優先とし，安定的な採用の確保に努める。

（出所）社団法人日本経済団体連合会「2008年度大学・大学院新規学卒者等の採用選考に関する企業の倫理憲章」より。

人数に達するまで一年中採用活動を展開しています。企業のこの動きに連動し，学生側もたとえ内定を獲得しても，自分が本当に納得いくまで就職活動を続けることが多くなりました。そのため，新たな人材に門戸を開くことが，すでに獲得したはずの人材流出を招くという意図せざる結果も生まれています。なお，このように一年中採用活動を実施していても，採用時期自体は4

月に設定されています。つまり，4月の一括定期採用と大量採用は依然として日本企業の採用活動の特徴となっているのです。もっとも，海外留学から帰国した学生や後述する第二新卒を対象として，秋採用や随時採用など4月以外の採用時期を設定する通年採用を選択する企業も増加傾向にあります。

変化の4つめは，職種別採用の増加です。募集段階から，経理や法務，国際部門など分野を特定した採用活動を行い，採用後は約束どおりその部門に配属するという方法です。理系学生では以前からその傾向がありましたが，最近では文系学生に対しても実施される点が新しいといえます。学生のキャリア意識に適ううえ，仕事の適性の見極めもその分野に限ったものでよいため，企業の負担は減るのに選考の精度が上がる効果が期待されています。これに関連することですが，エンジニアなど国内の優秀な人材がやや敬遠しがちな職種に対しては，優秀な外国人留学生を一定割合積極的に採用しようとする動きも最近では確認されています。

これらの変化は，応募者のオプションを広げるものではありますが，企業の採用活動の方針や考え方そのものに大きな変化はみられないため，手法の

> **コラム** 採用に関わるコスト
>
> 新規大卒者1人を採用するのに，経費はいくら必要になるのでしょうか。産労総合研究所の「企業と人材」誌が2006年7月に実施した「新規学卒者の採用活動の実態調査」（調査対象2,444社，回収率10.8％）によると，1人あたりの採用経費の平均は，38万5,111円となるそうです。総額自体は大企業のほうが多いものの，1人あたり費用に換算すると，1,000人以上の企業では20万円台がもっとも多く，それ以下の規模の企業では50万円以上100万円未満と，大企業ほど規模の経済が働いているのがわかります。
>
> ここでの採用経費の内訳は，①入社案内作成，②ダイレクトメール，情報誌掲載，③企業セミナー・会社説明会，④面接（会場費等），⑤学校訪問，⑥インターネット関連，⑦内定者フォロー，⑧OBとの懇談会，⑨その他の9項目であり，インターネット関連が約半数を占めるのが近年の特徴です。景気が好転すると，人材争奪戦が激しくなることもあり，採用に関する予算も増加するのが一般的です。

変化にとどまるものといえます。

2.3　その他の対象者に対する採用活動

◯ 中途採用者の採用活動

次に，新規大卒者以外の採用プロセスを確認してみましょう。まず，中途採用者の採用活動から取り上げます。全体の動向でみると，中途採用の実績数は年々増加しています。

前述のように，中途採用者の募集は，欠員補充や内部人材でこなせない仕事への対策が基本です。その母集団形成に向けた広報手段は，対象者の違いに合わせ，ハローワークを始めとする公的な職業紹介機関，民間の転職支援サイトや新聞・情報誌などに広く求人広告を出し，その応募者を選考するという形式が多くなります。これに次いで多い中途採用者の入職ルートは，「知人・友人の紹介を通じて」です。その知人・友人が仕事関係者か仕事以外での知り合いなのかは，前の会社の退職理由が自己都合か会社都合かによって異なる傾向があります。なお，中途採用対象者の年齢は，リクルートワークス研究所の2006年度の調査によると，約半数が「25歳から34歳」と比較的若いことが明らかになっています。

同じ中途採用者でも，その対象者が経営者や上級管理者，優れて業績の高い人物の場合，エグゼクティブ・サーチ（または，ヘッドハンティング）と呼ばれ，異なる採用方法がとられます。具体的には，企業があらかじめ専門の人材紹介業者に人材ニーズを伝え，候補者を探させ，その結果見つかった適当な候補者が転職に関心を示せば選考に至る，という流れをとります。よりインフォーマルな形として，この業者の役割を取引先や取引金融機関，社長や幹部社員などの個人的な知人が務めるケースも少なくありません。

図表 2.6 職種別にみた新卒採用と中途採用で重視する項目の比較

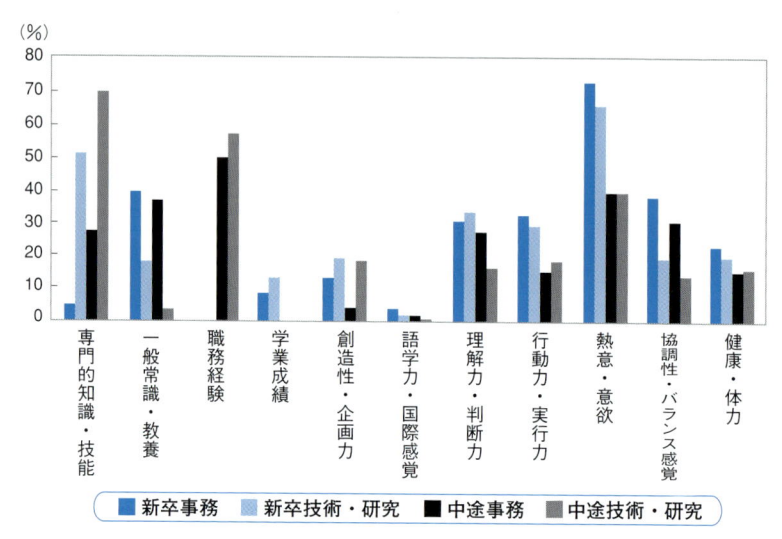

凡例: ■新卒事務　■新卒技術・研究　■中途事務　■中途技術・研究

項目: 専門的知識・技能／一般常識・教養／職務経験／学業成績／創造性・企画力／語学力・国際感覚／理解力・判断力／行動力・実行力／熱意・意欲／協調性・バランス感覚／健康・体力

(出所)　厚生労働省「平成13年度雇用管理調査」より筆者作成。

　こうした採用活動からも容易に推測可能なように，中途採用者に対する選考基準は比較的明確といえます。図表2.6は，厚生労働省の「平成13年度雇用管理調査」結果にもとづき，企業が大学卒・大学院卒の人々を採用する際重視する項目をグラフ化したものです。新卒者と中途採用者を比較すると，新卒者には「学業成績」よりむしろ「健康・体力」「熱意・意欲」「行動力・実行力」を重視するのに対し，中途採用者には「職務経験」や「専門的知識・技能」を重視することが読み取れます。この結果から改めて，前職で仕事経験や実績のある中途採用者に対しては，不確実要因である将来の伸びしろをみる必要が薄いことが確認できます。その追加的論拠として，採用後の業務能力が採用前からある程度評価可能な技術・研究職については，たとえ新卒者でも「専門的知識・技能」を重視することが挙げられるでしょう。

○ 第二新卒者の採用活動

それでは，このところ急速に市場が育ちつつある第二新卒者についてはどうでしょうか。第二新卒者とは，初職後，1年から3年という短期間で会社を離職し，転職を志す若者のことを指します。現在，その数は数十万から数百万人規模に達するといわれます。

その採用プロセスは，独立行政法人労働政策研究・研修機構が2004年度に実施した「第二新卒者の採用実態調査」によれば，中途採用として対処される場合と，新卒採用の一環として対処される場合とが半々です。急激に業績が向上した企業や小規模企業ほど，第二新卒者を新卒採用枠で対応することが多いのに対し，大企業では中途採用枠で扱う傾向が見出せます。

第二新卒者は，短期間で前職を辞めていることから，こらえ性がないと批判的に受け止める企業もまだ数多く存在します。実際，企業の採用の中心が新卒者である事実に依然として変わりはありません。しかしその一方で，第二新卒者の数が拡大して労働市場としての存在感が増す中，新卒者で予定人数が十分に確保できない際の新たな人員調達手段の一つとして，以前より前向きな受け止め方をする企業も徐々に増えつつあります。

なかには，少なくとも企業人としての基本的なマナー教育を終えているため教育コストや時間を節約できるという評価や，周囲に合わせて漠然と就職活動をし漠然と入職しただけの新卒者と比較すると，働くことについて再検討したうえで再就業を決意しているため，勤労意識や働く覚悟が新卒者より明確な場合すらあるとの評価も聞かれることがあります。他には，たとえ参考程度にすぎないとしても業務経験があるため，業務遂行能力の見当がつきやすいことをメリットの一つとして挙げる人々もいます。さらには，中途採用者と比較したとき，まだ特定の企業文化に染まっていない点を評価する人もいます。もっとも，こうした評価はあくまでも正規従業員の経験に対してのみであり，現在でもなお，フリーター経験は評価しない，もしくはマイナス評価となることが一般的です。

◯ 新規高卒者の採用活動

　ここまでは，新規大卒者と対比する形で中途採用者や第二新卒者の採用プロセスをみてきましたが，新規大卒者に次いで数の多い新規高卒者についても確認しておきましょう。高校を卒業してすぐ就職する人の数は，大学進学率の上昇や少子化の影響などで，1992年度をピークに減少を続けています。しかし，不景気の長期化も手伝い，最近の新規高卒者に対する需要はその人数の減少分を上回るほど減少傾向にあります。また，従業員300人以下の企業への就職者が全体の7割を占めるなど，就職先の規模も明らかに大企業から中小企業へシフトしています。

　新規高卒者の採用プロセスも，要員計画から始まり選考・内定・入社式へ至る，というように，基本的な流れは他の対象者と同じです。しかし，採用時期や母集団の形成方法が異なります。たとえば，2007年3月の高校卒業予定者の選考・内定開始日は，文部科学省・厚生労働省により2006年9月16日以降と定められています。これに伴い，企業が求人票を送り，学校経由で高校生がそれを閲覧し始めるのは7月1日以降になります。

　新規高卒者の母集団の形成には，学校の関与の大きさが無視できません。具体的には，1970年代半ば頃から，一人一社制度の仕組みが確立しています。一人一社制度とは，就職を希望する1人の高校生が応募できる企業を1社に絞り，その企業を不採用になった場合に限り次の応募を可能とする制度です。いわゆる推薦制度で，成績や出席日数，部活等に対する努力姿勢などに関する総合評価が企業の要求する基準に達していると，校内選考の対象となり，そこで合格すると初めて企業側に送り出されます。一方の企業側は，高校による選考結果を参考にしつつも，仕事への適性や面接での言葉遣い，礼儀作法，協調性など，独自の視点から評価を行います。

　この制度は企業と高校の信頼関係にもとづいた制度であるため，企業は高校からの推薦者を高い確率で受け入れることになっているものの，不採用とすることもまれではありません。それに対して，高校生側は合格すれば必ず

その企業に就職せねばなりません。そうした不平等な点が，それでなくても年々選択肢が減少してきている高校生の自由な応募・就業機会を制約しているとして問題視されています。その結果，ようやく2004年度から，一定期日後からに限るものの，高校生に対しても複数応募や推薦を認める都道府県が増えてきました。

とはいえ，景気が回復しても，新規高卒者の採用を原則実施しないとする大企業は増加傾向にあります。厚生労働省の「平成16年度雇用管理調査」によると，その理由として「高卒の知識・能力では業務が遂行できない」「パート・アルバイトで支障がない」「業務を請負等の外部に委託した」などが上位にきます。新規高卒者の採用基準は，新規大卒以上に「学業成績」より「健康・体力」を重視しているとの結果もあります。こうした結果から，企業が新規高卒者という人材をどうとらえているのか，ある程度推測可能といえそうです。

しかしここで，ぜひ紹介しておきたいデータもあります。2004年に労働政策研究・研修機構が実施した「若年者の採用・雇用管理の現状に関する調査」では，同年齢にあたる入社後7年目の高卒者と入社後3年目の大卒者に対する企業の評価を比較しています。その結果，定型業務の処理能力や担当業務に関する専門的な知識・技能では高卒者が，調整能力や長期的な伸長の可能性，思考の柔軟性に関しては大卒者が，それぞれ相対的に優れているとの評価が得られました。しかし同時に，どの項目においても両者は「あまりかわらない」との回答が約半数を占めているのです。こうした事実は心に留めておくべきではないでしょうか。

以上のように，新規高卒者に対する企業の採用活動を概観すると，新規高卒者は新規大卒者と同様，将来の伸びしろを正確に把握するのは容易でないうえ，選考基準も明確でないにもかかわらず，その採用に伴う不確実性を企業がさほど危惧していない姿勢が見え隠れします。そこには，あまり愉快なことではありませんが，さまざまな調査結果をみる限り，新規高卒者は所詮，将来自社の基幹的な役割を担う存在にはならないだろうとの考えが強く働い

ていそうです。つまり，同じ新規学卒者とはいえ，新規高卒者の将来の伸びしろは，新規大卒者の伸びしろほどには企業の関心事になっていない可能性が指摘できるのです。

2 ○ 採用基準に関する法規制

　企業には，法律で採用の自由が保障されているため，原則的には，どのような考え方のもとで採用活動を行っても問題とされることはありません。しかし，労働者の権利を守るため，守らなければならない法規制もいくつか存在します。

　たとえば，1972年に「勤労婦人福祉法」として施行され，1985年および1997年の改正を経て1999年に現在の名称となった，性差による差別を禁止する男女雇用機会均等法（雇用の分野における男女の均等な機会及び待遇の確保等に関する法律）は，企業が遵守すべき重要な法律です。2003年までは募集・採用に関して，女性であることを理由にした差別的扱いのみが禁止されていましたが，2007年以降は諸外国に倣い，女性のみでなく，男女双方に対しての差別的扱いが禁止されました。具体的には，採用の対象を男女いずれかに限る，男女別に採用枠の設定をする，情報提供で異なる扱いをする，合格基準を男女で変える，などは違法とされています。

　さすがに最近では，このような明確な差別は減少しているようですが，その代わり，女性が満たしにくい要件を課すなど，形を変えた間接差別が問題視されています。たとえば，転居を伴う異動に応じることを総合職の採用要件にしていながら，その企業に広域にわたり展開する支店・支社がない場合や，これまでにそうした異動の実態がほとんどない場合などは，女性に総合職を選択させないことを意図した合理的でない要件の可能性があると見なされ，処罰の対象となりえます。

　なお，女性の少ない職場に女性の進出を促進するために女性のみ，または女性優遇の募集・採用をすることを，ポジティブ・アクションといいます。

これは，現存する格差（男性と比較して女性の数が「相当程度少ない状況」にある場合で，その目安は4割を下回っているか否か）の解消を目的としている限り，改正男女雇用機会均等法違反とはなりません。

また，障害者の雇用について定めた障害者雇用促進法（障害者の雇用の促進等に関する法律）も，その一つです。一定規模以上の事業主は，一定割合以上の障害者を雇用する義務を有します。雇用義務の対象となる障害者は，1987年までは身体障害者のみでしたが，1988年以降は知的障害者を含み，2006年度になると新たに，精神障害者保健福祉手帳保持者も雇用率に算定可能な対象となりました。

規模に応じた一定割合の雇用義務のことを，法定雇用率といいます。一般の民間企業の場合，56人以上の規模であれば法定雇用率は1.8%に設定されています。しかし，図表2.7で示すように，雇用されている障害者総計は微増しても，法定雇用率を達成した民間企業の割合についてはあまり改善

図表2.7 障害者雇用者数と法定雇用率達成企業割合の推移

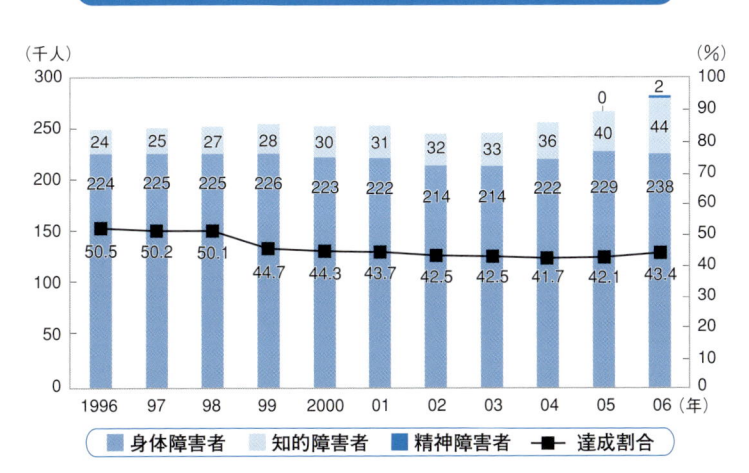

年	身体障害者	知的障害者	精神障害者	達成割合
1996	224	24		50.5
97	225	25		50.2
98	225	27		50.1
99	226	28		44.7
2000	223	30		44.3
01	222	31		43.7
02	214	32		42.5
03	214	33		42.5
04	222	36		41.7
05	229	40	0	42.1
06	238	44	2	43.4

（出所）厚生労働省「平成18年6月1日現在における障害者の雇用状況報告結果」より筆者作成。

がみられないのが実状です。現在は，企業に雇用義務はあっても，雇用は企業と働く人々との間に信頼関係があって初めて成立しうるという考え方に立脚しています。そのため，たとえ未達成企業であっても，そのペナルティは雇用計画の提出などの指導や，未達成分に対する納付金の徴収が行われる程度に留まります。こうした現状が，飛躍的な改善が実現しないことと多少関係しているのかもしれません。

2.4 採用に伴う不確実性への対策

◯ 若年労働者の早期退職の問題

　ここまで概観してきたように，企業は従来同様，採用の精度を上げる努力を続ける一方，以前と比べると入職経路のオプションを増やして，働く人々の多様な価値観に応えようとしています。しかし，見込み違いや採用に関するミスマッチを完全になくすことは，やはり不可能です。

　たとえば，伸びると思って採用した人材がまったくの見込み違いだったということもあれば，その反対に，当初あまり期待していなかった人材が，何らかのきっかけで大きく「化け」，成長するという嬉しい誤算もありえます。とはいえ，採用活動を終了した企業が，その成果に質・量とも満足と回答する割合は年々減少しているとされます。質に対する不満の代表格は，採用した人材のレベルが年度ごとにばらばらである，最近の学生は年齢よりも幼い考え方をする，精神的に弱い，実力に比べて自意識過剰である，などが挙げられます。

　一方，量に対する不満は，母集団確保の困難さや内定辞退者の続出などに起因することが大半です。日本経団連によると，近年の内定辞退率は平均30% 程度とされます。企業の予想を超える大幅な内定辞退は，要員計画を

狂わす由々しき事態です。しかし，企業側には合理性のない内定取り消しが許されていない一方で，学生が内定辞退をすることには何の法的拘束力もありません。その理由は，内定とは定められた時期から初めて内定者の就労義務が発生する，就労始期付解約権留保付の労働契約であるうえ，内定辞退の禁止は学生側の職業選択の自由（憲法22条）に抵触することになるためです。

　こうした質や量に対する見込み違い以上に企業を悩ますのが，入社後わずかな期間での若年者の離退職問題です。入社後3年以内に中卒者の7割，高卒者の5割，大卒者の3割が辞めることから生まれた，七五三現象という言葉はその象徴といえます。新入社員が一人前の社員として育つまでに最低3年から5年はかかるといわれます。それを考慮すると，若年労働者の離職は彼らの採用にかけたコストはもちろん，採用から退職までの育成コストのほとんどを企業が回収できない状況をもたらすことになります。では，どうして若者はすぐ退職という道を選ぶのでしょうか。そこには，企業と個人とのミスマッチがあるといわれます。

　図表2.8は，若年労働者の離職理由についての平成9（1997）年度と平成15（2003）年度の調査結果を比較したものです。主な離職理由として，「仕事が自分に合わない」「賃金や労働時間，通勤の便等の条件がよくない」「人間関係がよくない」などが挙がります。興味深いことに，勤続3年を超えた人々の離職理由は「会社に将来性がない」「キャリア形成の見込みがない」が上位にくるのに対し，勤続年数が浅いほど「仕事が合わないから」「人間関係がよくないから」と，理由も浅くなりがちなことがわかります。一見単純なこうしたミスマッチに対して，企業はどのような対策をしているのでしょうか。また，果たしてそれは実際に事態の改善につながっているのでしょうか。

図表 2.8　離職時期や調査時期の違いによる若年者の離職理由の比較

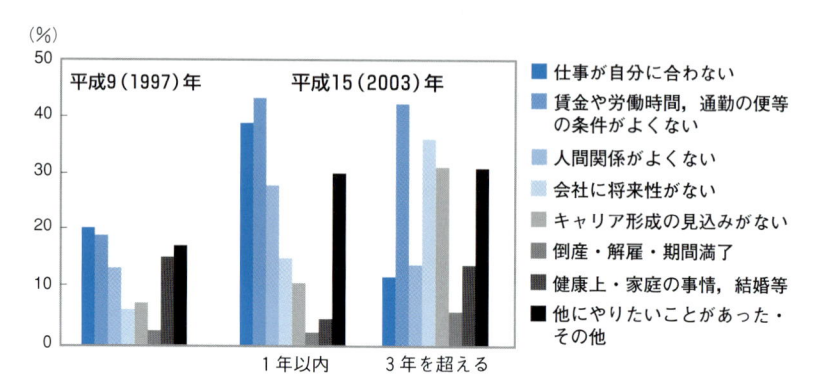

（出所）厚生労働省「平成9年度若年者就業実態調査」および同「若年者キャリア支援研究会報告書（平成15年）」より筆者が一部データを編集のうえ作成。

（注）1. 平成9年度調査には，平成15年度調査にある「キャリア形成の見込みがない」という項目がなく，それに近い内容と判断される「技能・能力が活かせなかった」「責任のある仕事が与えられなかった」を合算したもので代替。
2. 平成15年度調査の「他にやりたいことがあったから」も，平成9年度調査には存在しなかったため，ここでは「独立して事業を始めるため」「家業をつぐため」をそれに相当するものとして処理した。なお，平成15年度調査ではその割合が少なかった「その他」が平成9年度調査では非常に大きく，「その他」の中に「他にやりたいこと」が含まれる可能性が考えられたため，異論もあろうが，ここではこれらを一つの指標として合計した。
3. 平成9年度調査は複数の回答項目の中から一つを選ぶ形式だが，平成15年調査は複数回答という違いがある。

ミスマッチ対策としてのRJP

　若年者の早期離職問題の最大の原因は，リアリティ・ショックにあるといわれています。リアリティ・ショックとは，たとえば入社して初めてその企業の良い面だけでなく悪い面の存在を知り，「こんなはずではなかった」と必要以上の不信感や不満を募らせることを指します。これは，情報の送り手と受け手の間に情報の非対称性が存在するときに発生します。

　採用活動では，企業は応募者である学生に対して自社をアピールします。

その場合，仕事のきつさやつらさなど，仕事の遂行にあたり少なからず伴う悪い面よりも，仕事のやりがいや働きやすさなど，自社の良い面を前面に押し出すのが一般的です。もちろん，意識的に悪い面を隠すこともありますが，むしろそうしたつらさは改めて述べるまでもない当然のことと，採用担当者が無意識に排除してしまうケースが大半といえるでしょう。しかし，入社後初めてその現実を知った新入社員は，なんだか騙されたような気持ちになるわけです。また，採用担当者は好感が持てたのに配属先の上司や先輩はまったく違う雰囲気だった，仕事内容が当初の説明と違う，賃金や詳細な労働条件を入社するまで知らなかった，などの場合もリアリティ・ショックが発生しがちです。

　こうした情報の非対称性を少しでも緩和するために，最近の企業は事前のワクチン効果として，労働条件など伝えるべき情報はもちろん，悪い情報についても意識的に採用プロセスの中で開示する姿勢を示しています。これをRJP（Realistic Job Preview）と呼びます。採用担当者が座談会などを通じ，応募者と忌憚ない意見交換や質問への回答を行ったり，選考が深まるにつれ本音を吐露したりするなどの行動は，これに該当します。ただし，それなりに手間とコストを要することであるため，実施の程度は企業の方針や目標との兼ね合いとなります。なお，採用活動の初期から悪い情報を開示すれば，それだけ優秀な人材から敬遠される可能性が高くなるうえ，人間の情報処理能力の限界を考えると，応募者にあらゆる情報を開示しても混乱を招くだけという考え方もあります。つまり，その辺りのさじ加減やバランス感覚が，採用担当者の腕の見せ所となるわけです。

　応募者と比較すると多くの情報を持っているはずの企業ですが，企業内にも情報の非対称性は存在します。たとえば，中途採用者の前職での経験や能力開発の履歴などが，実際に配属してみて本人の申告と違うと感じるケースはしばしばあります。そうしたギャップが，中途採用者側の故意によるものではなく，企業が十分に中途採用者の能力を理解しないまま配属した結果である場合，企業も困りますが，中途採用者側も能力を活かしきれず不満を感

じてしまいます。また，人事部が必要と考える人材と現場が欲しい人材像とに乖離がある場合も同様です。あらゆる関係者が不満を抱く結果となります。こうした問題を未然に防ぐには，応募者との緊密な情報交換に加え，採用活動を人事部など特定の部署に委ねすぎず，可能な限り現場の関与を求め，求める人材に関する社内の意見統一や共有化，連携をはかることが大切です。この観点からいえば，採用活動の安易な外注化はやはり避けるべきでしょう。

○ インターンシップ制度

　採用活動以前から，情報の非対称性の問題を緩和しようとの取り組みの一つに，インターンシップ制度があります。インターンシップ制度とは，学生に在学中から就業体験の機会を提供することで，働く目的の明確化や自分の適性の発見，動機づけをはかるとともに，希望と現実とのギャップを認識させることによって，教育機関から職場への円滑な適応を支援する制度です。大学・大学院生の場合，就職活動が本格化する前年の夏休みを利用した2週間程度の期間に，営業同行や販売実習，課題解決などを行うのが一般的です。

　文部科学省の「平成18年度大学等におけるインターンシップの実施状況に関する調査」によれば，1999年度からインターンシップの実施率は上昇しています。佐藤らの調査（2006）によれば，「働くことへのイメージが明確になった」など，インターンシップ参加学生からはおおむね好評です。しかしながら，現時点での企業側のメリットは，さほど大きくないとみられています。たとえば現在，企業側のインターンシップ実施理由の上位を占めるのは，「学生の就業意識向上」という社会貢献的要素や，「大学や学生の自社の認知度を高める」という自社のPRを兼ねた理由です。実際，企業から働きかけて実施するというより，教育機関からの要請に応じて企業が協力しているのが現状です。これを一歩進め，社内の活性化や社員研修の一環としても活用できるようにすれば，双方に効果が期待できるようになるかもしれません。

インターンシップ制度と採用は必ずしも直結しているわけではありませんが，なかには優秀な人材の早期確保の手段として利用している企業も存在します。一例として，本人が希望すれば内々定や採用上の優先順位を与えるケースが散見されます。

○ 紹介予定派遣制度・トライアル雇用

互いの実状をより理解したうえで労働契約に入るという点では，紹介予定派遣制度もあります。紹介予定派遣制度とは，最初から正規従業員として雇用するのでなく，一定期間，派遣社員（詳しくは第8章）として派遣先で勤務した者のうち，本人がその企業に就職を希望し，かつ派遣先企業に採用意思があるという相思相愛の状態になった場合に初めて正式採用するという制度です。1999年の労働者派遣法の改正により，2000年12月からこの制度の利用が可能になりました。企業側にとっては，正式な採用前に派遣社員の働きぶりや適性が観察できる点が魅力です。派遣社員側にとっても，職場の雰囲気や仕事への適性を吟味・検討できる点が評価されています。ただし，企業がその派遣社員の正式採用を希望しない場合には，派遣元を通じて本人にその理由を通知することが義務づけられています。その後，2003年の法改正を受けて，2004年3月から派遣就業開始前の面接も可能になりました。

このほか，類似の取り組みとしては，若年者トライアル雇用制度もあります。職業経験が乏しい若年者が新卒者としてではなく，第二新卒者のように中途採用枠で求職活動を行うとき，彼らはより実績のある中途採用者と対等に競争しなければなりません。つまり，多かれ少なかれ不利な状況に置かれるわけです。それを多少でも克服させようとの政府による施策で，もともとは1999年に障害者雇用対策の一環として導入された仕組みです。若年者を一定期間試行的に雇用する企業に対しては，雇用促進奨励金が支給されることになっています。

◯ 教育機関へのキャリア教育支援

　大学などの教育機関で近年盛んに実施されているキャリア教育に対して，企業として支援することも，若年者の離職を防ぐための事前策の一つです。

　キャリアの代表的な研究者であるシャイン（E. H. Schein, 1979）は，働くうえでの個々人の動機や価値観をキャリア・アンカーと呼び，自身のキャリア・アンカーを自覚すること，および，それが生きるような職業選択をすることの重要性を説いています。キャリア意識が不足している学生が増加しているとの企業の指摘を考えると，学生時代からキャリア教育を通じて，働く目的意識を醸成させることは有意義といえます。

　その一方で，強すぎる天職信仰やミーイズム（自意識過剰）を持つ学生の増加も，企業にとっては問題となっています。そうした学生は，自らの関心に固執したり適性や能力を信じるあまり，「仕事が自分に合わない」「自分の能力を生かす仕事がさせてもらえない」との不満を募らせやすく，結果的に離職しやすいためです。本当に実力が見合っていれば別ですが，万が一自分の可能性を過大に評価しすぎてのことであると，企業・その従業員双方が不幸です。要は，バランスのとれたキャリア意識の醸成とそのための教育が重要だということです。

　こうした問題に対し，企業ができることは何もないように思えるかもしれませんが，最近の企業はキャリア教育の一環として教育機関に招かれ，働くことの実態に関する講演を行う機会が増加しています。そこでその機会を積極的に利用し，実体験にもとづいた話をすることは非常に有用といえます。たとえば，どこに勤めても最初は下積みの仕事や一見自分に合わない仕事に取り組む必要があること，就職してから思いがけない困難に出会い，それを乗り越えたときに得られたものがあることなどを伝えるのは，経験にもとづくものだけに一定の説得力があると考えられます。

　とくに，クランボルツ（J. D. Krumboltz, 1994）のプランド・ハップンスタンス（planned happenstance；「計画された偶発性」「計画的な偶然性」な

どの訳があてられることもある）理論が説くように，実際のキャリアの80％は予期しない偶然の出来事で形成されていること，たとえ当初希望した道と異なる場合でも，腐ったりすぐ退職を考えるのではなく，その偶然の機会を前向きにとらえ，努力し，活用していくことで，結果として望ましいキャリア形成も不可能でないことを伝えるのは，学生はもちろん，長期的にみれば企業にとっても大きな意味のあることといえるのです。

2.5　採用管理に関わる諸取り組みの効果

　以前と比較すると，入職経路のオプションは増えたうえ，キャリア意識を持つことが強く奨励され，それを支えるRJPなどにも企業の力が注がれていることが概観できました。これだけ従業員の自由度が増し，企業側もそれを尊重しているのであれば，若年層の離職の問題は大幅に改善されてもよさそうなものです。しかし実のところ，現時点では，それほど大きな改善効果はみられていません。それはなぜでしょうか。

　その理由の一つとして，採用まではともかく，入社後はそれら異なる入社経路の人々の特性を活かすような仕組みや，各自のキャリア目標を存分に追求できるほどの仕組みが，企業内にまだ十分に整備されていないことを指摘できるでしょう。キャリア上の強い信念を持ち，入社後の働き方について希望を膨らませれば膨らませるほど，実際にはその追求が困難な現実を事あるごとに思い知らされる従業員は，必要以上に失望感やストレス，無力感を感じることになりかねません。同様に，オプションはあっても，採用管理に関するこれまでの守りの姿勢に変わりなく，企業全体の中ではまだ少数派にすぎないオプション利用者が，処遇上不利になるような状況がもしあるとすれば，そうした新しく挑戦的な取り組みはむしろ逆効果となる可能性さえあります。

つまり，基本的な姿勢に変化のない中で多少のオプションや可能性を広げてみせても，仕組み同士の十分な整合性が確保できず実質の変化が伴わない状況下では，かえって企業・従業員双方を望ましい結果から遠ざけてしまうことすらあると考えられるのです。こうした問題は，採用管理に限ったことではありません。そこで以下では，採用管理以外の諸領域ではどうなっているのかを順に確認していきます。

演習問題

2.1　直近の有効求人倍率を調べ，景気・経済状況との関係を確認してみましょう。

2.2　新規大卒者の採用基準は，日米で大きく異なります。代表的なアメリカ企業の採用基準をいくつかピックアップして調べるとともに，なぜ日米でそのような違いが生じているか考察してみましょう。

2.3　新規大卒者の採用プロセスと新規高卒者の採用プロセスの違いに，あなたは合理性があると思いますか。ある，ない，いずれの答えであっても，その考えの根拠を述べてみましょう。

2.4　採用に伴う不確実性，ミスマッチをなくすために，現在実施されている手法や制度を複数取り上げ，その維持・運営に必要と考えられるコストとの関係から，それぞれの手法や精度の有効性を比較・検討してみましょう。

第3章

評価体系と報酬

　本章では，モチベーション管理の一つとしての「評価・報酬管理」を取り上げ，従来の日本企業が評価・報酬管理において重視してきたものと，そのために設計・運用されてきた仕組みを確認します。そのうえで，従業員間に積極的に大きな差をつけなかった従来の報酬管理に，近年大きな変化が訪れようとしていること，しかし現時点では，期待に反した結果や従業員の疲弊感の高まりなど，副作用のほうが目立つと理解されることを指摘します。

○ KEY WORDS ○
職能資格制度，賃金カーブ，定期昇給，ベースアップ，
目標管理制度，職務等級制度，役割等級制度，年俸制，発明報奨金

3.1 評価・報酬管理とは

○ 人事考課と報酬管理

　第2章で概観した採用活動によって，無事，当初の計画どおりに人的資源が確保できれば，人的資源管理上の次なる課題は，それら貴重な人的資源の活用へと移ります。本章では，その目標実現にとって非常に重要な役割を果たす，モチベーション管理の一つ，評価・報酬管理について学習します。

　人的資源に対する評価は，正式には人事考課と呼ばれます。その目的は，従業員の日々の勤務状態や仕事ぶり，実績などの実態把握です。人事考課の結果は，異動・昇進（第4章）や人材育成（第5章）にはもちろんですが，賃金に代表される報酬管理にも反映されます。人事考課と報酬管理はもともと一体のものではなく，多くの日本企業ではこれまで，両者を必ずしもリンクさせない状況にありました。しかし一方で，高い評価の従業員には高い報酬を与えるべきとの考え方も存在し，とくに近年では両者を積極的にリンクさせようとの動きがみられます。そこで本章では，人事考課と報酬管理を関連づける形で説明を試みます。

○ 評価・報酬管理による企業メッセージ

　評価・報酬管理には，その時々での企業の考え方が明確に表れます。人事考課の評価項目は，①能力評価（職務遂行に必要な能力や態度），②情意評価（仕事に対する取り組み姿勢・意欲・勤務態度），③業績評価（顕在的な貢献度）の大きく3種類ですが，これらの組合せやウエイトを変化させることで，企業が重視する戦略や期待する人材像を周知できるのです。情意評価のウエイトを高めれば勤勉な従業員を，業績評価を高めれば比較的短期間で

具体的な成果を上げる従業員を評価することが示せます。また，新入社員と管理職で評価のウエイトを変えれば，企業がそれぞれの従業員に期待する役割が異なることも示せます。

　評価にもとづく報酬差をどの程度に設定するのか，どのタイミングで差をつけるのかなども，企業による重要なメッセージの一つです。比較的大きな差をつければ従業員間の競争を奨励し，差が小さければ協調を重視していることになります。また，入社後早期からの差であれば激しい競争を，徐々に差をつける方式ならば緩やかな競争を求めていることがわかります。もっとも，あまり差がないと有能な従業員の意欲をそぎますし，差をつけすぎれば残り大多数の従業員に諦めの感情をもたらしかねません。つまり，ここでもバランスが重要になるわけです。

　なお，どのような方針のもとでも大切にすべき原則は，評価基準を明確かつ従業員にオープンにすること，明らかに一部の従業員だけに有利に働くような偏った基準にしないことです。これに加え，可能な限り図表3.1で示すような評価エラーを防止すること，評価者によって評価結果が大きくぶれ

> **コラム** 360度（多面）評価
>
> 　360度評価とは，上司だけでなく，顧客や部下，同僚，関連部門など複数の考課者を用意することで，評価エラーを抑え，評価結果に対する従業員の納得性向上を目指す制度です。この制度を利用すれば，上司との相性が良くない従業員や，上司の目の届かないところでの努力が評価されず不満を抱えている従業員でも，他の考課者からの評価で公平性を実感できる可能性があります。また，考課者個別の評価は明らかにされないものの，「同僚」「取引相手」など考課者の立場別にくくった評価結果は公開されるため，自己と他者の認識ギャップが明らかになり，その後のキャリア開発の方向性が鮮明になる効果も期待されます。
>
> 　ただし，結局はその人物に対する周囲の好き嫌いの感情を反映するだけとの懸念があるうえ，予想外に不本意な結果を多面的に突きつけられることで，従来は上司の無理解のせいにできた評価対象者が，気持ちの逃げ場を失い，人間不信に陥ってしまう危険性も指摘されています。

図表 3.1　典型的な評価エラー

寛大化傾向	被評価者の心中を慮り，実際の評価よりも甘く評定し，良い傾向に偏る傾向のこと。抵抗感を抑えたいとの心理が働いている。
中心化傾向	評価が平均的・中央に偏りがちになる傾向のこと。評価に自信がない場合や，被評価者との軋轢を回避したい場合に起こりがち。
初期印象効果	考課者と被評価者との間に初期に起きた印象的な事柄に，後々の評価が影響を受けるバイアスのこと。
ハロー効果	特定の長所や業績で，被評価者のすべてを良く評価しがちになったり，要素別の特徴を見落とすエラーのこと。
相似効果	価値観や態度，出身などが考課者とよく似ている被評価者を高く評価しがちになるバイアスのこと。異なる場合には，低く評価しがちとなる。
対比効果	考課者自身の特徴を判断基準とすることで，被評価者を不当に高く，もしくは低く評価してしまうこと。高業績者が無意識に自分と比較して，標準的な部下を優秀でないと厳しい判断を下すことなどが，これに該当する。
近接効果	評価時期に近い業績や事柄に，評価が影響を受けること。
論理的誤謬	思い込みや根拠のない一般的通念が先行することで，誤った評価を下しやすいこと。血液型による性格判断や，体育会系のリーダーシップ信仰など。

（出所）　二村英幸（2005）『人事アセスメント論──個と組織を生かす心理学の知恵』ミネルヴァ書房より。

ないことも重要です。そのためには評価を下す役割の人々に考課者訓練を徹底するとともに，採用活動の場合と同様，多段階かつ複数の考課主体で評価を行うことが大切です。具体的には，まず直属の上司が絶対評価による1次評価をし，部門長が相対評価により2次評価をした後，企業内の最終調整を人事部が行うというプロセスが一般的な形といえるでしょう。

3.2 職能資格制度と賃金制度の関係

○ 職能資格制度の仕組み

　このように，評価・報酬制度はその企業が評価する人材像を色濃く反映するものですが，これまでの日本企業でもっとも普及していた評価・格付け制度といえば，職能資格制度です。

　第1章でも少し触れたように，第2次世界大戦後，工員と職員とを差別した身分的資格制度が廃止されると，両者を区別せず，学歴や年齢，勤続年数に応じて生活給を保障する年功的資格制度が一般的になりました。しかし，1970年前後になると，それに代わり，従業員個々の働きぶりや貢献度に見合った処遇にすべきとする，能力主義管理の重要性が強調されるようになります。そこで，従業員が保有する職務遂行能力で分類・序列化し，それにもとづく処遇を行う制度の導入が進みました。それが職能資格制度です。ここでいう職務遂行能力には，担当職務を適切に遂行するために必要な顕在能力だけでなく，職務遂行過程で発揮されるだろう潜在能力も含まれます。

　職務遂行能力の評価には，企業内資格である職能資格等級を用います。企業はそれぞれの等級に応じて従業員に期待する要件や基準を設けているので，従業員側は職務経験を積んだり自ら能力向上をはかることによって，それらの職能資格要件を一つ一つクリアし，下位等級から順に上位等級に上がることができます。これを昇格といい，いわゆる課長・部長といった職階の上昇である昇進とは明確に区別されています。職能資格制度のもとでは，賃金などの報酬は，職階ではなく資格にもとづいて決定されるため，たとえ昇進しなくても昇格すれば賃金の上昇，すなわち昇給が可能です。

　もっとも，資格と職階（役職）は完全に分離されてはおらず，図表3.2で示すように，緩やかに対応しています。この例でいえば，確かに7等級

図表3.2 職能資格制度のモデル例

職能区分	等級	呼称	資格対応職位	初任格付	最短滞留年数
管理職能	M-3 (10)	理事	部長		―
管理職能	M-2 (9)	参与	部長／次長		6年
管理職能	M-1 (8)	副参与	次長／課長		5年
指導・監督職能	S-3 (7)	参事	課長／係長		3年
指導・監督職能	S-2 (6)	副参事	係長／主任		3年
指導・監督職能	S-1 (5)	主事	主任		2年
一般職能	J-4 (4)	主事補	主任		2年
一般職能	J-3 (3)	―		大学院修士卒	2年
一般職能	J-2 (2)	―		大学卒	1年
一般職能	J-1 (1)	―		短大卒 高校卒	2年 4年

(出所) 今野浩一郎・佐藤博樹 (2002)『人事管理入門』日本経済新聞社，および財団法人労務行政研究所編 (2004)『新訂版 人事労務管理実務入門』(労政時報別冊) をもとに筆者作成。

の資格を持つ従業員の中には，次長になる者もいれば係長の者もいます。しかし，課長職への登用は6等級から8等級の資格を持つ従業員の中から選抜することになっており，その意味では両者は連動していることがわかります。また，新入社員には一律に，高卒・短大卒ならば1等級から，大卒ならば2等級から，などといった最終学歴にもとづく初任格付が適用されることになっています。こうした点からも職能資格がそれほど自由度の高いものではないことが伺えます。職能等級の表現は，例のように数字や記号の組合せで行

うのが一般的です。「参与」「理事」などの表現もよく耳にしますが、これらは正確には職能等級ではなく、職能等級の呼称と呼ばれるものです。数字や記号では味気ないため、資格内容をイメージしやすくしたりステイタス感を出したい場合に、社内で好んで使用されるのです。

○ 職能資格制度の運用上の利点・問題点

　ここで、これまでの日本企業がこの評価制度を通じて重視してきた考え方を知るために、職能資格制度の運用上の利点と問題点を確認しておきます。

　最大の利点は、やはり役職と資格を分離していることによる人心掌握の容易さです。資格と役職が分離されているため、ポスト数の限界により役職で報いることができなくても、従業員の努力次第で職能資格の向上、すなわち昇格は可能になります。そのため、昇進から漏れた多くの従業員も、モチベーションを失うことなく労働力を提供し続けることができるのです。同時に、この仕組みは、限られた役職を巡り、従業員間の競争が熾烈になることも緩和するため、従業員間の協力関係の維持にも一役買っていると理解されています。

　また、職能資格制度は、異動に関する柔軟性確保の点でも優れています。職能資格制度のもとでは、一度獲得した能力は失われることがないという前提に立ったうえで、社内共通の評価基準を用います。そのため、これまでと異なる部門や職務へ異動させても、保有している職能資格自体には変化がなく、処遇の大幅な変更を必要としないのです。それに対して、各部門や職務別の基準を設けている場合には、そうはいきません。たとえ従業員の能力そのものに変化がなくても、新たな職務に慣れ、その職務に応じた新たな能力を獲得するまで、必然的に能力不十分と評価されることになります。つまり、異動直後はいったん低い資格に落とさざるをえません。それに伴い、賃金も大幅に下がってしまいます。

　しかし、こうした状況では、従業員が新たなことへの挑戦や安心した能力

開発をできなくなる恐れがあり，企業の都合にもとづく柔軟な異動も実施しにくくなります。社内共通の評価基準は，こうした事態を回避する効果を持つのです。

一方，職能資格制度の運用上の問題点は，これら利点のまさに裏返しとなります。まず，全社共通の職能要件は，評価の厳密な運用を難しくします。全社共通にすることによって抽象的な記述に陥りやすいためで，たとえば，一般職能を対象にした職能要件の記述例には，「上司の指示や定められた手順に従い，知識や経験をもとに日常の定型業務を遂行できるレベル」などがあります。しかし，こうした抽象的な記述では，職能要件を達成しているか否かの判断は容易ではありません。しかも，職能等級数が多くなればなるほど，記述の抽象性と，それによる等級間の曖昧性は高まります。この状況で，考課者側が考課の失敗を避けようとすれば，対象者のマイナス部分が余程顕著でない限り，同期を横並びに昇格させるという年功的な運用が好まれることになるのも，やむをえないことでしょう。

また，人件費が膨張しやすいことも，職能資格制度の運用上の問題点とされています。前述のように，職能資格制度を採用している多くの企業では，従業員へのインセンティブの側面を重視して，昇進から漏れた従業員でも昇格の可能性を十分に用意する一方で，降格はほとんど実施しません。そのため結果的に，勤続年数を重ねた大部分の従業員が高資格者・高賃金者になってしまうのです。

企業は本来，採用管理をはじめとして，従業員の昇格のスピードや昇格者の割合の管理を計画的に実施すべきです。そして，その当初計画が適正である限り，人件費の膨張は起こらないはずといわれます。しかし実際には，多くの企業で人件費の問題は深刻なものとなっています。とくに，従業員の能力が陳腐化し，はるか以前に認められた資格等級が現在の基準を満たさない場合には，従業員の生産性と人件費との間に大きなギャップが存在することとなり，問題はさらに大きくなると考えられます。

こうした運用上の特徴を考えると，これまでの職能資格制度は従業員間の

差を明確にする形では用いられてこなかったと理解できそうです。それでは，賃金に関してはどうなのでしょうか。

◯ 賃 金 の 機 能

具体的な賃金体系を概観する前に，ここでまず，賃金の機能を確認しておきましょう。

経営学的にみた賃金の機能は，従業員の労働意欲の喚起や優秀な人材の確保のための外的報酬と位置づけられます。従業員に長く勤めてほしい場合には，勤続年数が延びるたびに昇給する仕組みを作っておけば，第7章で取り上げるようなリテンション効果も期待できます。また，従業員にとっては，自分の労働力や職務遂行能力に応じた賃金を得ることで，生活に必要な費用を賄えるうえ，企業における自己の相対的価値を知ることが可能です。

一方，法律では，「賃金とは，賃金・給料・手当・賞与その他名称の如何を問わず，労働の対償として使用者が労働者に支払うすべてのもの」（労働基準法第 11 条）と定めています。誘因の要素が強い経営学の発想と比較すると，ノーワーク・ノーペイの原則に象徴されるように，労働の見返りとしての要素が強調されているわけです。

このほか，法律的には，賃金支払いの5原則も存在します。これは，賃金は「通貨」で，労働者に「直接」，その「全額」を「毎月1回以上」，「一定の期日を定めて」支払わなければならない，とするものです。したがって，賃金を小切手で支給するなどの，従業員に不便や不渡りのリスクを負わせかねない支給方法や，現物での支給は認められていません。もっとも，現実的な措置として，従業員の同意のもとで行う，従業員自身が指定する本人名義の預金または貯金口座への振込みは認められており，この方法を利用している企業が大半です。また，高額となりやすい退職金に関しても例外的措置が認められています。

○ 職能資格制度における賃金体系

　賃金の算出には，一定の額を支給する<u>定額給制</u>と，仕事の出来高などに応じて支給額が変動する<u>奨励給制</u>とがあります。日本企業の大部分は職能資格制度のもと，定額給制で，かつ月給制を採用しています。企業の労働費用総額のうち，福利厚生費を除いた残り約8割が，現金給与である賃金となります。その賃金体系は，<u>図表3.3</u>で示すように，月間の所定労働時間に対して支払われる<u>所定内賃金</u>と，それ以外の<u>所定外賃金</u>で構成されます。

　まず，所定内賃金には，全員に支給される<u>基本給</u>と，従業員の個別事情を考慮して条件適合者のみに毎月支給される<u>固定的な諸手当</u>とがあります。基本給は，年齢や職能資格，職務，勤続状況に応じて支給されるものです。このうち，どの要素に重点を置いて基本給を算出するかは，前述のとおり企業の考え方に依存します。たとえば，戦後まもなく導入されていた年功的資格制度のもとでは，従業員の生活の安定をはかるために電産型賃金体系と呼ばれる，<u>年齢給</u>や<u>勤続給</u>などの生活保障的要素が全賃金の8割を占める賃金体系がとられていました。一方，職能資格制度のもとでは，年齢給や勤続給にかわって，職能給が大きな割合を占めています。

　また，固定的な諸手当の代表例としては，役職につく者に支給される「役職手当」，仕事に役立つ公的資格取得者に対する「公的資格手当」，扶養家族のいる者に対する「家族手当」，通勤の実費としての「通勤手当」，家賃など住宅関連費用の補助としての「住宅手当」，「単身赴任手当」などがあります。このほか，一風変わったものとしては，地域の物価差を補填するための「地域手当」，寒冷地の暖房代の一部としての「寒冷地手当」，高所での作業や危険の伴う作業などをする従業員に支給される「特殊勤務手当」，営業回りなどの理由で社員食堂を利用できない従業員に支給される「食事手当」なども見受けられます。

　これらいずれの諸手当にも該当しない従業員は基本給のみの支給となります。そのため，こうした不公平はなくすべきだとして，<u>諸手当を廃止・縮小</u>

図表3.3　賃金体系（月例給与）の例

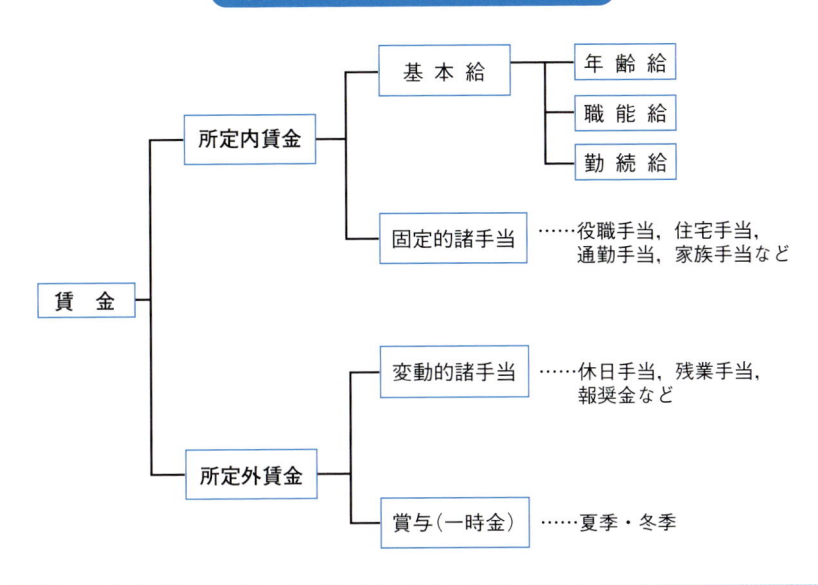

```
賃　金 ─┬─ 所定内賃金 ─┬─ 基本給 ─┬─ 年齢給
        │              │          ├─ 職能給
        │              │          └─ 勤続給
        │              └─ 固定的諸手当 ……役職手当，住宅手当，
        │                               通勤手当，家族手当など
        └─ 所定外賃金 ─┬─ 変動的諸手当 ……休日手当，残業手当，
                       │                 報奨金など
                       └─ 賞与（一時金）……夏季・冬季
```

する動きもあります。しかし，いったんこうした支払を基本給に吸収してしまうと，賞与や退職金などの算定にも影響が生じるため，依然として手当として支給する形態を望む企業も少なくないようです。また，この少子化の時代，次世代支援の目的から，家族手当の中の配偶者手当は廃止しても子どもに対する手当は手厚くする企業も増えています。

　続いて，所定外賃金の代表格は，俗に「ボーナス」と呼ばれる賞与です。賞与は，業績に対する報奨，もしくは企業からの恩恵的給付という意味合いを持つ経営側の表現ですが，これに対して労働組合側では同じものを一時金と呼びます。労働組合では，この報酬を従業員が正当に受け取るべき賃金の一部であるととらえるためです。多くの日本企業では，賞与は夏季と冬季の年2回支給し，その平均総額は月例給与の4，5カ月分に相当します。つまり，賞与は年収の4分の1程度にも上る，従業員にとって重要な収入源とい

えるのです。

　ただし，賞与の場合，基本給とは異なり，必ずしも企業側に支給義務があるわけではありません。企業に利益が出なかったとき，従業員が当初定めていた目標が未達だったときなどは，賞与を支給しないことも可能です。また，支給日に在籍していない従業員には支給しない企業が大半です。このほか，所定外賃金には，所定労働時間を超えた労働に支払われる残業手当や休日手当，何らかの目標を達成した場合の報奨金なども含まれます。

○ 職能資格制度のもとでの昇給の仕組み(1)：定期昇給

　職能資格制度においては，従業員間の差を積極的に打ち出すような運用を行っていないことは先で確認しました。それでは，職能資格制度のもとでの昇給とは，こうした賃金体系の何がどう変化することをいうのでしょう。

　毎年定期的に実施される昇給のことを，定期昇給（定昇）と呼びます。定期昇給は3種類の昇給の組合せから成ります。1つめは，年齢や勤続年数をもとに1年経過すれば自動的に全員が昇給する自動昇給です。具体的には，年齢給として，年齢ごとに絶対額を定めた年齢給テーブルに従って，基本給に対する加算額を算出します。その絶対額は，入社から退社までの従業員の生活費の増減を想定して設定されています。たとえば一般に，結婚して家族が増える時期や子どもの教育費がかさむ時期，自宅のローンが発生すると考えられる時期には，1年分の昇給額（ピッチ）が手厚く設定されます。その反対に，子どもが独立し生活費が減少すると考えられる時期には，ピッチはゼロやマイナスになります。一方の勤続給は，1年ごとの定額加算が通常ですが，企業が従業員に長く勤めてほしいと願う場合，経過年数が長くなるほど加算金額を増やす方式をとることも珍しくありません。

　定期昇給の2つめは，査定昇給です。いわゆる職務給の昇給で，毎年決まった時期に仕事の習熟度，能力の伸長，業績を査定した結果にもとづいて昇給させます。職能資格制度のもとでは，年月を経るごとに仕事の習熟度，職

図表3.4 号俸表の例

	職能資格			
	S-1	S-2	M-1	M-2
標準ピッチ	800	1,000	1,200	1,400
滞留Ⅰピッチ	640	800	960	1,120
滞留Ⅱピッチ	400	500	600	700
号 俸	S-1	S-2	M-1	M-2
1	300,000	350,000	400,000	450,000
2	300,800	351,000	401,200	451,400
3	301,600	352,000	402,400	452,800
4	302,400	353,000	403,600	454,200
5	303,200	354,000	404,800	455,600
26	320,000	375,000	430,000	485,000
27	320,800	376,000	431,200	486,400
28	321,600	377,000	432,400	487,800
29	322,400	378,000	433,600	489,200
30	323,200	379,000	434,800	490,600
31	323,840	379,800	435,760	491,720
32	324,480	380,600	436,720	492,840
33	325,120	381,400	437,680	493,960
34	325,760	382,200	438,640	495,080
35	326,400	383,000	439,600	496,200
56	339,840	399,800	459,760	519,720
57	340,480	400,600	460,720	520,840
58	340,880	401,100	461,320	521,540
59	341,280	401,600	461,920	522,240
60	341,680	402,100	462,520	522,940
61	342,080	402,600	463,120	523,640
62	342,480	403,100	463,720	524,340
63	342,880	403,600	464,320	525,040
64	343,280	404,100	464,920	525,740

← 第1屈折点 (号俸30)

← 第2屈折点 (号俸57)

務遂行能力は高まるとの考えに立っているため、余程のことがない限り、これもほぼ全員が昇給の対象となると考えられます。職務給の上昇は、号俸表にもとづき実施されます。号俸表とは図表3.4の例のように、横軸に職能資格、縦軸に号俸をとり、両者がクロスするところの基本給の額を定めた賃金テーブルのことを指します。

その読み方として図表3.4を例にとると、まず職能資格が「S-1」で号俸が「1」の従業員の基本給は300,000円です。これが1年経ち、仕事の習熟度が増したと判断されると、職能資格は変わらなくても1号俸分上昇し号俸は「2」となり、基本給は300,800円に昇給します。企業によっては、査定の要素をより強く意識して、標準的な査定結果ならば上昇分は1号俸のみとし、標準以下ならば据え置き、逆に非常に優秀ならば3号俸上昇させるなどのように、積極的に昇給額に幅を持たせるところもあります。

3つめの定期昇給は、昇進・昇格昇給です。これは当然のことながら、該当する従業員と該当しない従業員がいます。昇格の場合、職能資格がたとえば「S-1」から「S-2」に昇格すると、それに伴って読むべき号俸表の列が変わります。標準ピッチの行をみれば容易にわかるように、昇格すればするほど、1号俸上昇した場合の昇給額が大きくなる仕組みです。昇格へのインセンティブ効果を狙っての設計といえます。

一方、同一資格に長く留まり続ける従業員に対しても、この号俸表は昇格への努力を促す効果があります。号俸表を仔細に眺めると、実は各等級には標準在籍年数が設定されており、その時期を境にして、標準ゾーンと滞留ゾーンに分かれることが読み取れます。図表3.4の例の場合、すべての等級において号俸が「30」に到達するまでが標準ゾーンです。その時期までに昇格が間に合わず、この限界ラインを超えた従業員に対しては、ピッチが標準ゾーンのピッチの何割かに抑えられます（例では標準ピッチの8割）。こうしたピッチの転換点は屈折点と呼ばれ、例では第1屈折点だけでなく、第2屈折点（標準ピッチの5割）も用意されています。つまり、屈折点がくるたびに昇給分が少なくなる現実を突きつけ、当該従業員に昇格が遅れていると

のメッセージを送るのです。なお，昇進の場合は，基本給の上昇というよりは，役職手当などの加算による昇給が一般的です。

　以上をまとめると，職能資格制度のもとでの定期昇給とは，原則として，各種観点からの加算によって定期的に基本給を上昇させることを指すといえます。「労政時報」誌の2005年の調査によれば，査定昇給と昇進・昇格昇給はほとんどの企業が実施している一方で，自動昇給の実施率は年々低下し，とくに管理職に対しては大企業の約9割がすでに実施していないことが明らかになっています。このように自動昇給は廃止の方向にありますが，査定昇給の運用の仕方や標準ゾーンの設定などから判断すると，これまでの賃金構造は従業員間に大きな差をつけることを目指したものでなかったと理解できそうです。

○ 職能資格制度のもとでの昇給の仕組み(2)：ベースアップ

　昇給には定期昇給のほか，俗に「ベア」と呼ばれる，ベースアップという方式もあります。ベースアップとは，物価上昇などに応じて賃金水準そのものの底上げをはかることを目的に実施される昇給のことで，これは企業の枠を超えて行われます。

　ベースアップは，毎年2月頃，連合などの労働者の権利を代表する労働組合側が，日本経団連などの経営側と，春闘という場で交渉した結果として実施されます。経済状況が良い場合には，組合側が要求したとおりの，いわゆる満額回答が得られることもある一方で，景気が悪いときには賃上げが見送られるベアゼロが続くことも少なくありません。

　ベースアップが行われた場合，号俸表に記載する基本給の数字（絶対額）が，各企業でいっせいに書き換えられます。そのため，ベースアップが実施される前と比較すると，ベースアップ後はその分だけ確実に総人件費が増加します。これに対して，前述の定期昇給の場合は，1人の個人を追い続けると確かに毎年賃金は上昇していきます。しかし，企業全体の視点からいえば，

ある年の新入社員が翌年になり2年目としての賃金を受け取るようになったときには，今度は別の新人が1年目の賃金を得るというように賃金の受け取り手がスライドするだけです。つまり，もし毎年同じ人数だけ新入社員を採用し，同じ人数を退職させるよう企業が十分統制しているならば，総人件費は原理的には影響を受けないことになるのです。この点が，ベースアップと定期昇給の大きな違いです。

こうした人件費負担の問題も手伝い，近年ではそろそろ横並びの賃上げをやめ，個々の企業業績に合わせた賃上げ率を求めるべきであるとの考えや，短期的成果に対してはその性質上，基本給のベースアップよりは賞与（一時金）で対応すべきではないかとの意見が主として経営側から示されるようになっています。いずれにしても，この方式も従業員間の賃金に差をつけるものでないため，近年のように成果に応じた賃金分配に対する世の中の関心が高まれば高まるほど，春闘の役割や意義は弱まっていくと受けとめられています。

○ 賃金カーブ

これまで従業員間の賃金格差がそれほど存在してこなかったことを，今度は賃金カーブの観点から確認してみましょう。賃金カーブとは，従業員が入社から退職まで得る賃金がどのような推移をたどるかを示す曲線のことをいいます。

図表3.5 は，厚生労働省の「賃金構造基本統計調査」（2006）にもとづき，2006年6月分の男性正規従業員の年齢ごとの平均賃金をつなげて作成したグラフです。同一人物の賃金推移ではないため，正確な賃金カーブではありませんが，どの学歴グループにおいても，年齢が上昇するにつれ賃金も上昇することが読み取れます。たとえば，20代と比較すると，50代の賃金は中学卒の場合を除き2倍から3倍に達します。これは，基本給を構成している年齢給・勤続給・職能給のそれぞれが，年齢の上昇や経験の蓄積とともに

図表 3.5　男性正規従業員（男性）の賃金カーブ

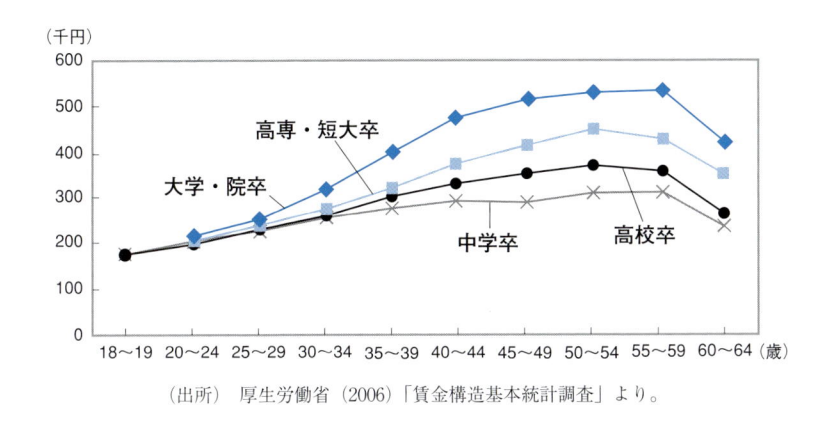

（出所）厚生労働省（2006）「賃金構造基本統計調査」より。

年々上昇していくためです。

　もっとも，図表 3.5 から容易に読み取れるように，学歴による差は存在しています。たとえば，初任給の時点ではそれほど大きな差がない大卒と高卒の賃金格差は，30 歳代半ばになると急速に拡大し始めます。同様に，性別による差も厳然として存在します。図表 3.6 は，図表 3.5 と同じデータを用い，正規従業員の男女の賃金カーブを比較したものです。基本的に，学歴別のグラフと同じような傾向を示していますが，男性の平均賃金ピークは 50 歳から 54 歳で約 42 万円であるのに対し，女性の平均賃金ピークは 40 歳から 44 歳で約 25 万円にすぎません。こちらも，初任給ではそれほど差がないのに，年数を経るうちに両者に開きが生じてくることがわかります。

　しかし，こうした違いは従業員の能力や業績の差を反映したものというより，役職に就く割合の違いと受け止めることが可能です。たとえば，役職手当なども含めた係長クラスの平均月例賃金は 40 万円前後ですが，課長クラスは 50 万円程度，部長クラスは 65 万円程度と，役職の上昇につれ賃金も上がります。それぞれの役職に就く平均年齢（詳細は第 4 章参照）を考えたと

図表3.6 男女別の賃金カーブ（正規従業員）

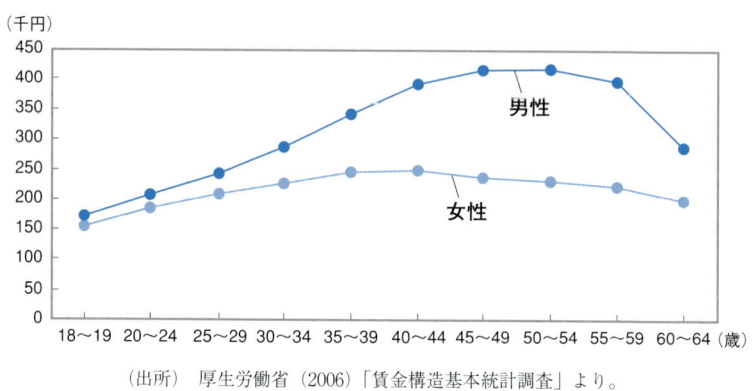

（出所）厚生労働省（2006）「賃金構造基本統計調査」より。

き，こうした上昇の仕方は，まさに図表3.5で示した大卒男性の賃金カーブと対応します。また別の調査では，30代半ばになると，高卒男性と比較して大卒男性の昇格・昇進機会が顕著に増加することが明らかにされています。高卒男性の場合，ある程度優秀でなければ課長クラスになれませんが，大卒男性では，到達速度にばらつきはあるものの，ほとんどの者が少なくとも課長クラスまではたどり着くのが，これまでの慣例です。しかも，いったんある役職に到達した後は余程のことがない限りその役職から滑り落ちることがないので，その後の成果にかかわらず，高い賃金水準を維持できていたのです。

　こうした考えを裏づけるかのように，女性の正規従業員のみを対象としたデータをみると，男性の場合ほどには学歴による差が確認されません。これは，男性管理職に比べて女性管理職の割合がまだまだ少ないことや，係長や課長クラスまではまだしも，部長クラスとなるとほぼ女性が存在しない現実と密接に関係していると考えられます。

3.3　評価・報酬制度の混迷

☐ 公平性の観点

　ここまで確認してきたように，これまで日本企業が採用してきた職能資格制度は，従業員間にドラスティックな等級格差・賃金格差をつける仕組みではありませんでした。もちろん，順調に昇進し続けた従業員の賃金カーブは急で，そうでない従業員の賃金カーブは緩やかになる，というようにその傾きには個人差が生じます。しかし，賃金カーブは基本的に同じような曲線を描いており，それほど成果を上げなくても，勤続年数が長ければある程度の賃金上昇は期待できる仕組みとなっていたことがわかります。

　こうした評価・報酬制度に対して，近年，変革を迫る声が高まっています。もっとも代表的な理由は，公平性の観点にもとづくものです。勤続年数が長いだけで成果を上げていない従業員の賃金が，成果を上げている若手の賃金よりも高いのは，従来の日本企業では比較的普通のことでした。しかし，これは若手従業員にとって，大きな不公平感や不満をもたらします。年齢に関係なく能力の高さで昇格・昇進できれば問題ありませんが，職能資格制度の運用にあたっては，各等級に何らかの形で最短在留年数を設定している企業が約7割にも上ります。最短滞留年数とは，その等級に就いてから最低何年は経過していなければ昇格できないと定めた年数のことです。つまり，たとえ非常に優秀であっても，その要件年数を満たすまでは昇格が望めず，年功序列的な昇格に甘んじなければいけないのです。

　近年の進みすぎた二極化のため，あまりにも大きな格差に対しては，人々の間にさすがに抵抗感が生じつつあります。しかし一方で，成果や貢献度に応じた差を求める声は依然として根強いものといえます。努力してもさほど等級や賃金に違いが出なければ，優秀で挑戦意欲に満ちた従業員ほどやる気

や帰属意識を喪失します。結果として、よりチャンスを提供してくれる企業、たとえば外資系企業への転職を考えるなど、人材の流出を招く恐れもあります。こうした人材流出と表裏一体の問題として、優秀な人材を集めることも難しくなると考えられます。

○ 就業に対する価値観・ライフスタイルの違い

　働く人々の就業に対する価値観やライフスタイルの変化も、これまでの報酬管理のあり方に変化を求める理由となっています。

　最初は低めの賃金でも、真面目に働き続ければそのうち一定の役職に就くことができ、キャリアの後期になると実際の貢献以上の賃金を得られるというストーリーは、多くの従業員にとって、将来の見通し・生活設計を描けるという点でかつては魅力的なものでした。しかし、従業員の価値観が変化し、一つの企業に定年まで留まることを望む者ばかりでなくなると、成果に対する報酬はその時々で確実に、という発想が強まりました。従来の賃金カーブでは、報酬の一部を将来に先送りしているようなものであるため、短期間で辞めてしまえば、そうした先送り分のほとんどを回収することはできなくなります。一方、もし従業員が報酬の回収に重点を置けば、今度は転職の回数やタイミングに大きな制約を受けることにもなります。

　このような考え方は、バブル崩壊時に多くの企業が大量リストラを敢行して以来、加速したとみられています。たとえ従業員側が高い帰属意識を持っていても、企業側の都合で突然雇用関係が断ち切られる可能性もあるとすれば、企業に尽くすより自らの市場価値を高め、より良い機会を狙うという発想が生じるのも至極当然なことといえます。また、現在は高い成果を上げているものの、将来もその状態が保てるかわからないとなれば、そのリスク補填のために本来獲得しうる報酬は一日も早く回収したいと考えるのも無理なからぬことといえるでしょう。

　いわゆる標準モデルに該当しない従業員が増えてきたことも、評価・報酬

制度の見直しを求める理由の一つです。独身生活を送る従業員は，前述のような年齢給の設定の妥当性は低くなりますし，共働き世帯には該当しない諸手当も少なくないためです。

○ 企業の総人件費の問題

　従業員側によるこうした評価・報酬制度の見直し論に，企業も前向きな姿勢を示しています。少子高齢化による従業員の平均年齢の上昇に加え，前述したように，役職と資格の分離と，計画性が不足した運用を原因とする資格のインフレによって，もともと近年の総人件費は膨張傾向が続いていました。そこに，長年の不況が作用した結果，これまでの運用の仕方は，企業の首をいっそう絞める方向に作用することになりました。

　こうした非常事態の中，企業が生き残りをはかるには，何よりも人件費の削減が急務となります。その点，従業員側から発せられた変革の要望は，企業にとって渡りに船といえるものでした。そもそも従業員に分配できる資金は，企業活動で生み出した付加価値のうち，最大でも株主への還元や設備投資のための企業内留保分を除いた限られたものです。労働成果・貢献に見合った評価・報酬制度に転換すれば，従業員の望む公平性の確保が行いやすくなります。また，優秀な人材に多くを配分し，そうでない人材への配分は抑えることで，限られた人件費から最大限の効果を引き出すことができます。もちろん，結果的に，総人件費そのものを削減することも不可能ではないでしょう。

　長期雇用が大前提であった時代には，生活給の保障や安定した賃金体系は，優秀な人材の確保に不可欠でしたが，最近ではそれも怪しくなっているといわれます。むしろ定年まで賃金の保証があること，それほど明確な賃金格差がつかないことを強調することで，優秀な人材は流出するのに，残ってほしくない問題のある従業員ほど企業にしがみつく，といった企業にとって望ましくない結果になる恐れがあるとの指摘すらあります。

3.4　成果主義的な要素を有する諸制度

○ 目標管理制度

　従業員側・企業側双方がそれぞれの理由から評価・報酬制度の変革を望む中，これまでの職能資格制度の運用のあり方にも少しずつ変化がみられます。たとえば，職能資格を横軸に，査定結果を縦軸にした賃金テーブルを作成し，それぞれのセルの昇給額や昇給率を基本給に加算したり乗ずることで，査定結果をより鮮明に打ち出す方式はその一つです。また職能資格制度は，基本的に同一資格でも号俸の違いにより支給する賃金には幅が生じるレンジ・レート（範囲給）方式ですが，同一資格にはできる限り同一賃金を支給する，シングル・レート方式などが模索されつつあります。

　目標管理制度を成果主義的な報酬管理の手法として用いるケースも多くなっています。大企業を中心に高い普及率を誇る目標管理制度（MBO；Management by Objective）は本来，上司が部下に逐一命令する管理体制に替えて，目標による管理を通じて部下の自主性を引き出すことを意図した制度です。具体的には，期首に部下と上司の間で相談して業務目標を設定し，それが期末にどれだけ達成できたかによって業績評価を行います。目指すべき到達点を自主的かつ明確に定めてから行動するため，従業員のモチベーションが喚起され，その努力が的確になることや，目標と比較して結果を評価するため評価への客観性・納得性の高まることが期待されています。しかし，実際の運用のあり方は自主的な目標設定とは程遠く，本来の目標管理制度の姿が歪められていると批判されているのが現状です。

　目標設定の難しさも指摘されています。あまり高い目標では従業員は成果を出せず，常に悪い評価に甘んじなければなりませんが，容易に達成できる目標では意味がありません。そこで，多少の背伸びは必要なストレッチ目標

であることが求められますが，こうした目標を設定するには，上司・部下それぞれに目標設定のためのスキルが必要となるのです。

このほか，実際に業務を進めているうちに，目標の優先度や難易度の変化に直面することがあります。その場合には，当初の目標に固執せず，必要に応じて柔軟に設定し直す姿勢が必要となります。さらに，組織目標と個人目標との関係が弱い，関係部署との連携が不十分などの問題に対しては，組織レベルでの目標設定を行わせる仕組みも必要です。全体像を理解し，相互に関連のある目標設定を実現することで初めて組織として大きなシナジー効果を期待できるようになるためですが，その実行にもスキルが求められるのです。

○ 職務等級制度

思い切って職能資格制度を廃止し，新たな評価・報酬制度を導入する企業も増えつつあります。それが，職務等級制度と役割等級制度です。

職務等級制度（job grade system）は，職務遂行能力を評価するこれまでの職能資格制度に対して，各職務の価値の大きさを評価する制度です。アメリカ企業ではもっとも一般的な制度です。その手順としては，まず職務の内容や特徴を調べる職務分析を行い，その情報をもとに，どのような職務かを記した職務記述書をまとめます。続いて，その職務遂行に必要な要件をまとめた職務要件書を作成したうえで，職務の貢献度や難易度，責任の度合いなどを点数化します。その合計点によって職務間の序列が明確になれば，今度はその合計点をグループ化し，給与グレードにあてはめます（たとえば，100点から200点まではグレード1だが，200点から300点まではグレード2など）。基本給である職務給は，そのグレードに応じて決定されるのです。

この制度のメリットは，一つの職務に一つの賃金というシングル・レート方式により，処遇と貢献の不一致を回避できる点とされます。賃金を上昇するには，より価値の高い職務に就くしかないので，従業員の動機づけにも役

立ちます。また，職能資格制度の運用上の問題点のような「職務のインフレ」が起こらないため，どのような運用状況によっても，高齢化に伴って人件費が自然増するという事態は起こりえないと考えられます。さらに，その職務に相応しい仕事ぶりを発揮できない従業員は，下位の職務に配置転換することによって，降格・降級も容易です。

他方で，いかに有能な人材でも，上位の職務に空きがない限り，賃金の上昇は叶いません。また，職務給が下がるような異動も必要以上にマイナスのイメージがつきまとうことから，従業員の能力の低さを原因とする異動でなく組織として必要のある異動であっても，従業員からの抵抗や反発が予想され，難しいと受け止められています。さらには，市場や事業内容の変化によって職務内容が変わるたびに職務給の設定の見直しを迫られるので，制度の維持・管理にはコストがかかるとの問題も指摘されています。

○ 役割等級制度

そこで，職務等級制度のメリットを享受しつつ，デメリットを抑えようとして日本で新たに工夫されたのが，役割等級制度（mission grade system）です。この制度では，職務ではなく，果たすべき役割の大きさに応じて評価・処遇が決定されます。すなわち，職能資格制度と職務等級制度のまさに中間的な存在と位置づけられています。

具体的には，図表3.7のように，横軸に役割別の職務特性をとり，縦軸には役割等級（グレード）を用意します。グレードの決め方は，基本的に全社共通で，グレード1は「上司や先輩の模倣が上手で物事の理解度が早い」，グレード5は「戦略的発想にもとづいて後進の育成を実行している」など，職能資格要件にやや近い，どちらかといえば抽象的な内容となっています。しかし，経営管理職のグレード5と営業職のグレード5は，同じグレードでも果たすべき具体的役割が異なることから，結果として，職能等級よりは具体的な内容が示されることになります。

図表 3.7　役割等級制度の概念図（経営管理職で，役割等級5級の人の場合）

		職務特性				
		経営管理職	営業職	技術職	事務職	研究開発職
役割等級	5級	↓				
	4級	役割				
	3級					
	2級					
	1級					

（上位↑下位↓）

　役割等級制度のもとでは，求められる役割の達成度に応じて，基本給となる役割給が上下します。その際は，職能資格制度のように過去の評価に新たな評価を積み上げる積み上げ方式ではなく，現在の評価のみを対象にして，ある水準よりも高い査定であれば賃金が上昇し低ければ下がる洗い替え方式が一般的です。ただし，洗い替え方式のもとでは，賃金が不安定になるため，まだ能力形成時の大事な時期とされる一般従業員には職能資格制度を，管理職には役割等級制度をと，使い分ける企業も多くなっています。また，基本給を役割給と職能給の2本立てとし，役割給は洗い替え方式でも職能給は積み上げ方式にするなど，賃金の不安定化を緩和しようとする取り組みもみられます。

　役割等級制度が職務等級制度と比較して優れていると考えられる点は，職務より役割のほうが高い柔軟性を示せる点です，職務等級は企業側が一方的に提示するもので，従業員としてはその職務についたポイントを操作することも，職務を取り替えることもできません。それに対して役割等級の場合，従業員自身の努力・姿勢によって高い役割給を目指すことができます。もちろん，期待された役割が果たせなければ低い役割給になるだけでなく，下位のグレードに下げられることもあります。これら2つの新たな評価・報酬制度の特徴を職能資格制度の運用上の特徴と比較したのが，図表3.8です。

図表3.8 格付け制度の特徴の比較

	職能資格制度	職務等級制度	役割等級制度
等級の対象	従業員の職務遂行能力のレベル	各職務の価値の大きさ	各職務の役割の価値の大きさ
等級要件の特徴	全社共通の基準を用いているため、抽象度が高く曖昧な表現になり、主観的な判断を招きやすい。	職務が明確に定義されているため、客観的に判断しやすいが、職務が変化するたびに定義の見直しが必要になる。	職務特性別の役割を規定している。職務定義に近いものから、職能定義に近いものまでさまざま。
賃金との関係	賃金は基本的に下がらず、異動による変化はない。人件費の抑制は難しい。	担当する職務の変動により、賃金も大きく変動しうる。人件費の膨張は抑制しやすい。	担当する役割が変われば賃金も変わるが、異動しても役割の価値が変わらなければ賃金に変化はない。人件費の抑制は中程度。
モチベーションとの関係	安定した処遇を前提にして、職能資格を高めるモチベーションが維持できる。ただし、若手や実力のある人々からは不満が生じやすい。	挑戦的または実力ある従業員にとっては、より価値の高い職務を目指すモチベーションが生じる。ただし、より高い空きポストがない場合や、安定志向の従業員からは不満が生じやすい。	同じ職務でも、自分で高い価値の役割を実現できれば処遇が向上するため、モチベーションを喚起しやすい。ただし、職能資格制度の場合とは異なり、職務等級制度ほどではないものの賃金のダウンはありうる。

◯ 年俸制・業績連動型賞与

　成果をより前面に打ち出した制度として注目されているのが，年俸制です。年俸制とは，前年度の業績・人事考課結果などにもとづいて次年度の1年分の報酬を決める仕組みです。年俸制にはバリエーションがあり，業績年俸一本に絞るものもあれば，基本年俸と業績年俸を併用するものもあります。また，年初に決定した金額をそのまま支給するものもあれば，年度末に1年間の成果や業績を反映させて金額の調整をはかるものもあります。年俸制とい

う言葉からは，1年分を1度にまとめて支給するイメージがありますが，実際には年俸金額を12等分して毎月支給する方式で実施されます。年俸制の導入企業数はまだ少なく，対象者も管理職，とくに部長クラス以上とする企業が圧倒的です。

年俸額の下限は最低賃金法の規制を受けるにすぎませんが，年俸額の決定や減額の場合には合理的な手続きが必要です。また，減額される従業員がいても増額される従業員もいるというように，企業としての総人件費はある程度維持されており，けっして人件費削減の方便ではないことを明らかにすることが強く求められます。

年俸制ほどドラスティックでないものの，賞与に業績を連動させようとする企業自体は増加傾向にあります。それを業績連動型賞与と呼びます。従来の賞与額は前述のように，基本給などを基準にして何カ月分という算出方法が一般的でした。しかし，業績連動型賞与は固定支給分と当該年度の経常利益などで決まる会社業績分，個人業績分の3つで構成されます。個人業績分は目標管理制度の結果などで決定し，残り2つの部分はその年の会社の業績にもとづいて決定します。これは従業員に対し，個人の業績だけでなく会社の業績に関心を持たせるとともに，報酬の不安定化を緩和する効果を持つと考えられています。

○ 特許・発明に対する報奨金

成果へ報いるという観点からは，報奨金の存在も挙げられます。報奨金には大きく3種類あり，ある利益額を超えたとき，その超過分の一定割合を支給するプロフィット・シェアリング，販売歩合のように実績に比例して支払うコミッション，金一封のように売上や利益に比例しない現金インセンティブが存在します。このうち，味の素事件や青色LED事件などの訴訟により，俄然注目を集めた職務発明に関する報奨金は，売上高の一定比率を支給する形式であれば，コミッションに分類されることになります。

職務発明とは従業員により職務上なされた発明のことです。特許法では，発明者である従業員に発明に相当の対価を支払うことで，企業に権利が譲渡されると定めていますが，そうした発明に支給される報奨金が発明報奨と呼ばれるものです。発明報奨は1回限りのものではなく，出願時報酬，登録時報酬，実績報奨など，多段階で支給されるのが一般的です。従業員の退職後や死亡後にも支給されます。また，共同研究の場合は，研究者間で配分されることになっています。

報奨額の算出方法は，特許を社内で使用する社内実施の場合と，他社にライセンス供与するライセンス収入の場合で異なります。たとえば，前者の場合は売上高に対して，権利の排他性（他社の製品を阻む要素をどの程度有するか）や代替技術の可能性，発明の質（本質的な発明か改良発明か）などを考慮して算出し，後者の場合はライセンス収入額に貢献度を乗じて算出します。もっとも職務発明の場合，発明のために必要となる技術やノウハウ，設備や人は企業保有のものであるため，その分は譲渡対価から割り引くことが可能とされています。

発明報奨金の本来の目的は，研究者の功に報いることでモチベーションを高めたり，優秀な人材の流出を防ぐことにあり，高額の報奨金を支給することは一つの手段にすぎません。そのため，実は社内表彰や研究休暇の付与だけでも，十分目的を達成できる場合も少なくありません。

3.5　成果主義的な制度変革による影響

○ 予想された影響

多くの企業は，主として人件費の削減や抑制を目的としながらも，貢献と処遇の一致をはかるべき，公平性を確保すべき，との世の風潮に応じる形で，

上述したようなさまざまな制度変革に取り組んできました。この動きを評価する声もある一方で，それに伴い発生している諸問題を深刻に受け止める声もあります。

たとえば，短期的な成果を評価の対象とするため，従業員の働き方から長期的な視点や全体的な視点が失われ始めたとの指摘はその一つです。自分の得にならない仕事，組織としては大事だが誰の仕事か明確でない仕事は，以前より回避されるようになったといわれます。また，新制度のもとでは，挑戦的な行動や仕事における冒険的な工夫を躊躇する従業員も増えているとされます。従来のやり方を踏襲していればある程度の効率性の確保が可能ですが，工夫や試行錯誤によってたとえ一時的にでも効率が落ちたり失敗すれば，低い評価につながる恐れがあるためです。さらに，部下の評価や職場効率が落ちれば管理責任者としての上司の評価にも響く可能性があることから，上司もかつてのように，自分が責任をとるから挑戦してみろと，部下にいえなくなっている現状があるとされます。

常に個人の成果が問われることで，仲間との協力関係が崩れたり，部下や後輩の育成が疎かになる点も，やはり危惧されています。実際，以前と比較して余裕がなくなったと答える従業員は増加傾向にあります。常に孤独で絶え間ない競争を強いられることで，第8章で説明するような，心身の疲労感が慢性化している従業員も少なくありません。また，かつては部下や後輩を指導することで得られた，仕事へのより深い理解や相手が成長する姿を目のあたりにする喜びを感じる機会も少なくなっているとされます。むしろ，他人に教えることで自分の優位性が脅かされることを恐れ，情報を抱え込んだり，競争相手となる同僚の足を引っ張る者の存在が懸念されるくらいです。

かつてと比較し評価や報酬が不安定になったことによって，将来への見通しや計画が立ちにくくなったことも，従業員の心理に大きな影響を与えています。もちろん個人差はありますが，従業員の多くは最低限の安定が保証されていてこそ，さまざまな冒険や挑戦，仕事への前向きな打ち込みが可能になると考えられます。その点，近年の状況は，心にゆとりのない状態で働く

ことを従業員に強いていると受け止められないでしょうか。

◯ 予想されていなかった影響

　新たな制度を実施する前からある程度予想されたこれらの点に加え，意外にも大きな問題となったのは，公平性や納得性の確保の難しさです。個人目標の達成には，本人の能力や努力はもちろんですが，個人の力を超えた要因，たとえば市場環境や所属部署が直面している状況，仕事の割り振り方などによる影響も少なくありません。たとえ評価基準が明確でも，企業から与えられた不利な状況で仕事をし，結果として低い評価になった従業員は，けっしてそれを公平な評価とは受け止めません。格差をつけることは当初，どちらかといえば従業員側が強く望んだことだったとはいえ，実は自分が報酬の下がる対象に入るとは想定外だったという従業員も少なくありません。実際，賃金が下がれば当然，従業員のモチベーションは大きく低下しますが，制度を運用してみると，賃金が上昇する従業員より低下する従業員のほうが多くなっているといわれます。

　また，数字で測れる評価には所詮限界があります。周囲が優秀だと感じているのに評価得点は低い人，その反対に，さほど優秀でもないのになぜか評価得点が高くなる人など，周囲の感覚と評価得点が噛み合わないケースも実際には多数確認されています。さらに，人間は機械とは異なり，その能力を最大限に発揮できるときもあれば，たとえ本来高い能力があっても自分自身はもちろん家族関係などの諸事情により，不調に終わらざるをえないときもあります。そうした，その人物を取り巻くすべての事柄が逆風のときに，成果が出ていないからやむなしとして評価や報酬まで大きく下がるとしたら，その従業員はさらに追い詰められることになってしまいます。それを単純に，公平という言葉だけで片づけてよいのか，という問題が残ります。

　このほか，仮にたとえばノルマとして現実離れした厳しい数値目標を掲げて，それを従業員に達成させることこそ成果主義であると考える企業が続出

するならば，それは問題外のことです。成果を重視した評価・報酬制度を採用する場合，それはあくまでも従業員のモチベーションを増したり，その頑張りに報いるために行うのであって，従業員を苦しめ，仕事の楽しさを奪い，疲労困憊させるような運用をするのであれば，まさに本末転倒といわざるをえません。何のための成果主義かを見失わないことこそ，すべてにおける大前提なのです。

　こうした問題を整理すると，現在は制度は大きく転換の方向に向かったものの，意図したような成果は得られていない状況であり，しかも，これまでの日本企業の長所と見なされてきた従業員間の協力関係や全社的なモチベーションは損なわれる傾向にあるようです。従業員も働く喜びを感じにくく，激しい競争と不安定な状況の中，疲弊感が蔓延しているようにみえます。このようにとらえると，本当にこれまでの評価・報酬制度を，最近のような方向に変革することが必要だったのか否か，との疑問が再燃してきます。そもそも，能力や実績のある人をそうでない人と区別した処遇がこれまで本当に行われてこなかったとは考えにくいのではないでしょうか。そこで，次章以降にもこの疑問を持ち越し，資格等級や賃金だけでなく，別の側面からの確認も行ってみることとしましょう。

演習問題

3.1　人事考課と報酬管理は，密接に関連づけて運用すべきだと思いますか。それとも，別々のものとして理解し，両者はリンクさせるべきでないと思いますか。そのように考える理由を述べましょう。

3.2　職能資格制度の運用上の利点を活かし，問題点を少なくするために，各企業は具体的にどのような行動をとるべきでしょうか。考えられるものをできるだけ多くリストアップしてみましょう。

3.3　現在の企業環境においては，職能資格制度，職務等級制度，役割等級制度のうち，いずれがもっとも適合しやすいと思いますか。その理由についても述べましょう。企業の事業内容によっても変わると考えられる場合，具体例を挙げ，それ

ぞれについて考えてみましょう。

3.4 ある人物に対して，周囲の評価と評価得点が噛み合わないケースは，なぜ生じるのだと思いますか。その理由とともに，そうした状況を解決するにはどのようなことが必要か考えてみましょう。

第4章

配置・異動・昇進

　人事考課の結果は，各人材の適性や能力をもとにした適材適所の実現，すなわち「異動・昇進管理」にも活用されます。本章では，これまでの異動・昇進管理の実態把握とともに，従来と比較すると，最近では従業員のキャリア・オプションを拡大する方向に向けて，一部変化が生じていることを確認します。ただし，そうした変化が，変化が生じていない残りの大部分の異動・昇進管理や，他の諸領域に生じている変化と十分な整合性を持たなかったり，内容的にも従業員の真の幸福にはまだ貢献できていない現状を指摘します。

○ KEY WORDS ○
初任配属，ヨコの異動，タテの異動，転勤，出向・転籍，
自己申告制度・社内公募制度・社内FA制度，複線型雇用管理制度

4.1 異動・昇進管理における適材適所とは

　従業員の能力や貢献度に対する考課結果は，報酬の決定だけに用いられるのではありません。各人材の能力を最大限に引き出し，育成を可能にしうる最適な配置決定にも活用されます。こうした従業員の適材適所を目指した企業の取り組みを，異動・昇進管理といいます。適材適所の実現は，従業員の働きがいの高まりを通じてそのモチベーション向上にも役立つため，異動・昇進管理もまた，モチベーション管理の一つと位置づけられます。

　日本企業の多くはこれまで，少なくとも職能資格や賃金に関しては従業員間に顕著な差をつけない制度運用を行ってきましたが，それは近年明確な差をつける方向にシフトしつつあることを，第3章にて確認しました。それでは，異動・昇進管理についてはどうでしょう。

　適材適所という表現からは，たとえば有能な人材をより高度な仕事・部署に配置するというイメージが浮かびます。その場合，大勢の従業員の中からそうした有能な人材を選び出すわけですから，必然的に従業員間に差をつけることを重視した異動・昇進管理を実施すると考えられます。しかし一方で，適材適所には，従業員各々の得意分野や個性を見極め，それに応じた配置を行うというイメージもあります。この場合には，従業員間の差は存在しても多様性による差というだけで，必ずしも前者のような能力差を意味しません。いずれのイメージが，日本企業における従来の異動・昇進管理の考え方に近いのでしょうか。そして，現在はどのように変わりつつあるのでしょうか。実態把握を通じて，その手がかりを探ります。

4.2 配置と異動

○ 初任配属

　採用後初めて行われる配置を，初任配属と呼びます。採用活動中から職務範囲や配属先を明示しているアメリカ企業に対して，日本企業の新卒者，とくに事務系の採用の場合，入社後の配属先が確定していないことが少なくありません。比較的多いパターンは，新入社員研修を終えた従業員に，仮配属として一定期間，各部門・工場・営業所などで現場体験をさせ，その間の仕事ぶり，上長の評価，新入社員研修の結果などを総合的に判断し，その後ようやく本配属先を決めるというものです。このとき，本人の希望を尊重するかどうかは，モチベーション管理に関する企業の考え方によりますが，企業の都合を優先することが大半です。もちろん，第2章で紹介した職種別採用のように，採用活動当初の予定どおりに初任配属を行うケースもわずかながら増えつつあります。

　実は，初任配属先は従業員が望むと望まないとにかかわらず，その後のキャリアに多大な影響を与えることが知られています。たとえば，初任配属で担当した業務が，その従業員の一生の専門分野になることはよくあることです。それが本人の希望や適性と合致していたり，利益を上げやすい部署であれば，従業員のキャリア上，おそらくプラスに働くことでしょう。また，初任配属先でロールモデルとなるような良い上司との出会いがあった場合にも同様です。それに対して，最初に相性の悪い部署に配属されてしまった従業員は，たとえ本来大きな可能性を持っていたとしても，モチベーションやその後の能力伸長に何らかの支障を来たす恐れがあります。こうした点を考慮すると，異動・昇進管理の出発点ともいえる初任配属の決定にあたっては，企業は最大限の責任感と細心の注意をもって臨むことが必要といえます。

> **コラム** 本人の希望を尊重した初任配属

　早期の離退職が問題視される若年従業員（p.46参照）の定着策の一つとして，近年，本人の希望を尊重した初任配属の効果が注目されています。配属後のモチベーションの低下を防ぐだけでなく，評価や処遇に関する納得性を高める効果が期待されているのです。

　しかし，個人の希望を重視すればするほど，企業の全体最適の実現は難しさを増します。たとえば一定水準以上にある従業員すべてが同じ仕事を希望した場合，全員の希望を叶えるわけにはいかず，必ず誰かが不満を感じることになります。また，複数の仕事に適性を持つ従業員と一つの仕事にしか適性を示さない従業員が同じ仕事を希望すれば，たとえ能力がより高くても，前者を別の仕事に回さざるをえないでしょう。さらに，本人の希望に沿うことで，逆にその従業員の将来の可能性を狭めることに繋がる場合は，人的資源の無駄遣いになりかねません。そのため，初任配属に関しては，あえて本人の希望を考慮しない方針を貫き続けている企業も存在するのです。

○ 配置転換：ヨコの異動

　初任配属後しばらく経過すると，企業は一定期間ごとに従業員の職場間異動，すなわち配置転換を実施します。そのうち，職階の上昇を伴わない水平方向の移動を，ヨコの（人事）異動と呼びます。その種類には，同一職能分野内で職場や事業所だけ変わる場合と，職場や事業所だけでなく職能分野まで変わる場合とがあります。厚生労働省の「平成14年度雇用管理調査」によると，企業規模が大きくなるほど配置転換の実施割合は高くなります。大企業ほど，異動先となる事業所や職場が豊富に存在するためと考えられます。技術・研究職と比較すると，業務の汎用性が高い事務職の異動実施率が高くなるのも，ほぼ同様の理由からでしょう。

　企業の配置転換の目的には，「多能的な能力を獲得させる」「従業員の適性を発見する」「適材適所をはかる」など，人的資源の有効活用に関するものが上位に来ます。また，「事業活動が変化したことに伴う対応」や「異動で組織活性化・組織内コミュニケーションの活性化をはかる」「部門間の交流

図表 4.1　定期的な配置転換を行なう理由

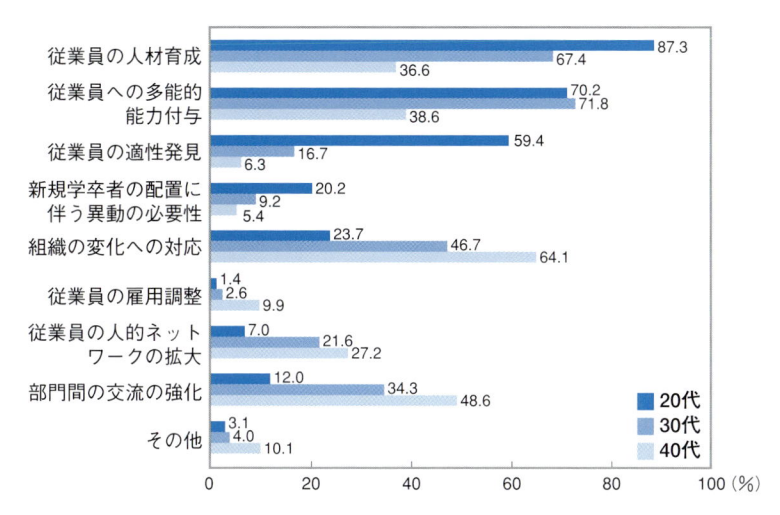

項目	20代	30代	40代
従業員の人材育成	87.3	67.4	36.6
従業員への多能的能力付与	70.2	71.8	38.6
従業員の適性発見	59.4	16.7	6.3
新規学卒者の配置に伴う異動の必要性	20.2	9.2	5.4
組織の変化への対応	23.7	46.7	64.1
従業員の雇用調整	1.4	2.6	9.9
従業員の人的ネットワークの拡大	7.0	21.6	27.2
部門間の交流の強化	12.0	34.3	48.6
その他	3.1	4.0	10.1

（出所）　特殊法人日本労働研究機構（1993）「大企業ホワイトカラーの異動と昇進――「ホワイトカラーの企業内配置・昇進に関する実態調査」結果報告」調査研究報告書 No.37, 第 2 章図Ⅰ-2-1 より転載。

をはかる」などの組織的な理由も挙がります。興味深いものとしては，金融機関のように，長期間同じ職場にとどまることで発生しやすい不正の防止を目的とした異動もあります。

　ただし，従業員の年齢によって異動目的は変化します。図表 4.1 は，大企業の事務職ホワイトカラーを対象とした調査結果です。20 代の場合，従業員の育成が異動目的の中心を占めるのに対して，年齢の上昇につれその割合は減少し，40 代には部門間の交流や組織変化への対応という，より企業的な観点から異動を実施することがわかります。つまり，若年従業員には適性発見や職務能力の向上のためにさまざまな分野を経験させますが，すでに必要な職務能力を身につけているはずの中堅には，他部門への人脈の形成やより全社的な視点にもとづく能力発揮を期待して異動を実施していると考え

られるのです。

　異動目的だけでなく，異動頻度・間隔も従業員の年齢で変わります。入社後の最初の10年間で3回は異動させるのが典型的なパターンと明言する企業は多く，前掲の調査結果でも，20代の従業員は「3年に1回程度」異動させている企業が過半数に上ります。しかし，年齢が高くなるに従いその割合は減少し，40代の従業員を同様の頻度で異動させる企業は約4分の1にまで落ち込みます。実は，年齢の上昇に伴い，従業員のキャリアに差が開き異動の頻度にもばらつきが出るため，こうした結果になるのです。各企業の事情や考え方にもよりますが，年齢が高くなるほど異動の間隔が長くなる人が増える一方で，社内でニーズの高い人材ほど年齢が高くなっても頻繁な異動を繰り返す傾向があるようです。

　なお，キャリアの初期に頻繁な異動を繰り返させる場合，その従業員が職場不適応を示しており，企業内で適応可能な職場を模索しているためという特殊事情によることが多いとみられています。

○ 異動のメリット・デメリット

　人事異動では，従業員の人材開発や能力の見極めが可能になるなどのメリットが強調されますが，もちろんデメリットも存在します。たとえば，企業側に十分な育成方針が欠如していたり，異動後の適切な指導を怠ると，従業員の能力は必ずしも育ちません。日本企業はさまざまな職能を経験させる，ゼネラリスト育成型と理解されがちですが，近年の複数の研究によって，それは欧米各国と比較したときの相対的な評価にすぎないことが明らかになっています。実際は，初任配属で経験した職能を核としながら，必要に応じて徐々に武器とする専門の幅を拡大するパターンが一般的なのです。したがって，無計画，または能力獲得が間に合わないほど頻繁に異動させるのは，従業員の成長を妨げ，結果的に人的資源の無駄遣いにつながる恐れがあります。なお，ゼネラリストとは，特定の分野に特化せず，複数の分野で一定レベル

以上の業務をこなす人々を指し、その対照語であるスペシャリストとは、他者と明確に差別化されるような特定の分野で深い知識や経験、技術を持つ人々のことを指します。

異動を受け入れる側の負担も忘れるべきではありません。いかに優秀な人材でも、受け入れ当初はその部署に長く在籍する従業員にとってはすでに理解済みの基本的な事柄から教え込まねばなりません。日々の業務をこなすのに手一杯で、従業員の育成まで手が回らない職場が大半であることを考えれば、この負担は多大なものといえます。しかも、ようやく戦力として使えるようになった時期に別の部署に異動されてしまえば、こうした努力も十分には報われません。

これに関連し、送り出す側の負担もあります。とくに優秀な人材の送り出しは、職場の業績や能率低下を招く恐れがあるため、上司が強い抵抗を示すことが知られています。人材の抱え込みや塩漬けなどの言葉で表現される現象です。人事部や他部署からラインの管理職に対して部下の異動に関する打診がある場合、完全に拒否するケースはまれでも、「業務の区切りがついたら」もしくは「後任者を配置する」などの条件づきで、ようやく承諾に至るケースはけっして珍しくありません。

4.3　昇進・昇格・降格

◯ タテの異動

ヨコの異動に対して、組織階層における垂直方向の異動であるため、タテの異動と呼ばれるのが昇進・昇格、そして降格です。昇進と昇格の違いは、第3章で説明したとおりで、降格とはいったん就いた等級から下の等級に下げる人事をいいます。

昇進・昇格は，努力し成果を上げた従業員に社内での地位や仕事内容の向上で報いるという報奨の目的とともに，高い能力に応じた高度な仕事の配分という意味での適材適所の目的もあります。昇進・昇格の判定には，卒業方式と入学方式の２種類が存在します。卒業方式とは，現在の資格や役職の能力を満たせば上位に昇格・昇進させる方法を指し，入学方式とは上位資格や役職の能力が認定されて初めて昇格・昇進させる方法です。職能資格制度のもとでは昇格はともかく，昇進に関しては人数枠があることが通常のため，入学方式を採用する企業が大多数です。

　昇格・昇進いずれの場合も，もっとも重視するのは過去２，３年分の当該従業員の人事考課の結果です。もちろん，上司からの推薦や実務試験・レポート試験，面接の結果なども重要な判断材料となります。これに加え，一般従業員の場合は，入社年次や現在の資格に関する滞留年数もかなり大切な要素として位置づけられます。第３章で説明したように，最短滞留年数を満たさない限り昇格を見送るという発想は，成果主義的な発想とは相容れないため，時に批判の対象ともなります。それでもなお，未だ設定している企業が多い理由は，「本人の適性を見極めるためには一定年数が必要」，「業績・能力が一時的なものでなく，安定的なものであると証明するため」などが挙がり，従業員の将来をも左右しかねないタテの異動，すなわち人材選抜に企業が慎重な姿勢で臨んでいることが伺えます。

　なお，組織側の強い需要を背景に，非常に優秀な人材に限り，滞留年数を満たさないまま昇進・昇格させるケースも皆無ではありません。これは一種の抜擢人事と位置づけられます。抜擢人事とは，下の年次の者を大半の上の年次の者よりも意識的に先に役職に登用することを指します。その反対に，上の年次の者の登用を意識的に大半の下の年次の者より遅らせることを，逆転人事といいます。

　これに関連し，以前はほとんどみられなかった降格人事を取り入れる企業が，とくに職務・役割等級制度の導入企業を中心に増加しています。「労政時報」誌の調査によると，たとえ１人でも降格した実績がある企業は４割未

満ですが，降格制度を用意している企業そのものは6割に上ります。ただし，降格の決定は一度や二度の結果によるのでなく，一定期間の考課結果の累積で判断し，かつ，降格してもせいぜい1ランク下までにとどめる，という形での運用がまだ大半のようです。降格制度を採用すると，従業員のモチベーションを著しく損なう恐れがあるため，敗者復活の機会の充実にも努めることが重要です。

○ 昇進のパターン

日本企業における昇進のパターンの特徴は，入社後早くから幹部候補生を選抜するファスト・トラック型の欧米企業と比較して，遅い昇進といわれます。たとえば，今田・平田（1995）は，日本企業の昇進のパターンは3段階に分けてとらえられると説明しています。

最初は，入社後一定期間は同期入社の間に差をつけない，同一年次同時昇進の段階です。この期間は，企業によって差があるものの，従来は5年から8年程度が一般的だったとみられています。その後，対象者数に比べて上位ポストが少なくなる時期，すなわち管理職層に差し掛かる時期になると，昇進スピード競争の段階に入ります。この時期には，それまで一律に昇格・昇進を果たしてきた同期の間に少しずつ目にみえる差が生じ始めます。ただし，その差はスピードの差にすぎず，第3章でも述べたとおり，大卒男性の場合，従来はほとんどの同期が最終的には課長クラスまで到達できたことが知られています。しかも，この段階までは，2番手・3番手のグループになっても，努力次第で再びトップ・グループに返り咲くことが可能です。最終段階はトーナメント方式です。ここでは，毎回の競争に勝ち残った者のみが昇格・昇進を果たし，競争の結果は最終到達役職の差となって表れます。トーナメント方式では負けはすぐ確定しますが，勝ちは最後の最後まで確定しないため，競争の参加者に長期にわたる激しい競争を強いることになると説明されます。

もっとも，実際の状況を厚生労働省の「平成14年度雇用管理調査」で確

図表4.2　年齢別にみた上位管理職にいく人物がわかるか否か

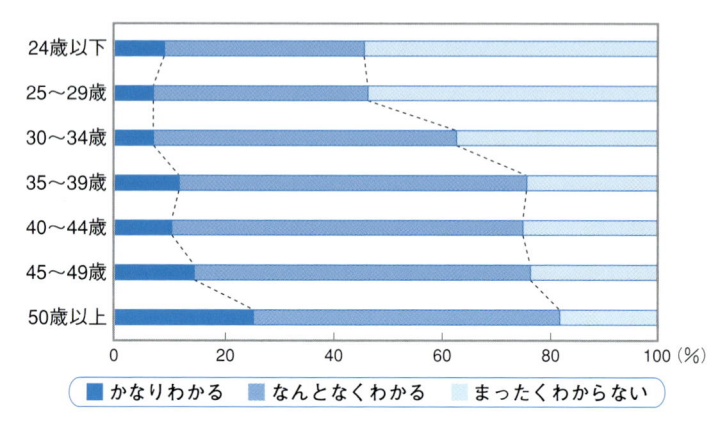

- 24歳以下
- 25～29歳
- 30～34歳
- 35～39歳
- 40～44歳
- 45～49歳
- 50歳以上

■ かなりわかる　■ なんとなくわかる　□ まったくわからない

（出所）　橘木俊昭（1997）『昇進のしくみ』東洋経済新報社, p.81の表をもとに筆者作成。

認すると，大企業ほど，最初の昇進時期から個人差があるとの回答が多くなります。調査対象全体でみれば，その差は「5年以上10年未満」との回答がもっとも多いものの，従業員規模5,000人以上の企業ではそれより長い，「10年以上」の差が生じているとの回答が6割にも達します。こうしたデータに加え，企業が具体的な処遇差をつけ始める以前のかなり早い時期から，従業員の間では将来出世する人物を特定できるという説もあります。図表4.2は，「同期の中で誰が上位の管理職まで昇進しそうかわかるか」との問いに対する回答結果です。「かなりわかる」と「なんとなくわかる」を合わせると，まだ企業側が従業員間の優劣を明確に認識していない，もしくは明示していないはずの時期に該当する20代前半の従業員ですら，すでに半数近くが，「わかる」と回答していることが読み取れます。

　その根拠となるのは，20代の場合，「研修などでわかる能力の高さ」「学歴・出身校」が上位にきます。また，それ以外の年齢でみると，「業績が優れている」「昇進が常にトップ」などの理由を押さえ，圧倒的に「これまで

に経験した部署」が挙げられます。たとえば銀行ではかつて，同期のトップは主要支店を2カ所経験した後，必ず企画部か人事部というキャリア・ルートを辿るという暗黙の了解があったといわれます。このようにみてくると，日本企業にも暗黙ではあるものの，ファスト・トラックがあると考えるのが妥当でしょう。

○「多段階ふるい分け」の仕組み

このような概観にもとづいて，これまでの異動・昇進管理を，企業にとっての合理性のみの観点からシビアに描き出すことを試みたとき，以下のようなとらえ方もできそうです。それは，企業は人材選抜を主目的の一つとしたタテの異動ではもちろん，ヨコの異動も最大限に活用して多段階のふるい分けを行い，多くの人材の中から有能な人材とそうでない人材の分類を確実かつ冷静に進行させている，という姿です。

まず，ヨコの異動の場合，初めは同期全員を対象に適性の発見と能力の見極めを目的とした定期的な異動を実施します。しかし，ある程度能力の見極めがついてくると，優れた人材に対しては頻繁に異動させ，全社的な視点を必要とするような，社内でも重要性の高い仕事を割り振るようになります。一方，それほどでもない人は徐々に異動の間隔が長くなり，回数も落ち着いてきます。こうしたふるい分けは，その時々に分類されたグループごとに繰返し行われます。前者に分類されても，そこから次々にふるい落とされる一方で，いったん後者としての判断を受けても，その後目覚しい能力伸長を示せば，再び拾い上げられる可能性も，わずかながら残している仕組みです。

こうしたヨコの異動はタテの異動とも密接に関係しており，有能と判断されるほど，職階を上昇していきます。つまり，有能な人材ほど正確にいえば，上方斜めで，かつ急傾斜の異動を頻繁に経験する一方で，そうでないと比較的早期に判断された従業員ほど，斜めというより限りなくヨコに近い異動を，比較的間隔を空けながら経験することになります。

図表 4.3 異動・昇進のパターンによる人材の分類

	有能な人材（A）	中間な人材（B）	周辺的な人材（C）
頻　度	40代になっても、キャリアの初期とあまり変わらない頻度。比較的頻繁なまま。	キャリアの初期に比べ、徐々に減少してくる。(A) 人材ほどではないが、全社的にみて、平均的な頻度。	比較的早くから、異動頻度が少なくなってくる。
間　隔	キャリア初期と変わらず、2年や3年に1度の短い間隔で異動。	キャリア初期と比較して、落ち着いてくる。大きな異動は、5、6年に1度くらいに。	比較的早くから、異動の間隔は長くなる。10年以上同じ職場にとどまる者も少なくない。
パターン	・上方斜めの異動。 ・その傾斜は急で、最終的に到達する職階も高い。	・上方斜めの異動。 ・傾斜は中程度で、最終到達職位も中程度。	・ヨコの異動に近いほどの緩やかな傾斜。 ・最終到達職位も低い。
仕事内容	全社的な視点を必要とする非常に重要な業務や部門に配属。	ある程度の職務能力を必要とする、中程度に重要な仕事に配属。	会社の中では周辺業務を担当。

　このようにとらえてくると、これまでの日本企業の異動・昇進管理は、アメリカ企業のように従業員の処遇差を早くから積極的に明示しないものの、けっして処遇差が存在しない制度ではないと改めて理解できそうです。むしろ密かに、しかし確実に、繰り返しのタテ・ヨコ異動を通じて、従業員を図表4.3で示すような大きく3タイプに分類しているとみられます。つまり実際には、初めから格差の存在する学歴間はともかく、各学歴内ではかなり熾烈な競争が繰り広げられている、と理解すべきでしょう。もっとも、高卒従業員のトップ・グループと標準的な大卒従業員のグループに対しては、明確な処遇差を感じさせない制度設計をしていることが一般的です。優秀な高卒者の意欲と能力を最後まで引き出すと同時に、常に後続から追いつかれ追い越される脅威を大卒者に味わわせることで、両者の長期的な努力を喚起する狙いがあるためです（竹内，1995）。

もっとも，たとえこうした暗黙のふるい分けが存在しても，日本では多くの場合，狡猾なことに企業として明示することなく，従業員に察知させようとしている向きがあります。ここまで概観してきたように，異動のスピードや間隔，経験させる部署をみれば，従業員側も処遇差をうすうす感じ取ることができるはずだからです。しかし，処遇差を感じても，それが決定的な結果ではなくまだ競争の可能性が残っているように思えれば，従業員は現在たとえ自分がトップ・グループに入っていないと感じ取っても，必ずしもモチベーションを損ないません。というのも，もしかしたら挽回できるかもしれないうえ，実際，職能資格や賃金では一見大きな差はついていないのです。

　本書では，こうした異動・昇進管理の仕組みは，第2章で取り上げた採用管理の考え方と密接に関係していると考えます。たとえば新規大卒の場合，現在の能力や具体的な業務実績ではなく，将来の伸びしろを見込み，ある程度の不確実性は覚悟のうえで，半ばどんぶり勘定的な採用を行っていると解釈しうることは先に述べました。こうした採用方針のもとでは，企業が従業員の仕事ぶりを観察することによって比較的早期に有能な人材とそうでない者との判別がおぼろげについたとしても，その判断を自信をもって確定することはなかなか難しいと考えられます。抱えている不確実性，失敗のリスクがまだ高すぎるためです。

　本当に使えるのか，使えないのか，何回も対象者の組合せを変えたふるい分けをすることで，自分たちの判断の正しさに確証を求め，そのうえで初めて最終決定を下すことができるようになります。最短滞留年数に対してみせる慎重な考え方も，その一例といえそうです。逆にいえば，このような一見慎重な多段階の異動・昇進管理をとるからこそ，長い間，どんぶり勘定的な採用が可能であったといえないでしょうか。

　以上のようなとらえ方をした場合，こうした異動・昇進管理が，企業と従業員双方にとって本当に望ましい形となっているのか，ここでも考えてみる必要がありそうです。また，もし採用管理に大きな変化が生じたら，その動きを受けてこの異動・昇進管理はどうあるべきなのか，そして，変化の動き

がみられる報酬管理にはどのように対応していくべきなのか，合わせて考えることが求められるでしょう．

○ 転勤・単身赴任

タテヨコ斜め，いずれの異動でも，職場の移動に伴って転居まで必要になるものを，転勤と呼びます．「労政時報」誌の「国内転勤に関する実態調査」（2005）によると，約85%の企業が転勤者の選定は会社主導で行い，国内転勤に関しては，本人への通知である内示を正式な異動命令である発令の1カ月程度前に行っています．これは異動に伴う諸準備に要する時間を考慮しての期間であるため，転居を伴わない異動では1週間から2週間前と短めに，海外転勤の場合は数カ月前と長めの設定が多くなります．

異動が会社主導で行われる限り，時に従業員の私生活との衝突も発生します．しかし，就業規則などで従業員は企業が命じた勤務地で勤務しなければならないとの文言が明記されている場合，「通常甘受すべき程度を著しく超える不利益を負わせる場合」以外，従業員はその命令に従わなければなりません．合理的な理由なく転勤拒否をすれば，現実にその対象となるかは別として，それなりのペナルティを覚悟する必要があります．たとえば，限られた範囲の異動しか命じることができない後述の勤務地限定社員の場合，その分，昇進・出世に限界があるとされます．理由としては，全国転勤が前提の従業員と比較して苦労が少ない，限られた異動のため能力向上に限界がある，などがよく挙げられますが，それほど合理的な理由とも思えません．むしろ，多少の個人的な事情があっても最終的には会社の都合・命令に従う従業員のほうが，有能かどうかとは別の基準で使える人材であり，そのため役職や仕事内容で報いていると理解するほうが妥当ではないでしょうか．

子どもの就学上や配偶者の仕事の都合などの理由により，家族帯同での転勤がどうしても難しい場合，やむなく単身赴任を選択する者も少なくありません．厚生労働省の「平成16年度就労条件総合調査」によると，「有配偶単

身赴任者がいる」企業は，従業員規模1,000人以上の場合，約8割にも上ります。別の視点からみれば，1企業あたりの有配偶単身赴任者数の平均は15人で，1,000人以上の企業に限れば91.6人となります。1,000人以上の母集団での90名はけっして多い数とはいえませんが，これはある一時点をとらえた数値にすぎません。したがって，単身赴任を一度でも経験した従業員の総数を算出すれば，かなりの数に上ることが容易に推測されます。

4.4　出　向　・　転　籍

○　出　向

　第7章の退職管理とも関係するものの，グループ企業内への異動と位置づけられる出向・転籍についても，本章で確認しておきます。

　出向とは，従業員がもともとの企業（出向元）との雇用関係を継続したまま，他社（出向先）でその指揮命令のもとに労務提供を行うことを指します。一見，派遣労働と似ていますが，出向元だけでなく出向先とも雇用関係にある点が本質的に異なります（詳細は第8章参照）。

　従業員を出向させる目的は，出向先の人材不足の補充や経営・技術指導がもっとも多く，次いで出向元のポスト不足への対応，出向者自身の教育のためとされます。一方，受け入れ側である出向先の目的としては，社内にない知識・経験を持った人材や即戦力となる人材の確保，そしてグループ企業との関連強化などが挙げられます。実際，この目的を反映するように，出向者の年齢層は50歳代が多く，高年齢者雇用開発協会の「高年齢者の再就職に係る職域拡大に関する調査研究報告書」(1999)によると，出向者でもっとも多いのは部長相当（60.2%）で，それに課長相当（44.1%），役員相当（31.3%）が続くなど，高い役職・職能資格の者がほとんどを占めています。

就業規則に出向義務が明示され，出向先の範囲や具体的な労働条件，人選などの手続きの合理性が確保されている限り，原則として企業は業務命令として従業員に出向を命じることができます。もっとも，労働政策研究・研修機構の「労働条件の設定・変更と人事処遇に関する実態調査」(2005)によると，従業員の同意が得られない場合は出向を実施しない企業が過半数を占めます。ただし，そうした企業でも，復帰に関しては出向者本人の同意を必要としないことが通常です。

出向にあたっては，労働時間・休日，職場秩序維持に関する事項には出向先の就業規則が適用されますが，定年や退職金制度など身分上の事項に関しては出向元の就業規則が適用されます。たとえば出向者が出向先で問題を起こした場合，出向先も懲戒処分は可能ですが，懲戒解雇を行うことは出向元しかできません。

○ 転　籍

一方の転籍とは，現在の企業との労働契約関係を終了させて，転籍先の企業と新たに労働契約関係を成立させることを指します。出向では出向期間が終われば出向先に戻ることが約束されていますが，転籍の場合，すでに以前の契約関係を終了させてしまっていることから，以前の企業に戻ることはできません。また，転籍の場合，労働契約対象そのものが変わることから，労働時間や職場秩序維持に関する事柄だけでなく，定年や退職金制度などの身分上の事柄についても転籍先の就業規則が適用されることになります。もっとも，退職金については，転籍時にすでに清算している場合も少なくありません。このように従業員の身分上の変更を余儀なくすることから，出向と異なり，分社に伴う転籍以外の転籍は従業員の個別の同意が必要になります。

図表4.4はこうした出向と転籍の特徴を比較したものです。ただ実際には，出向の場合も出向元に戻ることなく，そのまま横滑りに出向先に転籍することが珍しくありません。とくに従業員規模が大きい企業ほど，「ほとん

図表 4.4　出向と転籍の違い

	出　向	転　籍
労働契約関係	出向元との雇用契約を維持しながら、労務を出向先に提供。	転籍元との雇用関係を解消したうえで、転籍先と新たな雇用契約を締結。
従業員の同意	就業規則に出向義務が規定されていれば、原則として必要なし。ただし、同意が得られた場合に限る企業も多い。	個別の従業員の同意が必要。
労働条件・休日	出向先の就業規則に従う。	転籍先の就業規則に従う。
賃金・労務コスト	出向元と出向先が話し合いのもと、差額の対応などを含め、基本的には出向元が責任を負う。	転籍先の就業規則に従う。ただし、元の職場の水準はある程度考慮することもある。
懲戒権	出向元・出向先ともにあるが、懲戒解雇権は出向元のみが有する。	転籍先の就業規則に従う。
退職など身分上の事柄	出向元の就業規則に従う。	転籍先の就業規則に従う。

どの転籍は出向中の者がその出向先へ転籍する」「かなりの転籍は出向中の者がその出向先へ転籍する」という回答が過半数を占めるようになります。

　なお、転籍・出向の対象者のその時点での役職をみればわかるように、必ずしも出向者・転籍者の能力が、もとの企業で不要と判断されたということではありません。もちろん、第7章で説明するように、本当に必要な従業員は企業としてもぜひ留めておきたいと考えるものなので、そうした側面があることも完全には否定できません。たとえば、課長クラスなど比較的役職が低い状態で出向・転籍の対象となる社員に対しては、リストラなどの過酷な手段を避ける目的で、この制度を利用することもよくあります。しかし、出向・転籍は受け入れ先に利益をもたらすだけではなく、それなりの負担もかけるため、むしろある程度の能力が認められてこその出向・転籍と考えたほ

うがよいでしょう。

4.5　異動・昇進管理における新たな動向

○ 自主性を尊重した異動制度

　これまで企業主導で実施されてきた異動・昇進管理に，近年，従業員の自主性を尊重しようとの動きがみられます。自己申告制度・社内公募制度・社内FA制度はその代表です。

　まず，自己申告制度とは，主として一般従業員を対象に，定期異動時もしくは年1回の定められた時期に，自己申告シートを通じて従業員の異動希望や現在感じていること，今後のキャリアプランなどを申告してもらう制度です。1980年代頃から導入が進んでおり，社会経済生産性本部の「2006年度版日本的人事制度の現状と課題」によれば，調査回答企業の72.4％が導入済みです。記入された自己申告シートは上司経由で人事部に提出され，人事部はそれにもとづき，可能な範囲で各人の希望を反映させたり，各職場の現状把握に役立てたり，てこ入れしたい部署への異動候補者を探す際の参考資料として活用します。一方，従業員にとっても，自己申告シートへの記入は自身のキャリアを考え，見直す良い機会となります。ただし，従業員の希望や意思が多少は反映されるとはいえまさに参考程度であり，会社のニーズが最優先される中央制御型であることに変わりないとみられています。

　その点，2000年前後から導入が進んだ，社内公募制度と社内FA制度は，定期異動の補完的な位置づけながら，よりストレートに従業員の希望を異動に直結させる制度です。社内公募制度とは，人材ニーズのある部署が社内を対象に人材を公募する制度です。ある定められた時期になると，人事部や事務局を通じて社内の公募情報が掲載されるため，応募者はそれをみて自らの

希望と合致すれば，上司の許可を要せず各自の判断で応募できます。公募情報はたとえば「現職経験3年以上」などの応募資格に加え，求める人材の質や仕事内容，勤務地などが示されます。応募後，書類選考，面接を経て無事合格となると，定期異動時にあわせて希望の部署に配属されます。

一方の社内FA制度とは，野球のFA制度と同様，まずFA資格を満たす人がFA宣言をすることから始まる制度です。企業によっても異なりますが，FA資格の権利は，主に総合職で過去の成績などをもとに厳選された特別な人材のみに与えられます。FA資格を持つ異動希望者は，定められた期間中であれば，たとえ公募の予定がない部署でも，自分の希望部署に対して自己の能力と志望理由を売り込むことができます。そこが，募集がないと応募できない社内公募制度とは大きく異なる点です。希望先部署が異動希望者からのアピールに関心を持ち，両者の思いが合致すれば交渉成立となり，やはり定期異動時に希望部署への異動が叶うことになります。なお，現在の職場で埋没している従業員に再挑戦の機会を提供しようと，同一部署に長く滞留する従業員にFA権を与える企業も存在します。

導入率約4割の社内公募制度に対して，社内FA制度はまだ1割程度で，大企業ほど双方2本立ての活用を試みる傾向があります。双方の制度を上手に運用するうえでの最大の注意点は，十分で正確な情報発信の必要性でしょう。事実と異なる情報や不十分な情報は，応募者の判断を狂わせる恐れがあるからです。希望異動先を自ら選定する社内FA制度の応募者の場合は，なおさらです。また，企業としては，人気のある部署に異動希望が殺到し，人気のない部署に欠員が出てしまうことを防ぐために，欠員の出た職場には優先的に人員補充を行うなどの配慮が求められます。あわせて，欠員を出る事態を招かぬよう各職場の魅力を高めることを推進したり，優秀な人材を手放したがらない上司が出ないよう，制度に対する管理職の理解向上をはかる努力も必要です。

このほか，現実によくある問題として，異動交渉の成立率があまりに低い場合には制度に対する不信感が生じるため，一定水準の維持や不合格者のケ

図表4.5　従業員の自主性を尊重した制度の比較

	自己申告制度	社内公募制度	社内FA制度
導入時期	1980年代	2000年前後	2000年前後
対象	一般従業員全員に義務（管理職を含める企業もまれにある）。	主に総合職（全国異動を前提とした者）の中で、希望者のみ。	総合職の中でもとくに選ばれた人材。
制度の運用方法	人事部に集まってきた各個人の希望をもとに、中央制御的に人事部が最適配置をはかる。	人材ニーズのある事業部から公募情報。従業員はその中から希望する部署があれば応募する。	FA資格のある従業員側から、希望する部署へ働きかける。
選考を行う主体	人事部	各事業部	各事業部
上司の関与	上司を通じて、人事部に希望を申告。	上司の許可は不要。	上司の許可は不要。
希望反映度	人事の参考資料程度。	交渉成立すれば、直接反映。ただし、異動可能なのは公募の出ている部署のみ。	交渉成立すれば、直接反映。自分の希望するどこの部署にでも応募できる。
人員配置の難しさ	比較的易しい。効率的で計画的な配置が可能。	難しい。欠員補充の問題や欠員が出た部署のケアなども必要。	難しい。社内公募制度と同様。

アに関しても怠るべきではありません。また，社内公募の実施にあたり，異動に関して事前に特定の人物とほぼ約束ができていたり，特定の人物の応募を計画して，その人物に合った要件を並べるなど，実質的にはクローズドな募集である場合も，それが明らかになればやはり制度への不信につながってしまうため，避けるべきでしょう。

　図表4.5は，以上3つの制度の特徴を比較したものです。このうち，社内公募制度と社内FA制度はとくに，近年の成果主義的発想と密接に関わっていると考えられます。具体的な成果が重視される以上，自分の希望した職場で勝負をしたい，という従業員感情に配慮した制度ともいえるからです。

○ 複線型雇用管理制度(1)：総合職・一般職のコース別雇用制度

　順調に昇格・昇進を続けていけば，いずれ一般従業員からいわゆる管理職になる時期がきます。管理職とは，他人の業務遂行の適切な管理を通じて目標とする成果を達成すべき存在ですが，労働法上は，役職に就いていることをもって時間外労働などの割増賃金の支給対象とならない者，もしくは労働組合員になれない従業員のことを指します。この定義に従えば，一般的には課長クラス以上がこれに該当すると考えられます。

　その内訳は，企業によって異なるものの，厚生労働省の「賃金構造基本統計調査」(2006) を参考にすれば，図表4.6で示すように，課長級以上は全従業員の2割程度です。各役職に就く年齢は近年徐々に早まっており，さまざまな調査結果を総合すると，係長は31～33歳，課長は36～39歳，部長は45～48歳が標準的といえそうです。もっとも役職が上になるほど，それぞれの初任年齢には個人差が生じます。また，ポジティブ・アクションなどの努力により，女性管理職も徐々に増えつつありますが，管理職の95～97％を未だ男性が占めているのが現状です。

　管理職層には，ライン管理職とスタッフ管理職があります。ライン管理職とは，管理職層の中でも，生産活動に直接責任を持ち，それに関する指揮命

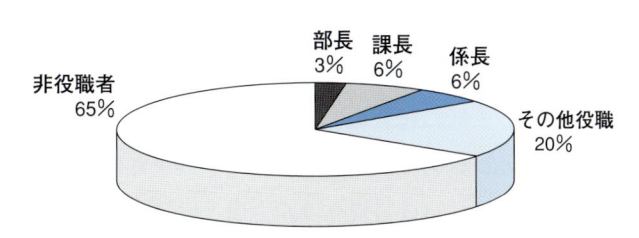

図表 4.6　役職の構成

- 非役職者　65%
- 部長　3%
- 課長　6%
- 係長　6%
- その他役職　20%

(出所)　厚生労働省 (2006)「賃金構造基本統計調査」をもとに筆者作成。

令・部下の管理などの権限を有する人々を指します。世間がイメージするいわゆる管理職はこれに該当し，その業務上，ゼネラリストと見なされる者が多いものの，ある特定の分野に高い専門性を示し，むしろスペシャリストと称すべき者も多数存在します。それに対してスタッフ管理職とは，職能資格でいえばライン管理職と同等の資格を持つものの，多くの場合，管理すべき部下を持たず，定義上はラインの生産活動を支援するための専門的な助言や情報提供，能力提供を行うスペシャリストを指します。そのため，スタッフ職，専門職とも呼ばれます。管理職層のうち，ライン管理職が全体の6割を占めるといわれます。

　しかし，すべての従業員がこうした管理職層への昇進を目指して凌ぎを削っているわけではありません。実際，必ずしも選ばれなかったわけではなく，最初からライン管理職や管理職層に至ることを望まない人々にも対応した，複線型人事管理制度の導入が近年進んでいます。複線型人事管理制度とは，業務内容や転勤の有無などによりいくつかのコースを設定し，そのコースごとに異なる評価・報酬管理，異動・昇進管理，人材育成を行うものです。そのため，コース別雇用制度とも呼ばれます。なかでも，もっとも代表的で導入率が高いのは，総合職・一般職別のコースでしょう。さまざまな職務を経験しながら企業の基幹的・非定型的な業務を担うことを期待され，将来は管理職層を目指す総合職に対し，一般職は昇格や昇進の上限が低く設定され，比較的責任の軽い補助的かつ定型的な業務を担当することになります。

　これとほぼ対応しますが，仕事内容の軽重というより，転勤可能な範囲でコース分けをするものもあります。全国転勤あり・勤務地限定・転勤なし別のコースです。勤務地限定とは転勤はあるものの，ある一定のエリア内に限る働き方を指します。一般に総合職には全国転勤があり，一般職は転勤なしであることを考えると，勤務地限定コースの人々は双方の中間的な位置づけにあたります。ただし，仕事内容自体は総合職とほぼ変わらない場合もあるため，エリア総合職，地域限定総合職，準総合職などとも呼ばれます。

　こうしたコース別人事は，多様化する従業員のニーズに合致し，どのよう

なタイプの従業員でも各自の望む範囲での能力発揮が可能な点で優れているとされる一方で，多くの問題も抱えています。とくに，総合職・一般職別のコースに関しては，未だに一般職コースの大半は女性で占められており，男女差別の隠れ蓑になっているとの批判が根強く存在します。もちろん，女性自らが転勤を望まない，もしくは責任ある仕事を望まないなどの理由で一般職を好む場合は問題ありませんが，採用段階から一般職を選ばざるをえない状況に追い込まれている実態も多いと指摘されているのです。第2章で説明したように，性別による差別的取り扱いは法律で禁止されていますが，採用活動中，女子学生のみに「総合職でなく一般職なら採用してもいいですが」と水を向けるなどは，その真偽はさておき，よく耳にするエピソードです。

総合職から一般職へのコース転換は容易でも，一般職から総合職へのコース転換は実質不可能という運用をしていれば，それも問題です。上司の承認や一定水準以上の考課結果など，必要な条件を満たしている人材には，一般職から総合職へのコース転換も積極的に認めることが重要です。社内公募制度や社内FA制度と同様，絵に描いた餅ではないということを示す実績を築き上げることで初めて，制度への信頼性を増すことができるのです。

こうした問題への対応策の一つとして，最近では，職務や権限などに関して差別的な要素が強い一般職を廃止し，代わりに業務職というコースを設ける企業も増えています。業務職の定義は各社さまざまですが，地域限定総合職と一般職を統合したような位置づけと理解されます。従来の一般職よりは，能力や意欲次第で高い評価が得られたり，総合職へのコース転換が行いやすくなる，と説明されています。しかし，名称が変わっただけで実質的な変化はほとんどみられないケースも，実は少なくないようです。

○ 複線型雇用管理制度 (2)：専門職制度

総合職・一般職のコース別の次に典型的な複線型人事管理制度には，専門職制度があります。専門職制度とは，従業員を管理職群と非管理職群に区分

するとき，管理職群に対して，ある一定の時期以後は，それぞれの適性やキャリア目標に応じて，いわゆる管理職・専門職・専任職という異なるコースを選択させる制度のことを指します。言い換えれば，上述したスタッフ管理職を，ライン管理職とは異なるコースの人々として明確に位置づけ，処遇する制度といえるでしょう。ただし実際には，専門職制度の定義や運用の仕方は各企業に依存します。たとえば，コースが分かれる時期を早めに設定する企業では，職能資格上はまだ管理職層に達しない非管理職群のスペシャリストを，専門職コースに含めて考えることもよくあります。

　専門職制度は，1970年代から1980年代半ばに盛んに導入されました。今現在，専門職制度を導入している企業にその理由を尋ねると，複線型人事制度の目的と合致する「専門家としてのニーズに応え，その能力の有効発揮をはかるため」，もしくは「高度な能力を持つ専門家を確保するため」などの理由が上位に並びます。しかし，最初にこの制度が注目された当時は，後ろ向きの理由が本音でした。第3章で説明したように，職能資格制度のもとでは管理職相当の職能資格保有者が大量に生まれるにもかかわらず，ライン管理職のポスト数には限りがあり，結果としてポストに就けない高資格者が大量発生します。こうした人々が意気消沈し，著しくモチベーションを低下させることを恐れた企業は名目上，「(ライン) 管理職とは異質ながら対等のコース」として，専門職コースを用意することにしたのです。

　かつては，こうした企業側の配慮が必要であったことからもわかるように，ライン管理職に就くことの魅力は高く，ライン管理職になると仕事の裁量権が増し，仕事から得られるやりがいも大きくなると評価されていました。また，ライン管理職に選ばれたということは，これまでの職場における業績や働きぶり，能力が認められた喜ぶべき証でもありました。しかし最近では，総合職・一般職別のコースに関しても述べたように，誰もが高いポストに就きたいと考えるわけではなく，ライン管理職の魅力は相対的に低下しているといわれます。

　たとえば，ライン管理職になれば，自分自身の成果を着実に上げつつも，

部下管理の仕事や上司と部下の間の調整の仕事など，責任が重く，煩わしい仕事にも取り組まねばなりません。また，ライン管理職と一般従業員とでは必要とされる能力が異なるため，たとえ一般従業員として成果を上げた実績があっても，ライン管理職として部下や組織のマネジメントにそれと同等の能力を発揮できるとは限りません。最近では，職場に増加しつつある非正規従業員のマネジメントにも追われます。転勤に関しては一般従業員以上に甘受する必要がありますし，報酬面に関しても管理職手当はあるものの，時間外手当の対象からは外れ業績評価のウエイトも高まるなど，以前と比較して必ずしも恵まれなくなっています。

　それに対して，専門職コースを選択すれば，職能資格上はライン管理職と同等ながら，そうした諸々の煩わしさから開放され，各自の専門を活かした仕事のみに専念できると説明されています。また，自分の専門能力の高さで勝負ができ，周囲からもその能力で評価・認知されるようになるため，ライン管理職とは違う働きがいも感じられるとされます。実際，以前と比較すると，将来の転職の可能性などを考慮して，客観的な市場価値が測定しやすいスペシャリストという働き方のほうが有利と考える人も増えています。また，最初からキャリア選択の一つとして専門職コースを選ぶことから，「ライン管理職になれなかった人」というある種不名誉なレッテルが貼られることもなく，働きぶりが主体的になり，仕事の成果とそれに対する評価への納得性も高くなる可能性があると期待されています。キャリア・オプションの拡大を前面に押し出した，こうした新たな意味づけによって，最近では専門職コースに対する当初の否定的な印象はかなり払拭されたと説明する人々や書物もあります。果たして，実際のところはどうなのでしょうか。

ライン管理職志向・専門職志向についての実際

　その疑問について考えるために，ライン管理職志向・スタッフ管理職（専門職）志向の現状を，一つのデータを用いて確認しておきましょう。用いる

のは，筆者が2005年に中部産業・労働政策研究会を通じて，大手メーカー5社を対象に実施した調査結果（N＝1,891）です。まず，「私は将来，管理職・マネジャーとしてのキャリアを歩みたい」という質問を用意しました。質問では単に「管理職」との表現を用いていますが，これはライン管理職のことを指しています。この問いに対し，「Yes（「該当する」と「やや該当する」を合わせたもの）」と回答した従業員の割合を，事務系・技術系の別，および年齢別に比較してみます。その結果が，図表4.7です。

事務系従業員の結果からは，すでに将来のキャリアを論じる段階を超えたともいえる50歳以上の回答者を除き，確かに年齢が若くなるほど，ライン管理職志向が減少していることが読み取れます。それでもこの調査データの場合，20代の回答者の約6割はライン管理職志向があることがわかります。また，技術系従業員でも事務系従業員ほど高くないものの，年齢の違いなく，過半数の従業員にライン管理職志向が存在しています。この結果をみる限り，かつてと比べれば確かにライン管理職になる魅力は薄れたかもしれませんが，依然として一定レベルの魅力は保っているととらえることができそうです。実際，今井（1999）の研究によれば，一般従業員と管理職（この場合，明記はないもののライン管理職のことを指すと理解されます）を比較すると，たとえ仕事の負担感が大きくても精神健康度の高さは管理職のほうが上であり，職位が上がるほどその健康度が増すことが明らかにされています。

続いて，専門職，すなわちスタッフ管理職に対する価値観について確認してみます。図表4.7と同じデータを用い，企業における現在の自分への待遇の満足度を立場別に比較してみます。45歳未満までは単純な年齢別で，45歳以上はライン管理職（次長以上）とスタッフ管理職（いわゆる専門職コース）の2つのコースに分けての比較です。その結果が図表4.8です。縦軸は満足度を点数化したものであるため，点数が高いグループほど現状への満足度が高く，点数が低いグループほど満足度が低いことを表しています。

この結果からは，全体として年齢が上がるにつれ満足度が高まるのにもかかわらず，専門職コースの回答者はすべてのグループの中でもっとも低い満

図表 4.7　職種・年齢別にみた管理職志向の比較

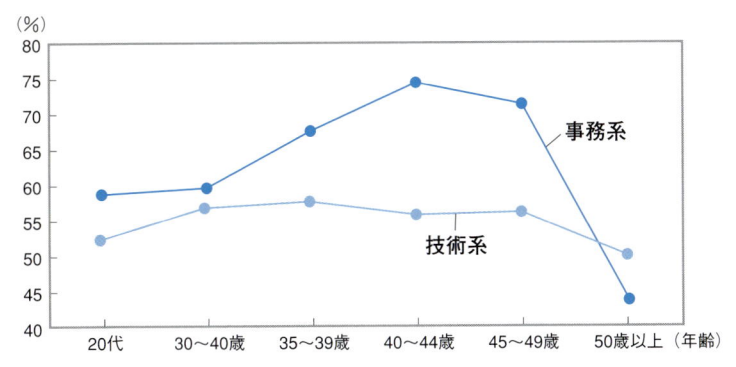

（出所）財団法人中部産業・労働政策研究会の協力のもと，筆者実施の調査データ（2005）による。

図表 4.8　専門職制度のもとでの満足度の比較

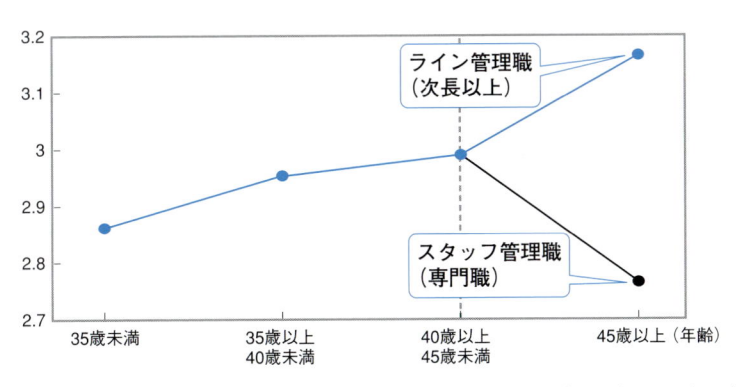

（出所）財団法人中部産業・労働政策研究会の協力のもと，筆者実施の調査データ（2005）による。

4.5 異動・昇進管理における新たな動向

足度を示しているのがわかります。彼らは職能資格上はライン管理職のグループとほぼ同等であり，そのため賃金などはほぼ同等の扱いを受けている人々です。その事実を思い起こせば，この結果は企業にとっては深刻で，か

つ非常に興味深いものといえます。さらに分析を進めると，同じ専門職でも個人差があること，具体的には，「傍流感（自分は会社や職場において傍流にいるという気がするときがある）」や「中途半端感（会社での今の自分の位置づけは中途半端だと感じる）」の強い従業員は低い満足度を示す一方で，そうした意識が弱い者は高い満足度を示すことも明らかになりました。

つまり，全体的には，専門職制度に対するイメージはまだ好転していないものの，スタッフ管理職とライン管理職を真に対等な存在として処遇している企業では，肯定的な受け止め方を生み出すことも不可能ではないといえそうです。逆の見方をすれば，この制度に従業員が否定的な評価を示す企業では，スタッフ管理職の権限や裁量の範囲がライン管理職と比較して明らかに狭いか，従業員側がそう解釈せざるをえない実態が依然として存在しているとみることができるでしょう。専門職制度への信頼感を高めるには，第5章で説明するマイスター制度のように，専門職になるのも必ずしも容易ではなく，社内外で認められる高い基準をクリアする必要があるなど，明確な要件を設けることが一つの方法と考えられます。

4.6　異動・昇進管理における変化の位置づけ

　従来は，異動・昇進管理は完全に会社主導で行われていましたが，最近では徐々にキャリア・オプションが拡大するという変化が生じていることが確認できました。従業員が自分の望む働き方やコースを選択できるようになったり，要件さえ満たせば，社内公募制度などを通じて希望する部署に異動できるようになってきたのです。これは一見，従業員の働きがいの向上に貢献する大きな変化ととらえることができそうです。

　しかし，その実態を詳細に眺めると，現時点で社内公募制などの制度を利用できた者は従業員全体のわずかな比率にすぎないうえ，複線型人事管理制

度も積極的な形で利用されているかとなると疑問が残ります。なぜなら，現段階では一般職や地域限定職，専門職のコースを選択することは，それに伴って業務内容が変わる一方で，いわゆる出世コースからは明確にはずれ，それによる処遇差・報酬差も甘受しなければならないからです。言い換えれば，組織が用意した２つの選択肢，すなわち，組織内での出世を追求する代わり大変な負荷を抱えるのか，業務負荷が軽い代わりに将来の出世や高い報酬を完全に諦めるのかという，究極の二者択一を従業員に迫る仕組みになっていると解釈できるのです。

　何かを得る代わりに何かを諦めねばならないのは，当然のことかもしれません。しかし，その選択肢が両極端にすぎると，オプションを用意する良さが薄れてしまいます。しかも，キャリアのある時点でいったんある働き方を選択すると，その後ずっとその働き方を継続しなければならないとしたら，バランスの良い職業人生を送りたいと望む従業員とは相容れないものになってしまいます。たとえば，今は一時的に緩い働き方をしたいが，その状態が落ち着いたら全力で仕事に取り組みたいと考える総合職の人がいても，いったん一般職になると総合職に戻るのが至難の業であれば，総合職に留まり続けざるをえないことになります。しかし，成果主義的な評価のもとでは，総合職のまま十分な成果が上げられないと大きく評価が下がるため，結局，いずれの選択肢もその従業員を幸せにしないことになります。

　従業員には，その時々の事情や長期のライフプラン，時間の経過の中での価値観そのものの変化などによって，働き方に対するニーズの変化が起こりえます。そう考えると，形式だけでなく，真に多様性と柔軟性を確保したオプションを用意することこそ，従業員に働く喜びを提供するうえで不可欠なこととなるはずです。こうした観点からいえば，第6章で紹介する短時間勤務制度や在宅勤務は，評価に値するといえるでしょう。

　以上のような問題に加え，整合性の問題も見過ごせません。キャリア・オプションの拡大という変化は，異動・昇進管理全体の中では部分的なものにすぎず，残りの大部分，たとえば企業のコアとなるライン管理職に対する処

遇や考え方にはあまり変化はみられません。変化は一度にまとめて生じたり急激な速度で生じるだけでなく，徐々に進行するものでもありますが，このように変化と維持が何の法則もなく混在している状況では，従業員が企業の真意をつかみかねて戸惑ったり，疑心暗鬼になってしまうことでしょう。

異動・昇進管理をこうした一種，中途半端な状態に立ち止まらせている原因の一つには，やはり同様に根本的な変化がみられなかった採用管理との関係と，それでいて大きな変化を導入しようとしている報酬管理との関係が考えられます。しかし，人的資源管理を成功させるうえで，内外の整合性を保つことが重要なのは第1章でも述べたとおりです。それでは，どうすればこうした問題をクリアできるのでしょうか。第5章の人材育成とも合わせて検討してみることにしましょう。

演習問題

4.1　従来の日本企業のように，暗黙的にはともかく，一見時間をかけて慎重に遅い選抜を進める管理方法と，採用当初から有能な人材とそれ以外の人材とを分けて扱う管理方法の双方について，そのメリット・デメリットを比較してみましょう。

4.2　社内公募制度や社内FA制度の実例をいくつか探し，それぞれの事例における利用者実績や成立率を調べてみましょう。

4.3　コース別管理制度の中でも「総合職・一般職別」コースの場合，男女間の差が大きくみられます。この制度が，世間でしばしば評されるように実際にワーク・ライフ・バランスの実現に貢献しているかどうか，さまざまな情報をもとに検討してみましょう。

4.4　基礎研究・応用研究などを業務とする企業の研究職などは，ライン管理職志向よりはスタッフ管理職などの専門職志向を持つといわれます。一方で，事務職ではまだまだスタッフ管理職に比べ，ライン管理職の魅力が高いといわれます。事務職の人々にとって，スタッフ管理職が真に魅力あるキャリア・オプションとなるためには，具体的にどのような工夫が必要，もしくは有効だとあなたは考えますか。考えられる策を自由にリストアップしてみましょう。

第5章

人材育成および
キャリア開発

　本章では，人を育てる仕組み，すなわち人材育成に対するこれまでの企業の考え方や姿勢を概観します。また，近年の変化のうち，比較的順調にいっているもの，問題が指摘されているものをそれぞれ紹介したうえで，後者については原因分析を行います。その結果にもとづき，従業員のモチベーションや能力形成，組織の知の形成には，採用管理など諸領域との整合性の確保も含めた，長期的かつ総合的な視点が不可欠であることを確認していきます。

◦ KEY WORDS ◦
OJT，Off-JT，自己啓発，選択型研修，CDP，
選抜型研修，マイスター制度，育成格差

5.1　人材育成の考え方に変化はあるか

　多くの日本企業では長らく，「人を消費する」という発想ではなく，「人を育てる」という考え方を非常に重視してきたといわれます。具体的には，終身雇用を前提として大量の新規学卒者を採用し，職務経験の乏しい彼らのために学校教育を補完する企業内訓練を施してきました。また，訓練や研修などの直接的な教育だけでなく，従業員の成長を促すような仕事を計画的に与え，仕事を通じて従業員の質を高める努力も重ねてきました。それがこれまで人的資源の有効活用を可能にし，企業の競争力の源泉となっていたと理解されています。

　しかし，これまで確認してきたように，人的資源管理の諸領域は多かれ少なかれ変化に直面しています。その影響や反応の程度は各領域によって違いますが，人材育成に関する変化についても，同様に確認しておく必要があります。もし変化があるとすれば，それはどのようなものなのでしょうか。従業員の働く喜びを増幅させる方向に向かうものなのか，従業員を疲弊させたり働く意欲を奪うものなのか，いったいどちらなのでしょうか。また，そうした複数の取り組み間の整合性は，十分にはかられているのでしょうか。

　本章では，こうした各章に共通する疑問について，採用管理や報酬管理，異動・昇進管理との関係も踏まえながら，引き続き取り組んでいくことにします。

5.2 人材育成の体系

◯ 人材育成計画のポイント

　計画的な人材育成の実施にはまず，第1のステップとして，育成や教育訓練の必要性の発見・把握が大切です。具体的には，人事部主体で，各職場が期待する従業員の職務遂行能力と実際の能力との乖離や問題点の把握に努めます。現場へのインタビューやアンケートはもちろん，第3章や第4章で紹介した目標管理制度や自己申告制度も，こうした情報の把握には有用に働きます。また，不足している能力を発見すれば，それが当該企業でしか通用しない限定的なもの，すなわち，ベッカー（G. S. Becker, 1975）のいう企業特殊能力なのか，計算や読み書き能力，語学力，経理の知識など，どこの企業でも活用しうる一般能力なのかの特定や，その能力の獲得に要すると想定される期間の算定も行うことになります。

　第2ステップが計画立案の段階です。全社的・長期的な育成計画にもとづき育成目標を設定すると，続いて対象者の選定が必要となります。期待する能力と現在の能力との乖離が大きい人々を対象にするのか，投資コストと比較してより大きな効果を期待できそうな人々を対象にするのか，あるいは，習得した知識やスキルをより長く活用しうる人々にするのか。そこには，企業としての考え方が色濃く反映されます。これまでの日本企業では，どちらかといえば，後者2つを重視する傾向がありました。このほか，本人の学習効果だけでなく，学んだことが他の従業員に伝播しうる範囲の広さ，いわゆる波及効果を重視する場合もあります。

　こうした基準にもとづき，育成すべき対象者を決定した後は，その従業員にとってもっとも効果的な教育を提供すべく，「何を」「いつからいつまでに」「どのレベルまで」「どのような方法で」実施するかを明確化します。そ

の際には，過去の職務経験や訓練記録が非常に参考になります。

　第3ステップは，育成対象者に対する計画の提示です。何をいつまでに習得するのか，学習者本人が十分に理解することで，学習の成功に不可欠なモチベーションの喚起が容易になるためです。また，こうした情報がロードマップとなり，その後の個人のキャリア開発計画に役立てることも可能になると考えられます。

　第4ステップである計画実行の後は，その学習を単なる学習で終わらせないために，意識的に活用機会の提供を行うことが大切です。学んだ知識やスキルを，現実の多様な場面でどのような形で活用しうるのか，予想しない問題が生じたときどう対処したらよいのか，知識の習得だけで終わるのでなく，実際に肌で感じることは非常に効果的といわれます。同時に，結果の評価も行ったほうが望ましいと考えられています。

　教育効果の測定にあたり，よく用いられるのは，カークパトリック（D. L. Kirkpatrick，1975）の4段階評価です。第1段階としての「学習者が満足したか」から始まり，「必要な内容への理解が高まったか」「学んだことが行動に反映されたか」「結果として業績に反映されたか」の順に，高い効果が得られたと見なします。もっとも現実には，教育効果が業績にまで表れたと見なせるケースはまれで，行動パターンの変化が確認されれば上出来とする企業が一般的です。そもそも，「労政時報」誌の調査（2005）によると，教育は実施しても，その効果測定は行わない企業が6割を占めます。しかし，効果測定から得られた情報の活用によって問題点や改善点が明確になれば，次の育成プロセスの充実にも役立つことでしょう。こうしたステップを図示したものが，図表5.1です。

　ただし，このような計画的な育成プロセスが意味を持つのは，習得すべき育成内容・目標が明確であったり，担当する業務内容が既存の枠組み内に収まる，比較的若手の従業員に限られるとも考えられます。新規事業の開拓や最先端の業務を任せられた従業員の場合，学ぶべきこと，獲得すべきスキルなどを指導できる者がそもそも社内には存在しないケースばかりだからです。

図表5.1 人材育成計画のプロセス

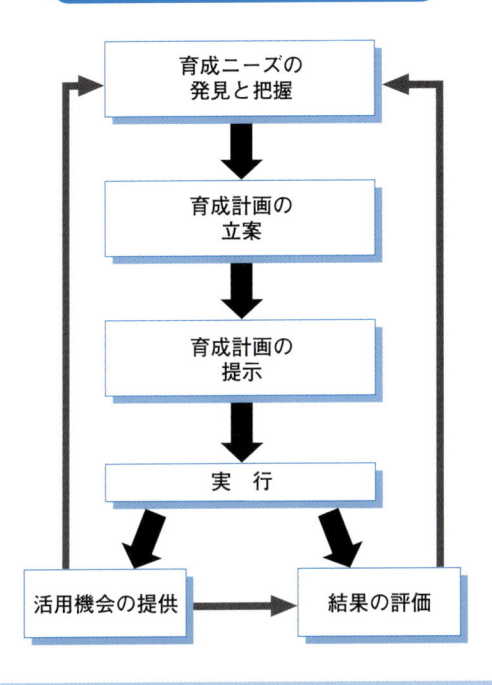

```
育成ニーズの
発見と把握
    ↓
育成計画の
立案
    ↓
育成計画の
提示
    ↓
  実 行
   ↙  ↘
活用機会の提供 → 結果の評価
```
（活用機会の提供・結果の評価から育成ニーズの発見と把握へフィードバック）

その場合，計画的な育成計画を策定できるわけもなく，手探りの試行錯誤の中，その従業員自ら必死で開拓しつかみ取っていく以外にありません。言い換えれば，中堅社員になってもまだ，自分の能力開発を企業任せにしたり，仕事をうまくこなせない原因を企業の教育訓練体制の不備に求めているようではあまりにも進歩がない，ということができそうです。こうした点は，企業による教育訓練すべてにおいて共通する限界とでもいうものでしょう。

企業における教育訓練(1)：OJT

こうした限界を正しく認識したうえで，企業が比較的若手の従業員に対し

て実施できる教育訓練には，大きく２つの方法があります。一つは，OJT（On the Job Training）と呼ばれる，上司や先輩の指導のもと，仕事を通じて行う実践型教育です。もう一つは，Off-JT と呼ばれる，研修施設など職場を離れて行う集合研修です（詳しくは次項参照）。

効果的な人材育成の実現には，この双方の連携が不可欠です。とはいえ，1996 年に日本労働研究機構が実施した企業内教育に関する調査で，複数回答により仕事に必要な知識や経験を獲得した手段を尋ねたところ，Off-JT よりはるかに OJT が高く評価されていることが，図表 5.2 から読み取れます。厚生労働省の「能力開発基本調査」も同様の結果を示しており，Off-JT と比較して，「OJT を重視」「OJT を重視に近い」と回答する企業をあわせると，７割を超えます。OJT には，指導者や教育期間，内容，到達レベル，評価方法などを具体的に定めた教育訓練計画にもとづいて実施する計画的 OJT と，本人からの求めや仕事上の必要性に応じて気がついたときに随

図表 5.2　必要な知識等の獲得方法

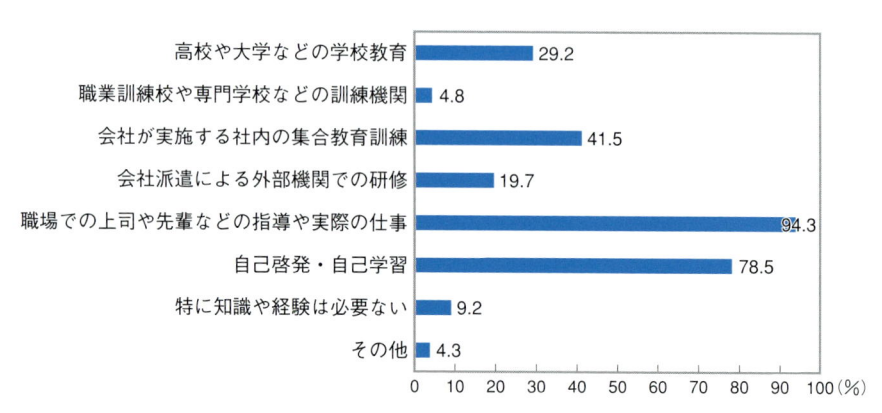

項目	％
高校や大学などの学校教育	29.2
職業訓練校や専門学校などの訓練機関	4.8
会社が実施する社内の集合教育訓練	41.5
会社派遣による外部機関での研修	19.7
職場での上司や先輩などの指導や実際の仕事	94.3
自己啓発・自己学習	78.5
特に知識や経験は必要ない	9.2
その他	4.3

（出所）　特殊法人日本労働研究機構（1996）「企業内教育訓練と生産性向上に関する研究」調査研究報告書 No.81，第４章表４をもとに筆者が一部をグラフ化。
（注）　グラフ化するにあたって無回答は省略した。

時実施するインフォーマルな OJT とがありますが，この調査で尋ねているOJT は計画的 OJT のことを指しています。規模の大きい企業ほど，若手従業員に対する計画的 OJT の実施率は高まります。

　OJT のメリットは，仕事を通じて実施する教育訓練という性質上，特別な費用を必要としないことや内容の具体性に優れていることでしょう。学習したことをすぐ現場で試せるために，学習者にとって手応えやフィードバックが迅速に得られます。一対一の対応なので，個人の能力や理解度に合わせたきめ細かい指導や，機会をとらえた効果的な指導も可能です。また，マニュアルでは表現しえない暗黙知や突発的な事態への対応方法など，OJT 以外の手段では難しい知識の伝達には，とくに効果的と考えられています。教える側にとっても，自分の知識を整理できたり，学習者の成長を目のあたりにして喜びややりがいを感じられるなどの効果もあります。

　一方のデメリットは，学習成果が学習者の態度ややる気に左右されやすいことです。本人のモチベーションが低ければ，いかに熱心に指導しても効果は期待できません。また，指導者との人間関係や指導者の力量も無視できない要素です。誤った知識や断片的な知識，組織にとって望ましくない知識が伝達されてしまった場合はもちろん，場あたり的な指導やタイミングを外した指導が行われた場合も，すべて結果に響いてきます。相性の合わない指導者による指導も，逆効果となる可能性が高くなります。

　当然ながら，上司のやる気の有無，忙しさの程度も大きな影響力をもちます。日本産業訓練協会の「産業訓練実態調査」によれば，OJT 実施上の問題点として以前は，「管理者に部下育成の自覚が不足」していたり，「必要性を理解していても行動が伴わない」など，管理者の意識の低さが上位に挙がりました。しかし，2000 年以後は，管理者が忙しすぎて自分自身では指導できない，もしくは他人に指導を任せざるをえない状況が問題視されています。もちろん，前述したように，新規事業のような先例のないことなどに関しては，そもそも教えることができる者がいない場合も多く，OJT が成立しえないこととなります。

○ 企業における教育訓練(2)：Off-JT

　景気の良し悪しに左右されにくいOJTに対して，Off-JT（Off the Job Training；集合研修）はその影響をより強く受けます。その最たる理由には，即効性が低く，最終的にも効果の程度が不明確であることが多い割に，コストが高いことが挙げられるでしょう。前述の「能力開発基本調査」によれば，従業員1人あたりのOff-JTの平均費用総額は，せいぜい3万円台にすぎないものの，企業全体でみればかなりの金額になると説明されます。集合研修のために活用する社外の研修機関や専門家などの外部への平均支払額だけで，人材開発費用総額の約5割にあたる2,000万円強にも達するとの調査結果もあります。もちろん，コスト以外にもデメリットはあります。集合での実施のため，どの対象者に対しても中途半端な訓練となる可能性や，職場を離れての研修参加を職場が歓迎しないこと，学習成果に即効性がないため参加者の意欲が低くなりがちな点などです。また，企業にとって先例のないことや世の中の新しい動き・技術に関しては，OJT以上に有効なOff-JTを提供しえません。

　こうしたデメリットがある一方，Off-JTにも複数のメリットがあります。一度に多くの従業員に同じ知識を，しかも短期間に伝達できる点や，各従業員が仕事経験を通じて得た有益な，しかし断片的もしくは混沌とした知識を体系だったものに整理させる良い機会となる点などは，その代表的なものです。また，似たような立場・状況の従業員を一つの場所にいっせいに集めることによって参加者同士の親交が深まり，現在だけでなく将来にわたって活用可能な人的ネットワークが構築されやすいこともメリットの一つです。

　Off-JTには，階層別教育，職能別教育，目的別教育の大きく3種類があります。企業でもっとも高い実施率にある階層別教育は，社内資格や職位が同一の従業員に企業が共通して求める能力・知識を訓練するものです。代表例は新入社員研修，課長研修，部長研修，経営幹部研修などで，近年6割を超える企業が実施する内定者研修（入社前研修ともいいます）も，これに該当

します。内定者研修はもともと，内定後入社までに発生しやすい内定辞退を防止する目的で実施されましたが，最近ではむしろ，一日も早く自社の価値観や仕事の心構えを理解させ，円滑な社会化や早期戦力化をはかることを主目的としています。職能別教育は，事務，営業，技術など，特定の職能に必要な能力・スキル獲得のために実施する教育です。従業員の職能資格上昇に応じて新たに，より高度な能力が必要になるとき実施します。残る目的別教育は，たとえばコンピュータ教育や語学教育，情報セキュリティ教育，セクシャルハラスメント対策，海外派遣要員の派遣前教育，第3章で触れた考課者研修など，何らかの特殊な教育目的が発生する都度，状況に応じて実施するものです。

　こうしたOff-JTの研修期間は，一般に「2・3日程度」がもっとも多く，それに「1日程度」が続きます。その中で，新入社員研修の期間は長く，1カ月以上も普通です。なお，期間は同じでも，受講者の役職の高低で研修費用にはかなりの違いが生じるのが一般的です。たとえば若手の研修には，社内事情や企業特殊知識に精通していながら講師手当を支給しないで済む，社内の教育訓練担当者やスペシャリストに講師を担当させることが多いのですが，役職が高い者に対して行う研修では，講師として社外の専門家や専門機関を充てる頻度が高くなります。そのため，研修費用に大きな違いが出るのです。

○ 自己啓発・自己学習

　企業が主になって行う教育訓練とは一線を画しますが，従業員が自らの金銭や時間を投入して能動的に行う学習，いわゆる自己啓発に企業が支援することも少なくありません。自己啓発とは，従業員がスキルアップや教養の深化を目的として，自宅にいるときや通勤中の時間を利用して自発的に取り組む通信教育や，資格取得を目的とした専門学校や英会話スクールのようなプライベートな習い事などを指します。従業員の主体的な行動，明確な目的意

識にもとづいて実施されるため，p.122 の図表 5.2 が示すように，自己啓発は OJT に次いで効果的な学習方法とみられています。それ故，企業も自己啓発活動を支援しているのです。

図表 5.3　OJT・Off-JT・自己啓発の特徴の比較

	OJT	Off-JT	自己啓発
学習内容	・仕事に直結した内容。突発的な事態への対処方法なども。 ・言葉，もしくは直接指導でしか伝達しにくい暗黙知も可能。 ・ただし，体系的な知識は得にくい。 ・指導者や学習者次第で，内容に大きな差。	・一度に大勢に対して，同じ内容の学習を提供できるため，指導者によって，学習内容が左右されない。 ・しかも体系的。ただし，個別の状況には対応しにくい。 ・形式知の伝達に効果的。	・教材を用いて，体系的な学習が可能。 ・自学なので，得られる知識は学習者に大きく依存。 ・自分で学習内容を選ぶため，OJT ほどではないが，Off-JT より個別ニーズに合った内容が学習できる。
実施のタイミング	必要性があるたび，随時。	企業のスケジュールに合わせて。	時間があるとき，または，自分のペースや計画に合わせて。
指導者	主として，職場の上司や先輩。	企業内でその分野に精通した人，または外部の専門家。	通信教育などの教材。
学習場所	主に，職場。	職場を離れた場所。研修機関など。	主に，自宅。通勤中などにも可能。
効果の即効性	すぐに実践することが可能。結果から得られるフィードバックも早い。	あまり高くない。学習した知識を実践するまでに時間がかかる。使わずじまいになることも。	企業や現在の職務が必要とする学習内容であれば即効性があるが，そうでなければ即効性はない。
金銭的コスト	特別な追加費用は発生しない。	講師謝礼費，研修会場のレンタル費用，教材費，研修担当者の人件費など，多くの費用が必要。	受講者に行う金銭的な支援。
金銭以外のコスト	教える側の時間，エネルギー。	学習者が職場を離れることの損失。	情報提供の仕組みの整備。

厚生労働省の「平成17年就労条件総合調査」によると，自己啓発活動に対する何らかの支援制度がある企業は4割以上で，実施率がもっとも高いのが「金銭的支援(72.1%)」です。それに，「勤務時間内参加の許可(58.1%)」「情報提供（44.9%）」が続きます。従業員がよく挙げる自己啓発の問題点に，多忙で時間がとれないことや費用がかかることがあることを考えると，こうした企業の支援制度はたとえ十分でなくても，それなりに有用であると理解できます。また，どのような能力を企業が重視するか，その評価項目を開示することで，従業員の目的意識を明確にし，自己啓発実施率を高める効果も期待できます。

　自己啓発も含めた，企業の人材育成方法の特徴を比較したものが図表5.3です。3種類の長短をうまく組み合わせることで，効果的な人材開発が可能になると考えられています。

5.3　人材育成の費用対効果

○ 人材育成投資の効果

　総売上高に占める教育研修費用総額の比率は，「企業と人材」誌の2006年調査によると約0.1%と実にわずかですが，金額に直すと調査企業平均で年間約7,700万円にも達するけっして侮れない額です。しかし，それに見合う効果が得られるならば，十分投資を回収できることになります。

　人材育成投資の効果を客観的な数値で示すのは大変難しいことですが，企業を対象にしたさまざまな調査によって，計画的なOJT，Off-JT，自己啓発いずれも労働生産性の向上に役立つとの回答が得られています。たとえば，中小企業を対象にした「特定人材ニーズ調査」(1999) では，能力開発に積極的な企業ほど，自社の基幹的人材に対する満足度が高くなる傾向が確認さ

図表 5.4　従業員業績と教育訓練との関係

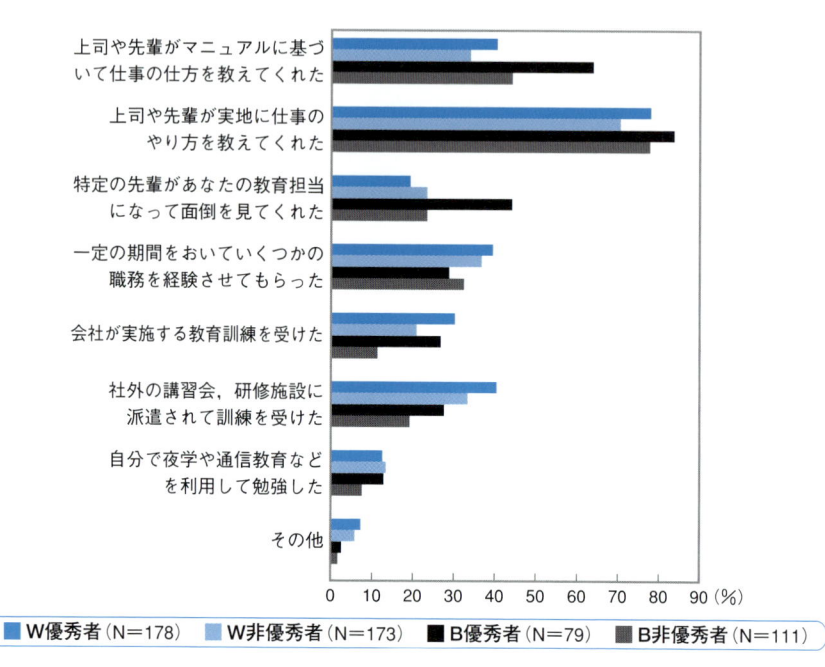

項目（上から下へ）：
- 上司や先輩がマニュアルに基づいて仕事の仕方を教えてくれた
- 上司や先輩が実地に仕事のやり方を教えてくれた
- 特定の先輩があなたの教育担当になって面倒を見てくれた
- 一定の期間をおいていくつかの職務を経験させてもらった
- 会社が実施する教育訓練を受けた
- 社外の講習会，研修施設に派遣されて訓練を受けた
- 自分で夜学や通信教育などを利用して勉強した
- その他

凡例：■W優秀者（N＝178）　■W非優秀者（N＝173）　■B優秀者（N＝79）　■B非優秀者（N＝111）

（出所）特殊法人日本労働研究機構（1996）「企業内教育訓練と生産性向上に関する研究」調査研究報告書 No.81，第 4 章表 10 をもとに筆者が一部をグラフ化。
（注）W はホワイトカラーを，B はブルーカラーを示す。グラフ化するにあたって無回答は省略した。

れています。また，図表5.4は，従業員を対象にした調査において，生産性の高低（実際には収入の高低）で回答者を優秀者と非優秀者とに二分し，両者のこれまでに受けた教育訓練の程度を比較した結果です。これをみる限り，ほぼすべての項目において，優秀者のほうが各種の教育訓練を受けている割合が高く，とくに優秀者と非優秀者の違いが出やすいのは，ホワイトカラーよりもブルーカラーといえそうです。

総合すると，コストや次で述べるリスクに見合っているかについての直接

的な結論は得られないものの，人材育成投資にはある程度の効果はあり，その効果は中小企業の従業員やブルーカラーの従業員など，教育すべき内容が定型的もしくは比較的初歩的なものほど大きくなると考えられます。つまり，能力形成期の従業員には効果があると考えられそうです。

○ 人材育成に関するリスク

こうした能力形成期の人材育成の重要性は認識していても，コストの問題に加え，教育に関するリスクを危惧する企業もあります。

第1のリスクは，教育投資を実施したことによる従業員の離転職リスクの上昇です。教育投資の結果，従業員の業務効率や生産性が向上しても，それは同時にその人物の市場価値を高めることにつながり，それだけ企業間移動をさせやすくなるという考え方です。確かに，その人物が企業内教育を通じて習得した能力が一般能力であれば，離職リスクは高くなるでしょう。また，企業特殊能力であれば離職リスクそのものよりも，同業者に引き抜かれた場合の知識流出の痛手が大きく響くことが考えられます。いずれにしても，離職されてしまえば，確かにそれまでの教育投資すべてが無駄になるといえます。

第2のリスクは，知識や技能の陳腐化のリスクです。知識や技能の種類によっては，習得までに多大な時間がかかるものも少なくありません。技術・市場変化が激しい場合，ようやく知識を習得した頃にはすでに時代遅れとなり，活用できる期間はわずかだったということも起こりえます。また，学習内容を活かせる職場・立場に配属されるまでにかなりのタイムラグがある場合や，結局配属されなかった場合も同様です。たとえば，海外のビジネススクールで学んだ若手社員が，帰国後すぐマネジメントの知識や手法を実地で試みる機会を得ることは，日本企業の現状ではまず難しいでしょう。大抵は，まったく関係のない部署に配属されたうえ，全社的なマネジメントを行える立場になるまでにはかなりの年月を要します。結果として，学んだ知識を十

分に活かすことができない恐れがあります。

第3のリスクは，期待する効果が得られないリスクです。OJTの問題の一つでもあった教える側・教えられる側の能力・意欲の制約により，時間やコストはかかるのに，期待する効果が得られない場合があります。また，教育はもともと初期段階こそ効果が大きくても，回数や時間を重ねるにつれ，その効果は徐々に逓減していくものです。誰にどのタイミングで投資すべきかを見誤ると，投資対象から外した人が投資によって得られたはずの効果も含めて，企業にとっては大きな損失となります。

こうしたリスクを過度に恐れ，人材育成投資に躊躇する企業もありますが，人材育成を怠れば企業の体力や底力は確実に弱体化します。というのも，人材育成に価値を置く企業ほど，働く人々から魅力ある企業として評価される傾向があるため，人材育成を怠ることが企業の魅力を低下させることにつながり，低下すればそれだけ離職リスクを高めてしまうからです。また，人材育成を怠った結果，現有の人的資源のレベルが低下すれば，残り2つのリスクも高まることになってしまいます。つまり，短期的な視点にとらわれて人材育成を怠ると，より深刻な悪循環に陥ってしまう危険性があるといえるのです。

○ 人材育成・キャリア開発で留意すべき法規制

人材育成は基本的に企業の裁量に委ねられ，労働基準法などの法規制がほとんどない分野とされています。そのため，実施にあたってコンプライアンス上のリスクとなりかねないのは，①法定労働時間との関係，②身分拘束の問題，③公平なキャリア開発機会の提供，の主に3点と考えられます。

まず，育成を目的とした研修が法定労働時間外（詳しくは第6章参照）に及ぶ場合，自宅学習が前提の通信教育や任意参加型の研修については問題ありませんが，明白な業務命令にもとづいた研修であれば，その時間は労働時間と見なされます。そのため，その場合は，時間外労働もしくは休日労働と

して従業員に割増賃金を支払わねばなりません。出欠確認があり，欠席すると就業規則上の欠勤や早退扱いになるなど，実質的な不利益が存在する場合も同様です。ただし，休日の研修であっても，別の日に休日振替を行えば休日労働とはなりません。なお，第8章で取り上げる安全衛生教育のように，「労働者がその業務に従事する場合の労働災害の防止をはかるため，事業者の責任において実施されなければならないもの」は，そもそも所定労働時間内の実施が原則です。

次の身分拘束の問題は，主として海外留学者を対象に発生しやすい問題です。企業によっては，海外留学させた従業員が帰国後一定期間を待たずして自己都合で退職することを禁止したり，それでも退職する場合は，留学費用の全額一括返還を条件とするところがあります。しかし，それは第2章の内定辞退の場合と同様，憲法に定める職業選択の自由を不当に制限する恐れがあり，無効と考えられています。また，労働基準法第16条でも「使用者は，労働契約の不履行について違約金を定め，又は損害賠償額を予定する契約をしてはならない」と定めており，これにも抵触する恐れがあります。したがって，たとえ離職リスクとそれによるコストが大きくても，企業に許されるのは従業員に離職を思いとどまるよう，道義的な面から訴えることくらいでしょう。ただし，留学費用が従業員に貸与されたもので，一定期間勤務した場合は返還免除とする形式であれば，労働契約の履行と留学費用の返還を明確に区別しているため，違憲にはならないとみられています。

公平な人材開発機会の提供の裏返しは，格差の問題です。本章で後述するように，格差はさまざまな対象間で起こりえますが，なかでも性別を理由にした差別は，第2章で紹介した改正男女雇用機会均等法により禁止されています。たとえば，男性は全員参加義務があるのに女性は希望者のみ，もしくは一定の要件をクリアしないと研修が受けられないなどの違いを設けるのは，明らかな違法となります。

5.4 近年の特徴

◯ 従業員のキャリア開発を重視した選択型研修

　日本企業はこれまで，多少のコストやリスクはあっても人材育成を重視してきました。その考え方や手法に変化は生じているのか，近年の人材育成の特徴を確認しておきます。たとえば，以前は花形研修の一つであった国内留学や海外留学制度の実施率は年々低下傾向にある一方で，10年以上前は存在しなかったeラーニングの導入が大企業を中心に進んでいます。その中で，選択型研修への移行も近年観察される新たな動きの一つです。

　選択型研修とは，これまでの階層別教育のように企業主導による画一的な教育プログラムの提供ではなく，企業が用意した何百にも上る多彩な講座の中から，従業員が各自の関心にもとづいて選択・受講する形式の研修プログラムのことです。1人あたりの予算枠を設定し，その範囲内で受講を認める福利厚生型から，業務上の必要があればいくつでも受講できる人材育成型まで，タイプはさまざまです。従業員の能力・レベルに応じて，受講可能な研修を定めている企業もあります。また，すべてを選択型研修に変える企業もあれば，従業員に最低限必要な能力を獲得させるために必須研修は維持し，選択型研修と併用し続ける企業もあります。その場合，必須研修は所定労働時間内に実施されることが多く，選択の要素が強いものほど時間外扱いが多くなります。

　こうした選択型研修の利点は，各従業員の関心やその時々の必要性に応じた学習が可能になる点です。これまでの画一的な教育では，Off-JTの項でも説明したように，たとえ同じ役職や職能資格にある従業員を集めても，その内容に無駄や不足が多いと指摘されていました。選択型研修はそうした問題に対処可能なだけでなく，近年注目されているCDP（Career Development

Program）の発想とも合致します。CDPとは，キャリア面談などで企業と従業員が目標のすり合わせをはかり，異動や処遇，教育内容などのあらゆる人事施策の活用を通じて，企業が従業員の主体的なキャリア目標やキャリア形成の実現を長期的に支援することです。従業員のワーク・ライフ・バランスも実現しやすく，何よりも従業員の主体性が尊重されるため，彼らのモチベーション向上の効果も期待されています。

ただし，CDPの理念自体は優れていても，研修の選択を従業員の自己責任とし企業がほとんど関与しないなど，実態が理念に追いつかない場合にはさまざまな支障が出ます。ゆとり教育の問題と同様に，キャリア意識の高い従業員はともかく，キャリア構築能力や意欲が不十分な従業員は自ら適切な行動をとることができず，ますます優秀で意欲ある者との差を拡大させてしまうからです。これは，企業内に使えない人材を増やすことにもつながります。また，従業員が自分のキャリアの向上のみに集中し，企業側も組織としての育成バランスをはからないままでは，ある能力を持った従業員は多いが別の能力をもった従業員は誰もいない，という組織側からみて極端な状況にも陥りかねません。

つまり，企業の単なる責任放棄にならないよう，ある研修を受けた人がその後どのようなキャリアを築いているかなどの情報提供や，企業として短長期的に欲する人材要件，すなわち，スキル・ニーズの内訳を示すことが企業や上司には求められるのです。実際，厚生労働省の「能力開発基本調査」においても，能力開発は「従業員個人の責任というより企業の責任である」とする回答が，常に7割近くに達しています。個人の選択権の拡充は，すなわち企業の責任や負担の軽減とはならないのです。

幹部候補育成のための選抜型研修

選択型研修とともに，選抜型研修制度も最近の特徴の一つでしょう。選抜型研修とは，次世代を担うビジネス・リーダーを比較的早期から少数精鋭型

で育成し，それらの人々に企業の将来を託すことを期待して行う研修です。日本企業では優秀な管理者は育つが，大局的な視点のもと柔軟かつダイナミックな意思決定を行えるリーダーは育ちにくいとする，批判や懸念がありました。そこから生まれた制度です。単なるビジネス・リーダーに留まらず，将来の経営幹部の育成を目指す場合は，サクセッション・プランとも呼ばれます。

　選抜型研修制度は大企業を中心に2000年頃から導入が増え，社会経済生産性本部の調査（2006）によると，調査対象企業の5割以上が取り入れています。運用方法は企業によって異なりますが，課長クラス，もしくは30代後半から40代前半の従業員のうち，人事部・役員の推薦・指名を受けたり公募で選ばれた，磨けばいっそう光ると期待された人材が対象となることが多いようです。研修内容は，経営哲学やビジネス・リーダーとしての心構え，教養の深化のほか，会社のビジョンの再検討やマネジメント・スキル，チームによる戦略立案体験などの具体的なビジネス知識の習得といったところが一般的です。月に1回，2泊3日程度の合宿を半年から1年間行い，最後は経営トップに提言や事業計画を披露し締めくくるというのが典型的なパターンです。企業内大学をこの目的で活用する企業もあります。

◯ 技能伝承への取り組み

　2007年問題と呼ばれる団塊の世代の大量退職に直面し，人材育成の一つとして，技能伝承の取り組みもにわかに活発になっています。豊富な経験や高い技術力，鋭い勘などで長らく日本の製造業を支えてきた優れた技術者・技能者がいっせいに流出すれば，業務への支障や技術の空洞化の恐れがあるためです。実際，熟練者を育てるのには時間がかかるため，数年後には企業の抱える熟練者が半減し，仕事にならないと恐れる企業も少なくありません。商工組合中央金庫調査部の調査（2005）によると，製造業では技術水準の低下が，非製造業では人脈の喪失が，もっとも懸念される事柄として挙げられ

ています。

　この問題に対処するために，やはり2000年頃よりマイスター制度と呼ばれる社内資格制度を導入する企業が急増しています。マイスター制度とは，通常のOJTやOff-JT程度では到底習得できないほど高度な技能や，直ちに標準化や自動化の目処がたたない卓越した技能を持つ従業員に対して「マイスター」の称号を与え，後進に積極的に技能伝承を実施してもらう制度です。年1回設けられた申請期間に，上司や人事部が優れた従業員を推薦すると，それをマイスター委員会が審査・認定します。一度マイスターとして認定されると退職までその称号を保持できるうえ，報奨金が支給されたり，第7章で紹介する雇用延長の資格を得られるなど，何らかの優遇措置が与えられます。もっとも，有効期間を定め，その期間ごとに再審査する再認定制度を設ける企業もあり，運用方法はさまざまです。

　現在までの各企業の認定実績をみると，認定基準は厳しく運用され，単にその企業での第一人者というより，業界・国際的なレベルでの第一人者という，瞬時に代替のきかない卓越した人材ばかりが登録されているようです。それだけに，彼らを指導者として行う人材育成からは大きな学習効果が得られるのではないかと期待されています。また，選ばれ認定を受けることで，マイスター自身がいっそうプロ意識を高め，他の従業員に対する優れたロールモデルとなりえるなど，副次的な効果もあると考えられています。これに類する効果を期待して，本格的なマイスター制度ではないものの，退職間近の従業員や退職者に若手に対する技術指導や心構え指導を依頼する企業も増加しています。

◯ 選抜教育か底上げ教育か

　従業員の多様なニーズに応えるうえ，最近のキャリア開発機運とも合致する選択型研修は，前述した問題点も抱える一方で，従業員の納得性を比較的得られ，確実に進展の方向に向かっています。また，技能伝承もその必要性

が強く認識され，多くの企業で取り組みが広がっています。その中で一種の揺り戻し現象が生じているのが，選抜型研修制度です。企業の将来を担うビジネス・リーダーの育成も確かに大事だが，真の競争力は組織としての層の厚さにある，したがって，本来は従業員全体の底上げこそ不可欠なのではないかとの疑問が湧き上がってきたためです。

厚生労働省の「能力開発基本調査」では毎年，選抜教育重視か従業員全体の底上げ教育重視かを企業に尋ねています。一時期は，選抜教育重視派が底上げ教育重視派を上回ったのですが，最近ではかつてのように再び底上げ教育重視派が巻き返しています。日本産業訓練協会による「産業訓練実態調査」でも，2000年には3割を超える企業が「底上げより選抜教育」重視と回答したのに対し，2005年には2割以下に減少しています。

もともと，選抜型研修が脚光を浴びたのは，ビジネス・リーダーを求める声の高まりに加え，バブル崩壊後の不況で人件費を大幅に削減せざるをえなかった企業の事情が関係しているといわれます。限られた資金では，従業員全員に公平に手厚い教育投資を行うことは実質不可能です。そこで，せめて基幹的な人材にだけでも教育投資を行い，従来と変わらぬ成果を出したいという思いが，多くの企業で少数精鋭教育を選択させたというのです。こうした事情を考えれば，景気が少しでも回復し企業の資金に余裕がでてくれば，再び企業の方針が全員の底上げ重視に転じるのは，ごく自然なことだと主張する識者もいます。

また，選抜型研修にまつわるさまざまな問題点が指摘されていることも，揺り戻し現象をもたらしている要因の一つと考えられます。その典型例は，選ばれた従業員と選ばれなかった従業員との間に生じやすい大きな溝の存在です。選ばれた従業員は，企業内で将来の幹部候補生として何かと特別扱いされるうえ，特別なプログラムを提供され，同期や年齢・立場の近い先輩・後輩と別行動をとらされることが多くなります。そのため，本人が優越感を持つかどうかは別として，これまで日本企業において重要な役割を果たしてきた同期を中心としたネットワークから浮いてしまう傾向があるのです。一

方で，企業が期待するような実績や伸びしろを示せなかった選抜型研修の対象者は，すぐにその地位から転落してしまいます。しかし，そのとき改めてこの同期を中心としたネットワークに戻れるかといえば，それが非常に難しいのです。

　最近では，とくに不況が長引く折には新規採用の抑制が行われることもあり，同期と呼べるような同期が身近にいない，もしくは中途採用や中途退社が増えていることから誰を同期ととらえてよいかわからないなど，かつてとは同期の重みや意味合いが変わってきているといわれます。それでも，こうしたネットワークの本質的な重要性は変わらないと考えられます。そのため，このネットワークが活用できないままでは，その従業員のその後のキャリアに大きな不利益が生じることが予想されるのです。

　しかも，脱落した従業員は，最初から選ばれなかった従業員以上にモチベーションを低下させるともいわれます。面子が潰れるからという理由もありますが，選抜型研修として企業が用意したプログラムが土日も奪うほどハードな内容であった場合，すでに十分疲弊している可能性があるためです。現在のところ，選抜対象者の年齢が若いほど，こうした問題は深刻化すると考えられています。

　こうした問題に関しては，安易にその良し悪しを論じるよりも，育成格差をつけることが問題なのか，それとも格差のつけ方に問題があるのかを見極めることから始める必要があるでしょう。

5.5　人材育成に関して存在する格差

○ 企業規模による教育費用などの違い

　これまでも日本企業に人材育成に関する格差がなかったかといえば，けっ

してそのようなことはありません。第4章で確認したように，学歴間の格差，性別間の格差は存在していました。また，そもそも大企業と中小・零細企業とでは，優秀な人材確保の困難度，仕事内容，教育すべき内容のレベルの違いなどがあるため格差という言葉を用いるのは適切でないにしても，教育費用などの違いは存在していました。

たとえば，日本経営協会の「人材白書」によれば，年間教育訓練予算が2,000万円を超える企業は，1,501人以上の規模では半数以上，5,001人以上の規模では95％にも達することが明らかになっています。対象者の人数が増えるため当然といえば当然ですが，1人あたりの教育費に直しても，企業規模が大きいほど恵まれる傾向が見出せます。

結果として，大企業ほど多様な育成プログラムを用意でき，自己啓発活動に対する援助も積極的に行うことができます。自社の研修施設の保有率も，圧倒的に大企業が優位です。こうした物質的もしくは量的な違いに加え，従業員に提供される仕事の質にも違いは生じます。企業規模が小さいほど部下を持てる機会が少なくなりますが，部下を持つということは，その部下に仕事を教えたり，仕事に関する指示を出したりしなければならないため，調整力やマネジメントの視点を養う良い機会となります。また，大企業ほど，徐々にレベルの高い仕事を与えて従業員の能力伸長をはかるという人材育成施策がとれることも明らかになっています。手がけている業務の内容が多岐にわたる幅広いものなので，従業員の成長度合いに応じて，与える仕事のレベルを徐々に上げていくことが可能なためです。

もっとも，不況で新卒採用を抑制した時期には，大企業でさえ，職場に何年も後輩を配属できない状況が続いていました。また，大企業ほど最初はつまらない仕事に甘んじなければならないともいわれるのに対して，中小企業に所属しているからこそ，キャリアの比較的早期から全社的な視点を養う機会が得られることもあります。とはいえ，企業規模が大きいほど，多くの教育投資が行われることは間違いないことといえるでしょう。

○ 学歴による育成格差

　大卒男性と高卒男性との間に賃金差が生じること，その違いは従来の日本企業における異動や昇進パターンの違いに起因することは，第3章および第4章で説明したとおりです。

　図表5.5は，図表5.4でも使用したデータを用いて，就職後に知識を習得した方法のうち，大卒以上と高卒との間で比較的違いが大きかった項目を整理しなおしたものです。ここに用意した項目の中で，高卒のほうが高い数値を示しているのは，「マニュアルにもとづいた仕事の仕方」に関してのみです。このグラフから，一般に大卒のほうが企業から手厚い育成を受けていることがわかります。

　また，従業員規模5,000人以上の企業を対象に，入社3年目の従業員に担当させる仕事内容が3年前と比較しどう変化したかを尋ねた結果が，図表5.6です。仕事・範囲・責任ともに「変わらない」とする企業が多数を占め

図表5.5　学歴による就職後の知識習得方法の違い

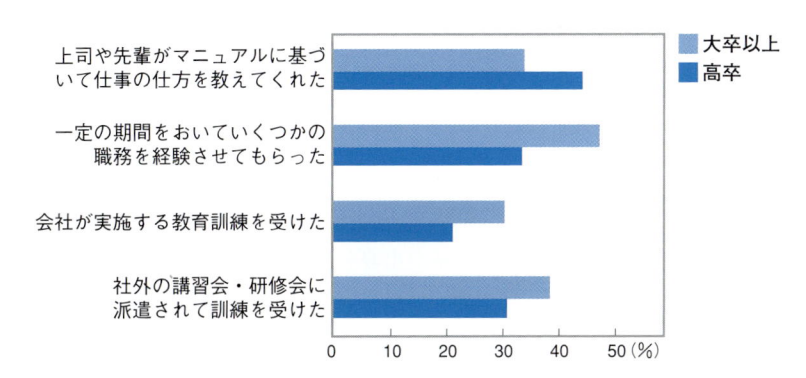

（出所）　特殊法人日本労働研究機構（1996）「企業内教育訓練と生産性向上に関する研究」調査研究報告書No.81，第4章表5をもとに筆者が一部をグラフ化。
（注）　グラフ化するにあたっていくつかの項目を省略した。

図表5.6　学歴による担当業務の性質の違い

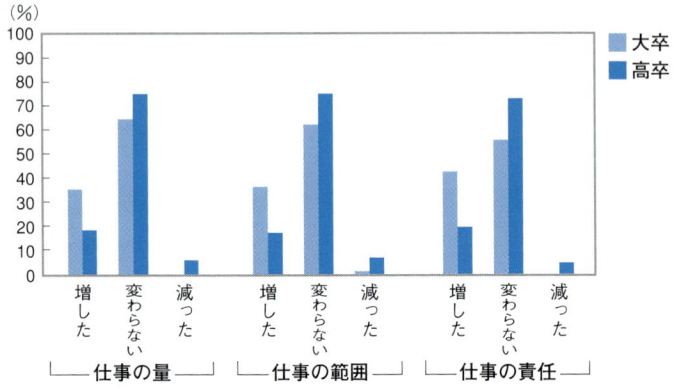

（縦軸：％、0〜100）

仕事の量：
- 増した：大卒 約35％、高卒 約18％
- 変わらない：大卒 約64％、高卒 約75％
- 減った：大卒 約1％、高卒 約6％

仕事の範囲：
- 増した：大卒 約36％、高卒 約17％
- 変わらない：大卒 約62％、高卒 約75％
- 減った：大卒 約2％、高卒 約7％

仕事の責任：
- 増した：大卒 約42％、高卒 約20％
- 変わらない：大卒 約56％、高卒 約73％
- 減った：大卒 約1％、高卒 約5％

凡例：大卒／高卒

（出所）厚生労働省「平成17年度雇用構造調査――企業における若年者雇用実態調査」より筆者作成。

るものの，「増した」との回答は対大卒のほうが多いことが読み取れます。つまり，キャリアの比較的初期から，学歴の差が仕事の与えられ方の差や教育機会の差につながっていることが明白といえます。

　初期段階のみならず，昇進スピードやキャリア到達点の違いも学習機会の格差をもたらします。昇進のたびに用意される階層別研修を受けられる回数が多くなるうえ，役職の上昇に応じて担当する仕事の質が高まり，能力伸長の機会を得られるためです。

　学歴は従業員の能力を的確に示すシグナルの一つであり，こうした格差は当然ととらえる人々もいます。学歴や出身校を尋ねなくても「使える」従業員はすぐわかり，ほとんどが有名大学出身者だったというよく聞く発言も，ある程度の観察事実にもとづくものなのでしょう。実際，大卒者以外に完全に門戸が閉ざされているわけでもなく，第4章で述べたとおり，多くの企業では普通の大卒者とトップ・グループの高卒者との間には激しい競争が成立するような制度設計がなされています。そのため，高卒者でも優秀であれば

最終的に大卒者よりも上のポストに就くことも、けっして珍しいことではありません。しかし一方で、仮に同じ能力を保有していたとしても、学歴の違いはまず初任格付の違いとなって表れるうえ、高卒者が部長や役員になるには大卒者よりはるかに高いハードルを越える必要があるという不平等が存在するのも忘れてはならない事実です。それに加え、ここで確認したように、入社当初から長期にわたって企業内教育に関する格差が存在することになるのです。

　もし仮に、経済的な事情から大学進学を断念した者の中に、潜在的に高い能力の者がいたとしても、やむをえない決断の結果としての低い学歴が障害になり、その長いキャリアを通してこうした育成格差に甘んじ続けなければいけないとすれば、大きな問題であるといえないでしょうか。なぜならそれは、本来は活用・開発可能だった人的資源を企業が十分に活かせないことを意味するからです。

○ 性別による育成格差

　性別による育成格差が存在することも、第4章で言及したとおりです。改正男女雇用機会均等法やそれを踏まえたポジティブ・アクション政策により、女性を役員や管理職に登用する動きは徐々に拡大しています。「労政時報」誌の調査（2007）によれば、大企業を中心にした調査結果とはいえ、女性役員・管理職が1人でも存在する企業は4割から5割に上ります。

　しかし、これも第4章で述べたように、管理職のほとんどは男性で占められているのが現状です。また、21世紀職業財団による同様の調査（2005）は、女性管理職の大部分は「係長・主任相当職」に留まっており、「課長相当職」の女性がいない企業は調査対象の45.5%、「部長相当職」の女性がいない企業は79%にも達することを明らかにしています。高卒男性の場合と同様に、女性には企業内にガラスの天井があるといわれます。大卒男性を凌いで役職上位者になるためには、大卒男性に通常要求されるよりもはるかに

高い能力や実績が求められるためです。このような，女性のキャリアの到達点の低さは，それだけ女性が質の高い仕事経験や企業内研修の機会に恵まれにくいことを示唆しています。

そもそも，一般職はほとんど女性で占められていることは先に述べました。また，第8章で紹介する非正規従業員も女性の割合が高くなっています。本人の希望や実際の職務遂行能力の低さによる育成格差は仕方ありませんが，必ずしも個人の能力と関係のないところでいつしか不利なレールに乗せられている人々が多くなっている場合は，企業側も時にその是非について考えてみる必要があるのではないでしょうか。

格差のつけ方による波紋

ここまで確認してきたように，従来の日本企業でもさまざまな育成格差が存在してきました。それは主に大企業の大卒男性とそれ以外の間に発生するものでした。しかし，そうした格差はこれまであまり問題視されてきませんでした。当事者自身も，その状況を慣習として仕方ないと半ば諦め，半ば当然視していたためと考えられます。

それではなぜ，選抜型研修のような格差のつけ方は，多くの問題を引き起こしているのでしょうか。その理由の第1は，選抜型研修での格差が主として，これまで格差が明示的でなかった大卒男性間に生じていることにあると考えられます。もちろん第4章で述べたように，潜在的な能力や将来の伸びしろに期待して一律に採用された大卒男性に対しても，徐々に暗黙的な処遇差が現れ，それは次第に拡大していきます。しかし，それは最初のうち企業によって明示されるものではなく，従業員が互いの仕事ぶりや担当職務を観察する中，各自の主観によって認識する処遇差にすぎませんでした。そして，そうした各自による差の認識時期自体は早くても，企業による明示は従業員の誰もが納得しうる状態となった長い時間を経た後のことでした。ところが，選抜型研修はこうした従来の格差のつけ方を急激に転換させるものでした。

つまり，比較的キャリアの初期にあたるにもかかわらず，選ばれた者と選ばれなかった者が誰の目からみてもはっきりする事態となったのです。そのため，大卒男性間に大きな心理的な抵抗が生じた可能性があると考えられるのです。候補者から脱落した場合，その人物が面子を失うという事態も，これまでオブラートにくるまれていた格差を明示化されたからこその結果と受け取れます。

第2の理由は，第1とも関連しますが，格差を明示する時期の早さにあると考えられます。実は，選抜型研修の運営はなかなか容易ではないといっても，40代に近い従業員を対象にする場合，比較的順調に進むことも珍しくありません。しかし，20代などの若手を対象にすると失敗の率が高まる傾向がある，といわれます。それはいったいなぜでしょう。

キャリアの初期での幹部候補生の選抜は，対象者にとって今後キャリアの核にしたり，勝負の寄り所とすべき土台がまだ十分にできあがっていない中で実施されます。即戦力を評価する採用方式をとっていればまだしも，第2章で確認したように，これまでの日本企業の大卒男性の大部分は見込み採用です。そのため，選抜時期が早ければ早いほど見込み違いが生じやすくなると考えられ，それが問題を引き起こすのです。

第3の理由は，候補者が入れ替わることによる教育の一貫性，明確な育成方針の喪失です。選考から漏れたり，改めて選ばれたりとメンバーの入れ替わりが激しいと，そこを出入りする人物にとっては教育がまだらになるうえ，自分に対する企業の明確な育成方針が感じられなくなります。それくらいであれば，たとえ一度も選ばれなくても，最初から最後まで変わらぬ教育方針のもとに置かれたほうがよいともいえるのです。とくに，対象者はもともと知識やスキルが白紙の状態から採用された人々ばかりなので，明確な育成方針が示されない場合，それによる能力形成に関する被害は甚大とみられます。

結果として，こうした格差のつけ方は従来と比較し，形だけでも競争に参加できる従業員の割合を減少させていると解釈することができます。これまでは，大卒男性であればたとえ実質的には選考外であっても，しばらくの間

はそれが明示されず，形式上は競争に参加できました。しかし，選抜型研修の選からもれれば，大卒男性でも明らかに自分が対象外であることがわかります。

つまり，近年のこうした制度は，これまでの女性・高卒男性だけでなく選考からもれた大卒男性も含む，いわば組織内の大部分の従業員に対して，将来への希望を失い，努力しても無駄と思わせるような方向に組織をシフトさせるものととらえることができます。しかも，選ばれた側の従業員も，選ばれればそれで万事安泰というわけではありません。将来の幹部候補生として従来以上の激しい競争や余裕ない働き方を余儀なくされるうえ，そこから脱落すれば，今度は落差の大きい状況にも耐えなければなりません。

本来は，可能な限り多くの人が先への希望を喪失しない働き方や，短期的な燃え尽きではなくコンスタントに力を発揮できる状況の実現こそ，従業員の能力を育て，組織の実力を養うのに必要であるはずです。加えて，現在の選抜型研修制度のあり方が，評価・報酬制度の変化とはともかく，採用管理や異動・昇進管理の現状と十分な整合性を持たないと解釈される点も，問題を大きくしていると考えられます。

5.6 育成格差によって被る影響

上記で指摘した，育成格差によって企業や従業員が被ると考えられる影響を，筆者が関与した2種類の調査結果から確認することにします。

まず，キャリアのごく早期に育成格差が生じたケースについて取り上げます。バブル期に入社した従業員（俗にバブル期入社組と呼ばれる）には，使えない者が多いというのが世間の評価でした。その実態を調査・分析したところ（社会経済生産性本部を通じて，東京大学大学院の高橋伸夫教授を中心に実施），確かに，バブル期入社組の学習行動がそれ以外の従業員と比べ，

もっとも振るわないことが確認されました。その原因を探る中で行き着いたのは，バブル期にいったん従業員育成の仕組みが崩壊したという現実でした。バブル期には好景気による業務多忙のあまり，代表的な Off-JT の一つである新入社員教育が大幅に短縮・簡略化されたうえ，新人に対する OJT も不十分なままだったのです。

つまり，バブル期入社組に対しては，本来キャリアのごく初期段階で習得すべき，仕事に対する考え方や組織における価値観，仕事のコツ，技能伝承がほとんど行われなかったと理解されます。その結果，自発的な学習行動に不可欠な組織内地図（コラム参照）も形成されず，使えない従業員としてのレッテルを貼られることとなったと考えられます。この問題の深刻さは，ある時点での育成格差にとどまらず，その影響が長期にわたって継続される点にあります。先でも説明してきたとおり，たとえ，ふるい分けの機会がたびたび用意されていても，一度有能でないと見なされれば，その評価を根本から覆すような卓越した実績を示さない限り，与えられる仕事にも昇進のスピードにも支障が出てしまいます。すると，ますます良質の育成の機会から遠

> **コラム　組織内地図**
>
> 　組織内地図とは，「組織目標の実現のために，組織メンバー一人ひとりがそれぞれの立場から，組織における自己の役割や位置づけを自分なりに理解・解釈している状態」を指します。ヒアリング調査で得られた「企業が欲しいのは，組織の中で自分なりの地図が描け，それをもとに動ける人材」という言葉がヒントとなった，安藤（2001）による造語です。具体的には，①自分の置かれた現状や立場である「現在地」を認識しているか，②目指すべき組織目標である「目的地」を理解しているか，③「現在地」から「目的地」に至るルートを明確にイメージしながら行動しようとしているか，の３点から測定します。
>
> 　この組織内地図が形成できている（地図形成度が高い）従業員ほど，組織で自発的に学習行動をとることができますが，それに対して地図形成の不十分な（地図形成度が低い）従業員ほど学習行動に支障がでることが，調査結果から明らかになっています（詳しくは，安藤史江（2001）『組織学習と組織内地図』白桃書房を参照のこと）。

ざかり，ますます能力向上が難しくなるという悪循環に巻き込まれていくのです。なお，調査対象企業のこうした初期教育の欠如は，バブル崩壊後まもなく，バブル期の反省をもとに正常な状態に戻されています。

続いて，明確な育成方針の欠如が従業員に与える影響を取り上げます。2006年に日本経営協会を通じて，20代の従業員を対象に筆者が実施した調査結果（N＝273）からは，企業の明確な育成方針の存在が従業員の仕事の充実感と密接な関係を持つことが明らかになっています。その結果が図表5.7です。「会社は自分に対して明確な育成方針をもっている」と感じている程度によって，回答者を4つのグループに分け，それぞれが「最近，仕事を通じて充実感を得られた」割合を比較しました。すると，そもそも自社には自分に対する明確な育成方針がある，と回答する人々の少なさにも驚かされますが，同時に，明確な育成方針があると回答した人の95%以上が充実感を得られているのに対し，方針がないと回答した人の35%程度しか仕事から充実感を得られていないことが読み取れたのです。

さらに，従業員に対する企業の育成方針の欠如は，従業員の自発的な学習行動にも負の影響を与えると考えられます。明確な育成方針の有無が，先に触れた組織内地図の概念とどのような関係を持つか分析したところ，得られたのは図表5.8の結果です。明確な育成方針を感じている回答者のうち，組織内地図の形成が不十分な者は1割しかいませんが，育成方針を感じていない場合，地図の形成が不十分な者は4割を超えます。つまり，育成方針を感じられないと，それだけ自発的な学習行動も喚起しにくくなると解釈できるのです。もちろん，一人ひとりの従業員の学習障害は，長期的にみれば組織全体の知の低下にもつながると考えられます。

以上の結果から，育成格差をつけることが一概に悪いわけではないものの，差のつけ方を誤ると，こうした望まない結果に陥る恐れがあることが推測できます。そのため，採用管理など人的資源管理の諸領域との整合性の確保も含めた総合的・長期的な観点から，人材育成の方針を決定・実行することが何よりも不可欠であると考えられるのです。

図表5.7　明確な育成方針の有無と仕事の充実感との関係

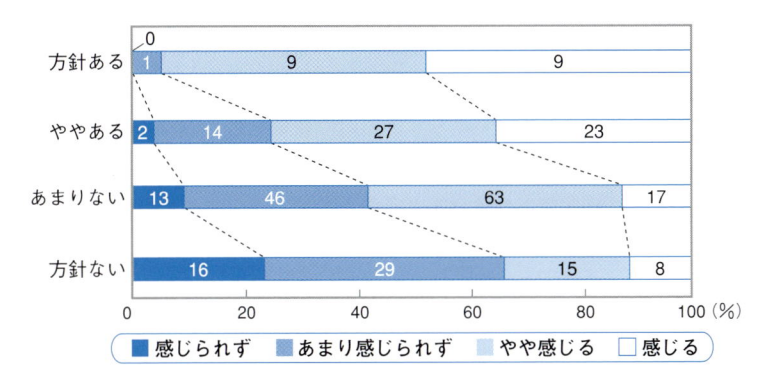

方針	感じられず	あまり感じられず	やや感じる	感じる
方針ある	0	1	9	9
ややある	2	14	27	23
あまりない	13	46	63	17
方針ない	16	29	15	8

（出所）　社団法人日本経営協会「20代の考えるプレミアムな会社研究会」において筆者実施の調査データ（2006）より作成。
（注）　$DF=9$, $\chi^2=54.003$***。数字は各項目に対する回答者数。

図表5.8　育成方針の有無と組織内地図との関係

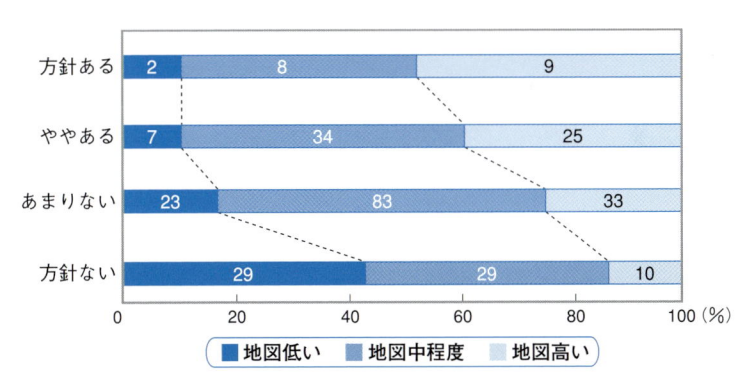

方針	地図低い	地図中程度	地図高い
方針ある	2	8	9
ややある	7	34	25
あまりない	23	83	33
方針ない	29	29	10

（出所）　社団法人日本経営協会「20代の考えるプレミアムな会社研究会」において筆者実施の調査データ（2006）より作成。
（注）　数字は各項目に対する回答者数。

演習問題

5.1　能力形成期の教育投資を行うほど，人材流出のリスクが高まるという議論に対して，あなたは賛成ですか。それとも反対ですか。理由を添えて述べましょう。

5.2　OJT・Off-JT・自己啓発，それぞれの人材育成方法のメリットが最大限に活きるのは，どのような状況のもとでしょうか。また，学習内容や対象者によっても，その効果は変わってくるものでしょうか。具体的に考えてみましょう。

5.3　従業員のキャリア開発・キャリア形成の意識を高めるために，企業として実施できる支援にはどのようなものがあるでしょうか。考えられるものを可能な限り列挙し，それぞれに期待される効果とそのために企業に求められるコストや費用を比較してみましょう。

5.4　アメリカ企業では選抜型の人材育成が比較的順調に受け入れられるのに対して，日本企業では選抜型研修の問題点がいくつも浮上してきています。なぜこのような違いが生じるのか，本章で指摘した理由のほかに考えられるものをいくつか挙げてみましょう。

第 6 章

労働時間と就業環境

　労働条件・労働環境の整備は，従業員が気持ちよく，持てる能力を最大限に発揮しながら働ける状況を提供するうえで非常に重要なことです。本章ではその中でもとくに，労働時間・オフィス環境・福利厚生を順に取り上げ，変化する内外環境の中，それらの施策が従業員にとって望ましい方向に執り行われているかを概観します。あわせて，人的資源管理の中では労働法の制約が比較的厳しい領域でもあるため，法と実務との関係についても検討を加えます。

○ KEY WORDS ○

労働時間管理，36協定，労働時間の柔軟化，賃金不払い残業，育児・介護休業制度，オフィスデザイン，在宅勤務，福利厚生

6.1 労働環境整備の意義

　労働時間やオフィス環境，福利厚生などの労働環境は，第1章でも述べたように，ハーズバーグのいう衛生要因に相当します。これらを整備したからといって，必ずしも従業員の動機づけに結びつくわけではありませんが，劣悪な状態のまま放置していれば，確実に従業員の満足度や労働意欲をそぐ結果につながります。つまり，労働環境を整備することによって，第3章から第5章にかけて取り上げたモチベーション管理のような直接的な影響力は期待できないとしても，間接的には従業員の労働意欲に働きかけ，その持てる力を最大限に引き出す役に立つと考えられるのです。

　人的資源管理の中では，労働環境は労働法などの法律による制約が比較的大きい領域の一つです。従業員の人権を守るためには確保すべき最低限の水準が存在しますが，そうしたあたり前の努力すら怠り，労働環境の整備を単なるコストとしかとらえない企業や，自社の利益を最優先する企業がけっして少なくないためです。そこで，この第6章では主に，労働環境に関する企業の姿勢や諸施策が，従業員の働きやすさや働く喜びに貢献するものになっているかどうかを概観し，それらが労働法で定めた内容とどのような関係を持つのか，検討していきます。

6.2 労働時間管理

○ 法定労働時間と時間外労働時間

　労働基準法では，企業と比較すると弱い立場にある働く人々を，いわゆる

過重労働などから保護するために，使用者の指揮監督のもとにある労働時間の上限を定めています。これを，法定労働時間といいます。かつての上限は週48時間でしたが，1988年の改正労働基準法以後は，1日8時間以内かつ週40時間以内となりました。各企業は，この法定労働時間内で始業・終業時刻，休憩時間を決定し，就業規則に明記します。

　始業時刻から終業時刻までで休憩時間を除いた時間を，所定労働時間と呼びます。所定労働時間には，実作業時間に限らず，作業の間に発生する手待ち時間や，準備・片づけ時間も含まれます。一方，仕事は必ずしも所定労働時間だけで完結するものではありません。所定労働時間を超えて行われた労働時間のことを，時間外労働時間と呼びます。早出や残業，休日出勤が，これに該当します。所定労働時間が法定労働時間に満たなく，その差分のみ労働する場合には法内超勤と呼び，法律的には，法定労働時間を超えて行われた法定外労働時間とは明確に区別されます。

　従業員に法定外労働をさせる場合，企業には割増賃金の支払いが義務づけられます。現在のところ，政令では法定外労働の場合は2割5分以上，休日労働では3割5分以上と定められ，それらが深夜（原則として，午後10時から午前5時までを指す）に及ぶと，さらに2割5分以上の加算が求められます。大企業の場合，割増賃金の支払いが義務づけられていない法内超勤に関しても，法定外労働と同率の割増賃金を支給する企業が多くなっています。

○ 36協定

　時間外労働を従業員に行わせる場合，企業は単に割増賃金を支払えばよいだけでなく，労働者の過半数で構成される労働組合か，それがない場合には労働者の過半数を代表する者と，36協定を締結し，それを所轄の労働基準監督署長に届け出ることが必要です。そこで初めて，時間外労働をさせても罰則を受けない，免罰的効力が発生するのです。なお，36協定とは，労働基準法第36条に規定されていることから生じた通称であり，正式には「時

図表 6.1 時間外労働の延長時間についての上限

	一般の労働者	1年単位の変形労働者
1週間	15 時間	14 時間
2週間	27 時間	25 時間
4週間	43 時間	40 時間
1カ月	45 時間	42 時間
2カ月	81 時間	75 時間
3カ月	120 時間	110 時間
1年	360 時間	320 時間

(出所) 厚生労働省告示(平成10年12月28日, 労働省告示第154号) より。

間外労働および休日労働に関する協定」といいます。

36協定では, ①時間外・休日労働が必要な具体的事由, ②対象となる労働者の数, ③業務内容, ④起算日からの, 1日, 1日超3カ月以内, および1年という3つの期間についての延長時間, ⑤労働させることができる休日, などの明記が求められます。これは, 企業に無制限な労働延長を許さないための措置です。そのうえで, 図表6.1で示すように, 36協定で延長可能な時間の上限も定められています。時間外労働は本来, 臨時的・例外的なものであるべきだからです。

しかし, 36協定を結んでもなお, 業態によっては特別の事情により, この限度時間を超えた時間外労働が必要なこともあります。特別の事情とは, 急な発注による納期の逼迫や突発的な機械の故障などを指します。その場合のために, さらに時間延長が可能な特別条項つき36協定の締結も認められています。もちろんこの場合も臨時であることが大前提のため, 適用回数には制限があり, 限度時間を超えることができるのは1年のうち半分(月単位なら6回, 週単位なら26回)までです。

企業が36協定を締結しても, 原則として時間外労働が認められない人と

図表 6.2　役職別にみた時間外手当の支給状況

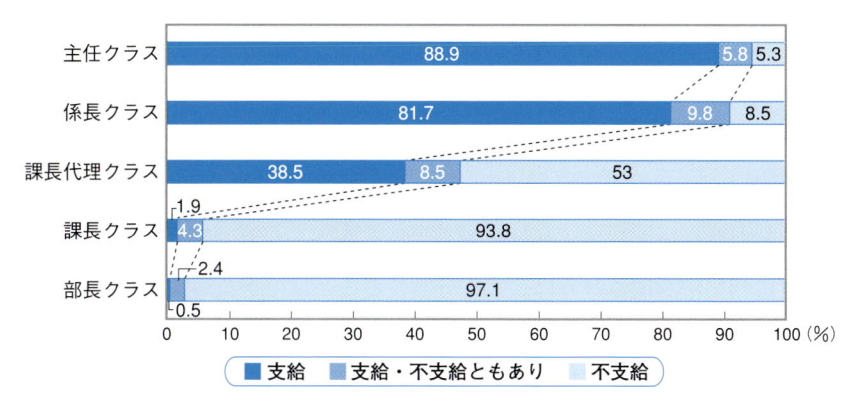

役職	支給	支給・不支給ともあり	不支給
主任クラス	88.9	5.8	5.3
係長クラス	81.7	9.8	8.5
課長代理クラス	38.5	8.5	53
課長クラス	1.9	4.3	93.8
部長クラス	2.4	0.5	97.1

(出所)　財団法人労務行政研究所編（2006）「労政時報」第3688号（「2006年度労働時間総合調査」図表30）より，筆者が一部修正のうえ転載。

して，満18歳未満の年少者や，時間外労働を避けたいと申し出た妊産婦がいます。また，坑内労働など健康上とくに有害な業務に従事している人の場合にも，1日2時間を超える時間外労働は認められていません。その反対に，管理監督職の人々，ほぼ課長クラス以上の人々については労働時間管理の対象から外れ，時間外労働に制限がなくなります。さらに，図表6.2で示すように，時間外手当（残業手当）の支給もなくなります。管理職の仕事内容には権限や裁量があり，自分自身で労働時間を管理できる立場になると見なされるためです。また，新技術・新商品などの研究開発，工作物の建設等の事業や，厚生労働省が指定する，たとえば郵政事業の年末・年始における業務などは36協定の適用対象外とされています。

○ 休憩・休日・有給休暇

　労働基準法では，労働時間だけでなく，休憩時間や休暇についての定めもあります。労働による従業員の心身の疲労回復をはかることが，その目的です。

　まず，休憩時間については，従業員の労働時間が6時間を超える場合は少なくとも45分，8時間を超える場合には1時間を用意しなければなりません。総時間数を確保していれば分割して与えることも可能ですが，従業員による自由利用が制限されるほど短く分割することはできないことになっています。

　一方，休日とは，就業規則等であらかじめ労働義務がないと定められている日のことです。法律では，週に少なくとも1回，就業規則等に明記があれば4週間に4日以上の付与が義務づけられており，それを法定休日といいます。それに対して，週休2日制をとる企業の上乗せ分の1日（たとえば，土日のうちの土曜日）や祝日は法定外休日と呼ばれ，法律上は法定休日と区別されています。厚生労働省の「就労条件総合調査」（2006）によると，何らかの週休2日制をとる企業は調査対象企業の約9割に上ります。そのため，年間休日日数はかつてより増加し，現在では1年の3分の1にあたる「120日以上」が休日，という企業が約7割に達します。

　年次有給休暇（いわゆる年休，俗には有休とも呼ばれる）とは，入社後6カ月以上継続して勤務し，かつ全労働日の8割以上出勤した者に対して与えられる権利です（平成6年4月の法改正以前は入社後1年以上でした）。図表6.3のように，フルタイム勤務の従業員の場合，最短で10日分付与され，勤続期間に応じて20日分まで徐々に増加します。例を挙げれば，ある年の4月1日に入社した従業員が初めて年休として10労働日を付与されるのは，入社後6カ月を過ぎたその年の10月1日となります。その日を基準日と呼び，10日間の年休はその日から1年間分として支給されたものです。そして1年経過後，すなわち，入社後1年6カ月経過したとき，再び年休支給の

図表 6.3　勤続年数別，年次有給休暇の付与日数

勤続年数	一般従業員の場合	パートタイム労働者の場合			
		週4日 年169〜216日	週3日 年121〜168日	週2日 年73〜120日	週1日 年48〜72日
6カ月	10日	7日	5日	3日	1日
1年6カ月	11日	8日	6日	4日	2日
2年6カ月	12日	9日	6日	4日	2日
3年6カ月	14日	10日	8日	5日	2日
4年6カ月	16日	12日	9日	6日	3日
5年6カ月	18日	13日	10日	6日	3日
6年6カ月以上	20日	15日	11日	7日	3日

要件を満たしていれば，今度は前回より1日多い，11労働日が新たに年休として付与されることになります。

　企業側は従業員から年休の請求があれば，大勢の人が一度に申請した，もしくは急な代替要員の確保が困難など，事業の正常な運営に支障が出る場合以外は，原則としてその申し出を認めなければなりません。反対に，年休が余る場合は翌年度まで繰越可能ですが，日本企業では消化しきれない状態が何年も続いている人が少なくありません。

　たとえば，中央労働委員会が従業員規模1,000人以上の企業を対象に行った「2006年賃金事情等総合調査」では，女性の取得率は「80％台」(28.4％)とする回答が最多であるものの，男性の取得率は「40％」(17.9％)，もしくは「30％未満」(17.0％)が多くなっています。なかには，ほぼ0％という従業員すら存在します。そこで最近では，「まとまった」休みを「従業員の意思」にもとづいて取得し疲労回復をはかるという本来の趣旨からは外れますが，一定の要件を満たせば半日もしくは時間単位という細切れの年休付与を行う特例措置や，企業が半ば強制的に年休をとらせる計画的付与も認められるようになってきました。

なお，1週間の労働時間が30時間未満，かつ週の所定労働日数が4日以下（これは，1年間で216日以下に相当すると考えられています）のパートタイム労働者の場合も，フルタイム労働者と同様の条件を満たすと，有給休暇の比例付与が行われます。その具体的な日数は，一般労働者の週所定労働日数を5.2日と見なし，「一般労働者の年次有給休暇日数×パートタイム労働者の週所定労働日数÷5.2日」で算出されます。

　このほか，特別休暇と呼ばれる慶弔休暇や配偶者の出産休暇，子どもの看護休暇，夏季休暇，病気休暇，リフレッシュ休暇，ボランティア休暇などもあります。一般に，大企業ほど休暇制度が整備されている傾向があります。

○ 労働時間の柔軟化(1)：変形労働時間制・フレックスタイム制度

　総労働時間は変わりませんが，企業にとっては効率化や生産性の向上を，従業員にとってはワーク・ライフ・バランスの実現や働きやすさの向上をはかるために，労働時間柔軟化の取り組みも進んでいます。柔軟化の取り組みにはさまざまなものがありますが，なかでも企業規模の違いを問わず高い導入率を示すのが，変形労働時間制です。

　変形労働時間制とは，特定の期間内のある時点で法定労働時間を超えたとしても，均してみて，すなわち，その期間の平均労働時間でみて法の枠内に収まっていれば良しとする働き方です。時期によって労働時間が不規則になるデメリットもありますが，小売業や接客業など，季節や曜日に左右される繁閑の激しい業種には比較的適していると考えられます。もっとも，場あたり的な変形が可能なわけではなく，法で認められた範囲内で事前に就業規則等に変形期間の労働時間を定めたうえで，労働基準監督署に届けることが必要となります。変形期間の単位には，1年・1カ月・1週という3タイプがあります。たとえば，1週間単位の変形労働時間制に関しては，特定の時期や曜日が忙しくなる常時30人未満の労働者を抱える小売業や旅館，飲食業などが対象となります。認められると，1週40時間の枠内で1日10時間ま

での労働が可能とされます。大企業の場合には，1カ月単位のものがもっとも多く利用されています。もちろん，いずれの場合も週1日の法定休日を確保することは必要条件です。

従業員1,000人以上の大企業で導入が進んでいるフレックスタイム制度も，変形労働制の一種です。フレックスタイム制度とは，保育園への送り迎えなどの生活上の必要性や仕事の進捗状況にあわせて，始業・就業時刻を従業員が主体的に決められる制度です。労働時間は，全員に出勤の必要があるコアタイム（たとえば，午前10時から午後3時まで）と，それ以外のフレキシブルタイムで構成され，従業員に自由度が認められているのは後者に対してです。この制度は時差通勤も可能にするうえ，自ら労働時間を設計したい人にはおおむね好評です。しかし，チームメンバーが確実に揃うのはコアタイムだけになる，すれ違いが多くなるため上司と部下とのコミュニケーションの時間が半減する，取引先が電話してきてもそれがコアタイム以外だと担当者が不在の可能性もあり迷惑をかける，など，さまざまな懸念も示されており，運用にあたっては工夫が求められています。

○ 労働時間の柔軟化(2)：みなし労働時間制

変形労働時間制やフレックスタイム制よりさらに一歩踏み込んだ制度として，みなし労働時間制があります。みなし労働時間制とは，労働時間の正確な把握が困難な業務や，労働時間の多寡が成果と相関を持ちにくい仕事に適用されるもので，実際の労働時間が多くても少なくても，原則として所定労働時間分，労働したものと見なす制度です。2004年時点の平均導入率はまだ1割程度ですが，企業規模が大きくなるほど，2割から3割程度まで導入率が高まる傾向が見出せます。

みなし労働時間制には，事業場外みなし制と裁量労働制の2種類があります。前者は，いったん外に出てしまうと指示や時間管理がしにくい，外回りの営業担当者が主な対象です。また，後述する在宅勤務者のように会社以外

の場所で仕事をする人々も，これに該当します。一方，裁量労働制とは，事業場外みなし制と異なり在社の義務はありますが，業務の遂行手段や時間配分に関する裁量を認めることで，それによる創造性の喚起や労働意欲の向上をはかるものです。

　裁量労働制は，その業務内容によってさらに，専門業務型と企画業務型の２種類に分かれます。専門業務型の対象は具体的には，図表6.4で示すように，研究開発やシステム開発など省令で具体的に定める5業種と，公認会計士や弁護士など省令を根拠に厚生労働大臣が指定する14業種の19業種です。一方，企画業務型は，事業運営において重要な企画立案を現在担当しており，かつ，対象業務を適切に遂行するための知識や経験を持っていると見なされた従業員が対象となります。もう少し具体的にいえば，本社や事業本部で自社全体の経営状態や経営環境などについて調査・分析を行い，それにもとづいて事業戦略や計画を策定する業務に携わっている者が，これに該当します。

　みなし労働時間制度は，従業員の主体性に任せた働き方が可能というメリットを持つ反面，働きすぎを招いたり，実際の労働時間に関係なくみなし時間で賃金を支払うため，単なる人件費抑制の手段として利用される恐れがあります。そこで，そうしたマイナス面を抑制するための対策が不可欠となります。具体的には，業務配分や１人あたりの業務量を見直し，特定の人に仕事が集中しないよう配慮したり，ICカードやパソコンのログオン・ログオフ時刻などの客観的な記録が従業員自身の申告を超過していないかなど，上司が適宜チェックすることが求められます。また，従業員の勤務状況や健康状況を観察した結果，健康を損なう恐れや制度適用以前と比較して過度に業務を抱え込んでいる様子がみられたら，たとえ裁量労働制適用期間であっても，いつでもその従業員を対象から外す決断も求められます。こうした適切な運用のためには，まず管理職教育を行い，制度に対する管理職の十分な理解をはかっておくことが基本となります。

図表6.4　専門業務型裁量労働制の適用対象者

省令で定める業務

① 新商品・新技術の研究開発，人文科学・自然科学に関する研究業務
② 情報処理システムの分析・設計業務（プログラマーは含まれない）
③ 新聞・出版事業における記事の取材・編集業務，放送法等に基づく放送番組制作のための取材・編集業務
④ 衣服・室内装飾・工業製品・広告等の新たなデザインの考案業務
⑤ 放送番組・映画等の製作事業におけるプロデューサー・ディレクターの業務
⑥ その他，厚生労働大臣が指定する業務

⑥に基づき厚生労働大臣が指定する業務

① 広告・宣伝等における商品等の内容・特長等に関する文章案の考案業務
② 事業運営において情報処理システムを活用するための問題点の把握，その活用方法に関する考案・助言の業務（いわゆる「システムコンサルタント」の業務）
③ 建築物内の照明器具・家具等の配置に関する考案・表現・助言の業務（いわゆる「インテリアコーディネータ」の業務）
④ ゲーム用ソフトウェアの創作業務
⑤ 有価証券市場における相場等の動向・有価証券の価値等の分析・評価，投資に関する助言の業務（いわゆる「証券アナリスト」の業務）
⑥ 金融工学等の知識を用いて行う金融商品の開発業務
⑦ 大学における教授・研究の業務（主として研究に従事するものに限る）
⑧ 公認会計士の業務
⑨ 弁護士の業務
⑩ 建築士の業務
⑪ 不動産鑑定士の業務
⑫ 弁理士の業務
⑬ 税理士の業務
⑭ 中小企業診断士の業務

(出所)　財団法人労務行政研究所編（2006）「労政時報」第3688号（「裁量労働制をいかに活用するか」図表1）より抜粋。

◯ 労働時間の柔軟化(3)：短時間勤務制度

　育児・介護中の従業員による利用率が高い制度として，短時間勤務制度もあります。短時間勤務制度とは，育児休業として長期の休業をとる代わりに，1日あたりの勤務時間を短縮して働き続ける制度です。法では，3歳未満の子を養育している従業員や要介護の家族を持つ一定条件を満たした従業員などを対象に，その支援を目的として何らかの勤務時間短縮措置の導入を義務づけています。短縮措置の例としては，始終業時刻の繰上げ・繰下げ，フレックスタイム制度，所定外労働の免除などが上げられますが，その中でもっとも利用されているのが，この短時間勤務制度です。

　企業における短縮時間の実態は，1日あたり1時間から2時間程度という短いものがもっとも多いようですが，それでも，長期休業によるキャリアの中断を恐れる従業員や，周囲に迷惑をかけることを恐れ長期休業の取得に躊躇している従業員には好評です。前述のように法が義務化しているのは3歳未満の子を持つ従業員に対してですが，企業が育児中の従業員に制度運用上の要望を調査したところ，保育園より小学校入学後のほうが子どもの下校時間が早くなることから，前者の時期はもちろんですが後者の時期のほうがむしろ短時間勤務へのニーズが高いことが明らかになっています。そのため，法定基準を上回る「小学校3年まで」の利用を認める企業も徐々に増加しています。

　優秀な従業員の，育児を理由にした本来望まない離職を少しでも防止するため，こうした短時間勤務制度と合わせて，事業所内託児施設を運営する企業も増えています。ただし，企業の所在地が都心にあり，乳幼児をそこまで連れて行くこと自体が現実的でない場合などには，施設はあってもほとんど利用されない実態もあるため，形だけでなく従業員の真のニーズをつかむ必要性が指摘されています。

6.3 労働時間管理をめぐる実際

◯ 蔓延する長時間労働

　ここまで確認してきたように，従業員の労働時間や休暇に関しては法規制が存在し，企業もそれを可能な限り遵守しているようにみえます。実際，日本企業の従業員は働きすぎという諸外国からの長年の批判を受け，1992年には5年間の時限立法（2回延長）として，年間総実労働時間1,800時間を目標とする，時短促進法（労働時間の短縮の促進に関する臨時措置法）も制定されました。その結果，厚生労働省の「毎月勤労統計調査」によれば，1960年代には2,300時間を超えていた労働時間は年々短縮し，2005年には1,802時間になるなど，限りなく目標値に近づいたといわれています。しかし，現実はまったく異なるとの批判があります。

　その根拠として真っ先に挙げられるのは，前述の毎月勤労統計調査は一般従業員だけでなく，パートタイム労働者の労働時間も合算した数値だという事実です。第8章でも述べるように，パートタイム労働者の割合は年々増加しています。そのため，平均値が押し下げられているというのです。確かに，一般労働者のみの年間総実労働時間は現在でも2,000時間を超えており，パートタイム労働者の約2倍となっています。

　第2の根拠は，事業所を調査対象とする「毎月勤労統計調査」と，働く個人に直接尋ねている総務省の「労働力調査」の間に存在する大きな時間的ギャップです。もし後者を全面的に信頼するならば，かなりの隠れ長時間労働が行われているととらえることができます。たとえば，図表6.5は，2005年6月の1カ月間の超過労働時間を性別・年齢別に比較したグラフです。超過労働時間はゼロと回答する者もいる一方で，大半の回答者は残業していることがわかります。合わせて，女性より男性に長時間労働の傾向が強いこと，

図表 6.5　年齢・性別からみた 1 カ月の超過労働時間の状況

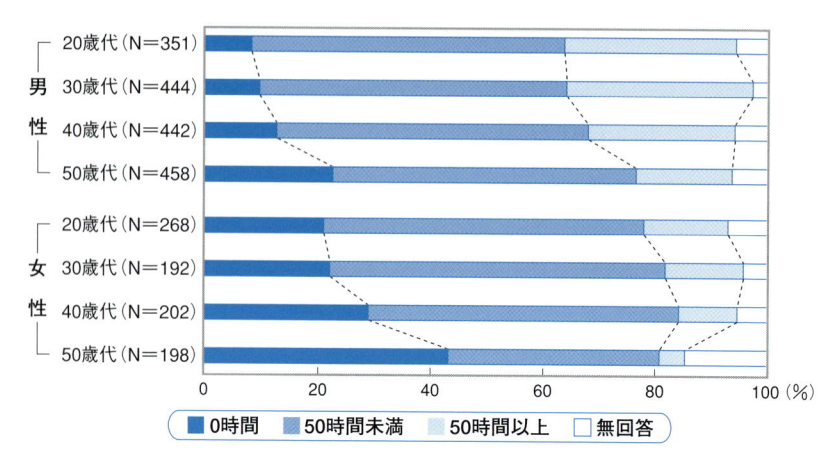

（出所）独立行政法人労働政策研究・研修機構（2005）「日本の長時間労働・不払い労働時間の実態と実証分析」労働政策研究報告書 No.22，p.48 第 2-2-16 表をもとに筆者がグラフ化。
（注）2005 年 6 月が調査対象期間。

　なかでも 20 歳代から 40 歳代の男性の場合，約 3 割は<u>超過労働</u>が月 50 時間以上にも上ることが明らかになっています。

　36 協定による時間外労働の上限が 1 カ月 45 時間であったことを思い出すと，それが十分に遵守されていない可能性が強く示唆されます。実際，2005 年に東京都産業労働局が行った調査では，36 協定を「厳守している」との回答は 35％にすぎないという，衝撃の事実が判明しています。また，この裏返しとして，連合総合生活開発研究所の「第 13 回勤労者短観」（2007）によれば，80 時間以上の時間外労働をする従業員の 5 人に 1 人は，1 年間にただの 1 日も年休を取得していないとの結果が得られています。

◯ 長時間労働が発生する理由

それでは，なぜ法で認められていない長時間労働が日常的に発生してしまうのでしょうか。残業理由を調査すると，上司の命令にもとづいてというより，「時間内に仕事が終わらなかった」「自分にしかできない仕事のため」「より納得のいく内容に仕上げたい」など，一見，従業員による自発的な理由が並びます。

しかし，言うまでもなく，その背後には構造的な問題が存在します。たとえば，突発的事項が発生しやすい業務を担当している場合や，慢性的な人手不足が生じている場合は担当者の問題ではないため，誰が代わっても同じ状態に陥り，いつまでも改善しえないでしょう。同様に，労働時間と比較して担当している仕事の量が多すぎる場合も，残業はなくなりようがありません。ノー残業デーによる残業の増加は，その典型例です。ノー残業デーとは，時短促進法の後を引き継ぎ 2006 年 4 月に制定された，労働時間等設定改善法（労働時間等の設定の改善に関する特別措置法）による労働環境改善提案の一つで，週に 1 回その日だけは残業せず帰社することを定めた制度です。その日だけは確実に早く帰ることができると評価する声がある一方，必ずしも仕事量の減少を伴わないため，ノー残業デーで早く帰社する分だけ他の日にしわ寄せがくるとの不満が多数寄せられています。また，仕事が片づかないため，やむをえずノー残業デーに仕事をした場合，本来会社が禁止していることを自らの意思であえて行ったという形になり，残業代を請求できないという現実もあります。つまり，このような表層的な改善だけでは，ほとんど意味がないことがわかります。

別の視点に立てば，他の従業員が残業しているのに，自分だけ早く仕事を切り上げるのにはかなりの勇気が必要です。たとえ，時間内に仕事が終了したために残業しなかったとしても，一見怠けているようにみえることで情意評価に響いたり，組織内での出世を希望していないように周囲から受け止められる可能性があります。さらに，その仕事が十分な成果に結びつかなかっ

> **コラム** ホワイトカラー・エグゼンプション
>
> 　ホワイトカラー・エグゼンプションとは，職務内容が自己裁量的で一定水準以上の年収のあるホワイトカラーに対して，ブルーカラーのような時間管理にとらわれず，より自律的な働き方が可能になるよう，労働時間管理の適用除外にしようとの制度です（ただし，該当者本人の同意がある場合に限ります）。この制度のもとでは，労働時間にかかわらず給与は定額となります。そのため，非効率な仕事遂行の結果による残業代を支払う必要がなくなり，企業側にとっては人件費の抑制につながるうえ，従業員にとっても自らの働き方を見直す良い機会になると，導入推進派は主張しています。
>
> 　しかし現実には，優秀な人ほど仕事が集中・殺到するために残業せざるをえない状況があります。したがって，こうした状況自体の改善がないままの導入は，単にサービス残業の増加や労働強化を招くだけで，従業員の使い捨て以外の何ものでもないと多くの批判・反対意見を集めています。その結果，現在のところ導入は見送られていますが，経営者の従業員に対する考え方・姿勢が問われるという意味で，今後その動向が気になる制度です。

た場合には，まったく因果関係がなかったとしても，残業しなかったことが努力不足の根拠とされかねません。最近，論議を呼んでいる**ホワイトカラー・エグゼンプション**（コラム参照）の推進派は，こうした問題の改善も制度導入目的の一つに挙げています。

　ところで，実は一般従業員以上に長時間労働をしているのが管理職（主としてライン管理職）です。ある調査によれば，とくに「係長・主任クラス」「課長クラス」に該当する層が，俗に**風呂敷残業**とも呼ばれる**持ち帰り残業**を含め，際立って長時間の残業をしていることが明らかになっています。したがって，図表6.5で確認したように，20代から40代の男性の超過労働時間の平均値が高いのは，その層にこれら係長・課長クラスが相対的に多く含まれているためと考えてよさそうです。

　管理職に長時間労働が多い理由の一つは，管理職には業績を始めとするその部課のすべてに責任を持つことが求められることが挙げられます。実際，管理職ならば長時間労働も当然という感覚が，企業はもちろん管理職自身に

も存在しています。激しい競争に晒されている分，管理職によるそうした感覚や意識は，一般従業員以上に強いのです。また，前述のように，36協定の適用対象外であるため残業代の支払いの必要がないことも大きく働いていると考えられます（深夜手当の支払いは，法的に必要）。

　しかし現実には，チェーン店の店長のような，実質的な権限を伴わないのに人件費の削減を主目的とした名ばかり管理職も多いことが，近年大きな社会問題になっています。それでなくても，成果主義的発想が強まる中，その負荷の過大さからライン管理職になりたくないと考える従業員が増えつつあるのです。法を遵守せず，一般従業員に長時間労働をさせることも問題ならば，法の制限がないからといってライン管理職に過大な負担を背負わせるのも，同様に問題といえます。貴重な人的資源を破壊することにつながる恐れがあるためです。仮に，企業側がそうした意図をまったく持たないにもかかわらず，従業員が自主的に連日過度の労働をし，それが明らかに心身両面での疲弊や苦痛をもたらしているようにみえるのであれば，やはりその場合でも企業には責任があると考え，何らかの改善措置を講ずるべきです。

　山崎（1992）は，長時間労働が週50時間超えると健康被害が生じやすくなると論じています。同様に，疲労を訴える割合もその時間を境に5割を超えることがわかっています。従業員がそのような状況に陥れば，当然，生産性や組織活力の低下につながります。そこで，2006年4月に行われた労働安全衛生法の改正により，週40時間を超える労働が1月あたり100時間を超え，かつ疲労の蓄積が認められる労働者が申し出た場合は，管理職・一般の区別なく，産業医による面接指導とその後の適切な措置が義務づけられることになりました。過度の労働の原因が，企業側による場合ばかりでなく，主に本人の性格や考え方に起因する場合もあることは否定できませんが，それでも企業には長時間労働が発生する根本原因の究明をし，制度設計や運用を見直すことが求められるのです。

◯ 賃金不払い残業問題

　長時間労働以上に深刻で根の深い問題が，それに伴って生じやすい，賃金不払い残業（いわゆるサービス残業）です。残業代支払いの対象外である管理職を除いた調査結果からも，超過労働時間が長いほど賃金不払い残業時間が長くなる傾向のあることが明らかになっています。このサービス残業は，どの企業においてもごく日常的に行われているのが実態ですが，明確な法律違反といえます。

　不払い残業の発生形態としては，従業員による残業代の過小申告や自宅への持ち帰り残業，残業代の足切り，代休をとれない，などが確認されています。残業代の足切りとは，残業代の計算を行う際，実際の時間にもとづくのではなく，たとえば30分以下は切り捨てとするなどの企業側の行為を指します。また，不払い残業を実施した理由を従業員に尋ねると，「残業代を申請しても上限が決まっており，それを超える分は認められない」「そもそも残業代を支払うという発想が会社側にない」「正しく申請すると（時間内に仕事をこなせないとは）能力不足と受け止められたり，査定に響く」などが上位に挙がります。

　不払い残業が発覚すると，罰金を支払うだけでは済まず，これまでに不当に免れてきた割増賃金を従業員に対して支払うことが求められます。また，違反企業として社名を公表されることで，企業イメージも大きく損なうことになります。

　それでも，厚生労働省の発表によると，2005年4月から2006年3月の1年間で，この件に関する法違反で是正勧告を受け，合計1,000万円以上の割増賃金の是正支払の対象となったのは293企業にも上ります。対象労働者数でいえば10万6,790人，割増賃金の合計額では196億1,494万円にもなります。

　こうした実態を改善するため，罰金の額や割増賃金の率を上げるという提案があります。しかし，企業の収益が変わらず，こなすべき業務量に変化が

ないとしたら，法の基準を厳しくすればするほど収益に比べ費用の増加を招くことになります。その結果，ますます不払い残業は水面下に潜って活発になるだけだろうとの懸念も存在するのです。

○ 育児休業の取得状況

　長時間労働が問題視される一方，最近の世の流れとして今後いっそうの拡充を求められているのが，育児・介護休業制度です。この制度は，働く人々の育児・介護と仕事の両立，とくに既婚女性の出生率や就業継続率の向上を目指した支援制度です。1995年に成立した育児・介護休業法（育児休業，介護休業等育児又は家族介護を行う労働者の福祉に関する法律）にもとづくものです（育児休業法自体はそれ以前からありましたが，この年，介護も含めて統合されました）。男女を問わず，育児休業の適用対象者が休業開始予定日の1カ月前までに休業申請を行った場合，原則として同一の子につき1回，その子が1歳に達するまでの連続した期間を休業することができます。また，もし1歳に達しても，保育所に入所できない場合や養育予定の配偶者が死亡や疾病などの事情で養育困難になった場合は，子が1歳6カ月に達するまで休業期間を延長することができます。

　それでも，日本企業での取得状況は，まだけっして十分とはいえません。育児休業の取得は，該当する従業員に付与された権利であるため，原則として取得に強制力のある産前・産後休業（産休）とは異なり，必ず取得しなければいけない性質のものではありません。そのため，取得しないという選択肢も十分にありえます。しかし現実には，妊娠判明から出産直前までに，子どもができたことを理由として離職する女性はまだ6割以上にも上るといわれます。厚生労働省の「平成18年度女性雇用管理基本調査」では，女性の育児休業取得率は88.5％と高い数値を示していますが，この計算にあたっては，現在会社に在籍する1歳未満の子を持った女性を分母とし，その中で育児休業を取得した数を分子とします。そのため，それまでに退職した人は

もちろん，未婚者や既婚者でも子どもを持つことを望まない人，キャリアを考えて断念した人，子どもができない人などはすべて計算から除外されているのです。したがって，この数値がどれだけ現実を正しく映しているかは疑問といわれています。

○ 育児休業取得を妨げる理由

女性と比較すると，男性の育児休業取得率は圧倒的に低く，1％を切っているのが現状です。こども未来財団による子育てに関する意識調査（2000）によると，「機会があれば取得する」と「希望はあるが，現実的には難しい」などと，育児休業に関して何らかの希望を表明する男性は合わせて約4割もいます。しかし，配偶者が育児に専念できる状況にある（たとえば専業主婦などの）場合は，育児休業制度の対象外とする企業が8割に上るうえ，育児休業該当者でも「周囲に迷惑をかける」「周囲の理解を得るのが難しい」「昇進への影響が心配される」ことを理由に断念する者が大半です。実際問題として，休業により勤務実績のない期は最低レベルの人事考課結果を受けたり，その間は昇進要件の年数を満たさないとして昇進が同期より遅れたりと，昇進への影響が大きいことは否定できません。同様に，ようやく仕事に脂がのってきた時期に，社会から隔離され，仕事にブランクができること自体への個人的な恐怖も大きな原因となっています。

育児休業中に所得の心配があることも大きな障害といえます。雇用保険等により，育児休業基本給付金と職場復帰から6カ月後に支給される育児休業者職場復帰給付金をあわせて，休業前賃金の約4割（ただし，2007年3月31日以降に職場復帰した人から2010年3月31日までに育児休業を開始した人に関しては，時限措置として5割）が保証されますが，その一方で企業からの給与はその期間無給となることも少なくなく（産休の場合は有給であることが多くなっています），所得保障の手厚い北欧諸国とは比較にならないのが現状です。当然給与だけでなく，賞与や第7章で取り上げる退職金の

算定にも影響が出てきます。

さらに，子1人につき1回，しかも連続しての休業しか認められない点も問題視されています。というのも，2週間程度の短期間の育児休業を複数回，とくに第2子以降の誕生時にまだ幼い上の子の世話をするための短期間の休業については，男性からの要望・ニーズもないわけではないのですが，今現在の法はそれに対応する内容になっていないのです。

その結果，2005年施行の次世代育成支援対策推進法では，計画期間中に各事業所で1人以上の男性育児休業取得者を実現する，などを目標に掲げているものの，自発的な取得者がいないため，該当者を探し出してようやく目標の数合わせをするという本末転倒なことを行う企業すらあったといわれます。しかし，上記のように育児休業取得のデメリットが圧倒的に大きければ，どうしても取得せざるをえない状況に追い込まれた従業員は別として，そのような権利を積極的に行使したいと考える者はけっして増えないことでしょう。

こうした問題を解決すべく先進的な企業では，休業からの復帰にあたっては，男女を問わず休業中の最低レベルの人事考課ではなく，休業前の満勤時（各企業で定めている月〇〇日以上勤務という条件を満たすこと）の人事考課結果を活用して処遇を決定したり，通常者とは別枠での取り扱いをするなど，休業したという事実が不利に働かないよう工夫を始めています。たとえば，対象となる男性全員に最大2週間の休業を義務づけて極力個人差をなくそうとしたり，育児休業の最初の数日間は有給にする企業も現れています。

ただし，育児休業を申請する可能性のある従業員の年齢は，まさに年休もとれず週50時間を超える残業を繰り返している世代，そして今まさに仕事に脂がのってきた世代とある程度一致します。そうした，残業しなければ日々の業務を片づけられず年休すら取れないほど多忙な人々が，果たして育児休業をとる余裕があるのか，という問題は依然残ります。ようやく面白みのある仕事や責任ある仕事を任せられ始めた人々についても同様です。また，妻が専業主婦の場合は育児休業の対象外とするのも，取得促進とは矛盾する

内容です。多くの企業では，専業主婦の妻のいる男性には，育児休業取得の「権利」がないわけですが，そうした人が従業員の大半を占めるならば，たとえ先進的な企業の例でみられた配慮があっても，育児休業の取得は，取得しない大部分の従業員と比較してキャリア上での大きな不利となりえます。それに加え，上述したような経済的な不利益もつきまとうのです。

　長い人生における育児経験の重要性を否定する人々は少ないと考えられますが，こうした点を根本的に解決しない限り，男女を問わず，本気で育児休業の取得を促進できるとは受け止められません。大切なことは，制度を表面的に取り繕うことではなく，あらゆる観点からみて実質的に，本来取得したいと考える人々が躊躇なく取得できる体制・状況になっているのかを考えることであるといえそうです。

○ 介護休業の取得状況

　一定の条件を満たした従業員であれば，法で認められる対象者に対する介護休業の申請ができます。認められる範囲は，父母や子，同居しかつ扶養している祖父母，兄弟姉妹および孫です。2005年に改正育児・介護休業法が施行されたことにより，それまで最長3カ月まで1回と制限のあった取得回数が，要介護状態に至るごとに1回，通算で93日まで認められるようになりました。

　しかし，常用労働者に占める介護休業取得率は0.04％と低いままです。取得を躊躇させる理由は，育児休業の場合とほぼ同様です。まず，職場の理解が得にくいことや，その期間仕事から離れ社会から隔絶されてしまう不安が挙げられます。そして，介護に関する支出は増えるのに介護期間中は無給になること，しかもその期間の社会保険料の支払いは本人負担であることなど，やはり金銭面の不安を中心にした理由が多く挙がります。一方，そうした不利益を乗り越えて実際に取得した人々からの要望としては，介護対象者の範囲を広げ，同居や扶養の区別をなくしてほしいというものや，介護休業

の上限である3カ月が過ぎた後にも短時間勤務制度などの援助措置を講じてほしい，などがあります。現行の制度では，上限期間内に復職した場合，事業主に短時間勤務措置が義務づけられるのはその残り期間分のみです。しかし簡単な病気の場合と異なり，介護自体は復職後も延々と続くのが通常です。そのため，休業ではなく，仕事をセーブしながら両立できる働き方が強く望まれています。もっとも，企業規模の大きいところほど，自主的に救済措置を整備する傾向があります。

なお，育児休業・介護休業の取得者が発生した場合，その間の企業としての対応を比較したのが図表6.6です。基本的な姿勢としては，欠員補充を行わず，同じ部門の他の従業員で対応していることがわかります。こうした現実が，「周囲に迷惑がかかる」という回答に結びつきやすいのかもしれません。一方，介護休業とは異なり，育児休業では派遣労働者による代替が増加傾向にあります。この違いは，休業期間の違いというよりは休業取得者の担当業務の違いを反映していると考えられます。企業規模が大きくなるほど，介護休業を育児休業期間と同じ1年程度まで認める企業が増えている一方で（厚生労働省の「平成17年度女性雇用管理基本調査」によれば，500人以上

図表6.6　育児・介護休業取得者がある場合の企業の対応

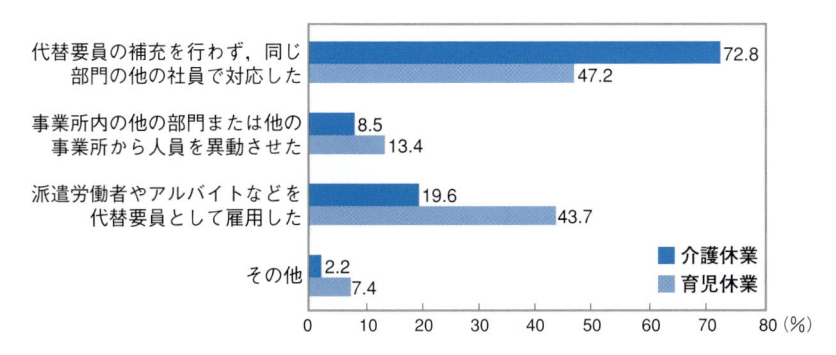

	介護休業	育児休業
代替要員の補充を行わず，同じ部門の他の社員で対応した	72.8	47.2
事業所内の他の部門または他の事業所から人員を異動させた	8.5	13.4
派遣労働者やアルバイトなどを代替要員として雇用した	19.6	43.7
その他	2.2	7.4

（出所）厚生労働省「平成17年度女性雇用管理基本調査」をもとに筆者作成。

の企業では 46.2%），介護休業の取得者の平均年齢は育児休業取得者より高く，そのうち3割は男性が占めるからです．

6.4 オフィス環境

◯ ワークプレイスの改善

　第8章の安全衛生管理でも述べるように，騒音や臭気，安全，採光，空調に注意を払い，快適な状態に職場を維持管理することは，法で定められた企業側の最低限の義務です．しかし現在では，従業員のモチベーションや知的生産性を高めるために，それ以上のことが求められるようになっています．

　たとえば，今でも多くの企業でみられる机を田の字型に並べたレイアウトや装飾を極力省いた職場は，従業員が業務に専念し，管理職が従業員の進捗状況や様子を把握するうえで非常に効率の高いものでした．しかし，従業員に単なる作業ではなく，知や付加価値を生み出す働き方を求めるとなると，より快適で働きやすく，かつ企業のビジョンを常に体感できるような職場デザインの工夫が求められるようになります．

　Gooリサーチが2006年に実施した「オフィスデザインに関する調査」によると，従業員からもっとも要望が高いのは，くつろげて従業員同士の会話を促進するような，きれいで明るい「リフレッシュルームやアトリウムの設置」であり，それに「ライブラリなどの情報収集スペースの拡充」や「十分な観葉植物を植える」などが続きます．実際，緑を積極的に配置する取り組みは，比較的多くの企業が取り入れていることです．

　さらに一歩進んだ企業では，職場に癒しや潤いをもたらすために，BGMを流す，ペットの同伴を許可する，窓辺にカウンター式の座席を設置する，職場の仕切り壁を極力外し，オープンスペースにする，インテリアデザイナ

ーや建築士に依頼して，色やデザインに工夫したお洒落な空間に会社全体を変身させる，などの取り組みもみられます。

　こうした取り組みはとくに法で義務づけられたものではなく，しかも大なり小なりコストがかかるため，それに見合った効果が得られるのか，実行に懐疑的な人々も少なくありません。しかし，たとえば職場でBGMを流しているある企業では，仕事のミスが減ったうえ，従業員の疲労度も軽減されたと報告しています。また，会議形態を工夫し，机のレイアウトを変えたり，常に同じ場所に座らないルールを取り入れることで，従業員間のコミュニケーションが大幅に促進された事例も複数存在します。

　不快な環境よりは快適な環境のほうが，気持ちよく働けることはいうまでもありません。それに，こうしたさまざまな工夫からは従業員を大切にしようとする姿勢・メッセージはもちろん，企業の掲げる価値観が伝わりやすいため，従業員のモチベーションにもプラスに働くと考えられるのです。それが企業イメージの向上につながれば，採用活動の際もプラスとなりえます。もちろん，オフィス環境だけをみて就職先を選定する学生はいませんが，あまりにも劣悪な環境では踏みとどまる可能性もあることは忘れるべきではないでしょう。

○ ワークプレイスのフレキシブル化

　現在の職場を改善するだけでなく，場所の制約にとらわれない働き方を可能にするニーズも高まっています。たとえば，オフィスの仕切り壁が簡単に動かせるようになっていると，プロジェクトの入れ替えや進捗状況に応じてスペースを頻繁に変更でき，柔軟な対応が可能になります。

　そこからさらに進んだ形としては，固定席を原則として無くし，無線ネットワークを用いて好きな場所で仕事ができる，フリーアドレス化（当初は「free-address office」という言葉でしたが，最近では「non territorial office」という言葉で表現されます）があります。1カ所にとどまっていては

創造的な発想を得にくくなること，いちいち職場に帰ってから対応しなければならないと必要なタイミングで迅速な業務遂行ができないことなど，従来からよく聞く指摘に対処できるうえ，場所が変わり気分が変わることで従業員のモチベーションも高まるとして人気があります。こうした職場の実現にあたっては社内設備の整備が必要ですが，同時に資料や私物などの整理も必要になるため，社内がすっきり快適になったり，ペーパーレス化が進むなどの副次的効果も得られています。

　在宅勤務やテレワーク，SOHO（Small Office/Home Office）など出社を要しないどこでもオフィスも，ワークプレイスのフレキシブル化の一つです。育児・介護と仕事を両立したい場合や身体等に障害がある場合など，何らかの特殊事情を持った従業員に適していますが，業務の種類や経験年数などによっては，それ以外の従業員にも適用可能です。経済面での大きな不利益やキャリアの中断，昇進に関するキャリア目標の断念を伴わないため，短時間勤務制度と同じくらい好評です。こうした働き方をさせる場合，まず従業員本人の希望があることが大前提です。そのうえで，主として自宅をオフィスとするため，自宅に適切な作業環境を準備でき，仕事時間とそれ以外を明確に区別できる者に対象者を限ることになります。いったん在宅勤務を認めた後は，勤務状態を把握するため，対象者には電話や電子メールなどを通じた上司に対する定期的な報告を義務づけることが必要です。

　在宅勤務の効果としては，通勤や移動に要する無駄の排除，家族と過ごす時間の増加や生活リズムの改善という当初想定されたものに加え，「よりアウトプットを意識した働き方ができるようになった」「上司・同僚とのコミュニケーション不足を感じるため，以前より積極的にコミュニケーションをとるようになった」なども報告されています。一方，裁量労働制と同様，自宅での働きすぎやそれによる健康障害の問題は懸念されています。こうした問題の防止には，「どこでもオフィス」は「いつでもオフィス」ではないことを，企業が従業員に徹底することが重要です。また，人によっては孤立感からいつしかメンタル面に支障が出たり，対面型コミュニケーションならば

得られるはずの周辺情報（表情やしぐさ，暗黙知など）が欠落しがちなケースも考えられるため，在宅勤務とはいえ，定期的な報告だけでなく定期的なミーティングの場を設けることも重要です。

6.5　福利厚生

○ 福利厚生費とは

　労働時間やワークプレイスほど従業員の労働に直接関係しませんが，充実した福利厚生も，従業員の生活を後方から支援する重要な存在です。福利厚生とは，従業員とその家族の福祉の向上のために，現金給与以外の形で企業が給付する報酬の総称です。大きくは法律で義務づけられた法定福利費と，それ以外の法定外福利費から構成されています。

　法定福利費とは，健康保険・厚生年金保険・介護保険といった社会保険制度と，雇用保険・労災保険といった労働保険制度などの保険料負担分を指します。厚生労働省の「平成18年度就労条件総合調査」によれば，従業員1人につき月あたりの法定福利費は46,456円で，それが福利厚生費全体の過半数を占めます。従業員が万が一の事態にも安心してすごせるよう，事業主にはこの法定福利費を拠出する義務が課されており，拠出率も定められているのです。

　それに対して，法定外福利費は義務ではなく，経営側の任意にもとづくものです。その会社の一員であることに依拠する恩恵を与えることによって，従業員の帰属意識を向上させたり優秀な人材を確保することを目指します。その具体的な項目としては，第7章で取り上げる退職給付金のほか，住宅関連などの生活援助費，健康・医療関連費，文化・娯楽関連費，慶弔見舞金などが挙げられます。退職給付金を除くと，残りの過半数を占めるのは住宅関

連費用です。

　代表的な住宅関連費は，第3章でも触れた住宅手当や家賃補助に加え，独身寮や社宅などの給与住宅制度や，持家を支援するための住宅融資制度に関わる費用です。たとえば給与住宅に関しては，2006年に財団法人労務行政研究所が実施した調査によると，現在でも8割の企業が1カ所以上の社宅を保有しています。その内訳としては，固定費の大きい社有社宅より借り上げ社宅のほうが多いものの，規模が大きい企業はそのいずれも所有している傾向があります。また，独身寮についても，やはり企業規模の大きいほうが高い保有率を示しています。なお，住宅融資制度とは，財形貯蓄などに加入し一定の条件を満たしている人々に対して，負担軽減のための利子補給を行ったり，社内融資を行う制度です。

　こうした福利厚生は，教育投資と同様に，企業規模が大きくなるほど充実する傾向がみられます。図表6.7は，企業規模の違いが法定福利費や法定外福利費にどのような違いをもたらすか比較したものです。従業員規模30人から99人の企業のそれぞれの値を1として，他の値を算出しています。このグラフからは，企業規模が大きくなるほど福利厚生費が増加することが

図表6.7　企業規模による福利厚生費の比較

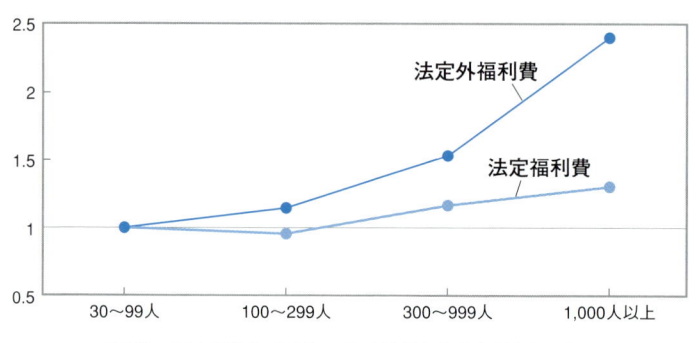

（出所）厚生労働省「平成18年度就労条件総合調査」より。

わかります。法定福利費はさほどでもありませんが、任意という位置づけの法定外福利費の場合，1,000人以上の規模の企業では100人未満の企業の約2.5倍の費用をかけていることが読み取れます。

◯ 福利厚生費の見直しへ

少子高齢化の進展に伴い，健康保険や厚生年金保険などの保険料が上昇し続けたことから，福利厚生に関する企業の負担は年々大きくなっています。法定福利費は義務として削れない分，圧縮の対象となっているのが法定外福利費です。もっとも，コストは削減しても効果の維持をはかる必要はあるため，不要なものは廃止し，ニーズの高いものは新たに創設する，いわゆるスクラップ・アンド・ビルドの取り組みが進行しています。

従来の法定外福利のメニューは，賃金体系の場合と同様，利用対象者として伝統的かつ典型的な家族像をイメージして用意されたものがほとんどでした。そのため，こうしたモデルから外れる従業員には，種類はあっても利用したいものがない状態となっていました。つまり，利用率には従業員間でかなりのばらつきが生じ，不公平感を生んでいたのです。

そこで登場したのが，カフェテリアプランと呼ばれる選択型福利厚生制度です。従業員1人につき一定のポイントを付与し，その範囲内で自分にとって必要なものや利用したいメニューを，従業員が自由に選択する形式です。持ち点は誰しも同じであるため従業員間の公平性が保たれるうえ，自己選択をするため従業員の満足度は自然に高くなります。また，成果に応じた処遇こそ真の公平ととらえる企業では，従業員の会社業績への貢献度に応じて付与するポイントを変えることもできます。このように公平性の確保や従業員の満足度の向上に有用なカフェテリアプランは，ポイントの活用状況の把握を通じて無駄を省くことができる点もおおいに魅力とされています。具体的には，利用率の低いものは廃止の対象にし，その分の予算で利用率が高いものをより充実させればよいのです。たとえば，人間ドック利用補助などの医

療・健康に関するメニューや自己啓発メニューなどが，最近では人気です。

一方，廃止・統合の対象となった代表例は，社宅や寮です。社宅に関しては以前から，入居できた人とできない人とで会社から受ける経済的な恩恵にかなりの違いがあるとの不満が寄せられていました。また，社宅の中のコミュニティに束縛され，家庭生活にまで会社の論理が及んだり監視されているようだとして，社宅への入居を好まない従業員も増加傾向にありました。企業としては，持たざる経営の推進はコストの観点から歓迎すべきことであったため，その結果，わずかな期間に多くの社宅・寮が廃止されたのです。

しかし，いざ廃止してみると，従業員側からはコミュニティが壊れたことに伴う不安や，補助があるとはいえ社宅使用料とは比較にならないほど高い市価の家賃負担への戸惑いも聞かれます。企業側としても社宅がないため，従来ほど容易に従業員に転居を伴う異動を命じにくくなったうえ，地方から優秀な人材を採用することも難しくなったといわれます。そこで，社宅はともかく，一時は廃止した独身寮を復活させて，それを地方出身の優秀な人材を誘致するための材料とする企業も再び現れ始めています。

6.6　法律による影響

これら労働環境を法律との関係からとらえ直してみると，どの企業も原則としては，法を遵守する姿勢があることがわかります。ただし，法は守るべき最低基準を示すにすぎないにもかかわらず，法の規制が存在することによって，もしくはその規制が厳しくなることによって，かえってその最低限だけクリアしていればよい，という発想や行動をとる企業が増える傾向も伺えます。また，法は守る分，法の規制が存在しない領域に関しては企業の論理を優先し，従業員の働きやすさを損なうような施策をとるケースも見受けられます。

しかし，労働環境整備の本来の目的は，従業員の働きやすさを確保することを通じて，その能力を最大限に発揮してもらうことにあります。それを忘れ，手段と目的を取り違える結果に陥らないよう，企業には十分な思慮が求められるといえそうです。

　また，本章で確認してきたように，法は存在するものの，法で保障された権利を行使すると，現実には企業における不利益とセットになっていることが多いことにも注意が必要です。たとえば，確かに法的には残業は制限されていますが，残業しない人は残業する人よりも，周囲から心理的に低い評価を受けがちな現実があります。また，育児休業・介護休業の取得は法的に認められた権利とはいえ，その権利を行使した分，経済的にもキャリア的にも不利益を被らなければなりません。

　つまり，ここでもまた第5章で指摘したような，何かを得る代わりに何かを諦めるという構図が浮かび上がってくるのです。繰り返しになりますが，こうした構図は，企業にその意図があるかどうかは別として，従業員に究極の選択を迫るものです。けっしてバランスの良い職業人生を可能にする助けにはなっていません。法と企業の具体的な施策がトレード・オフの関係になるのでなく，シナジー効果を発揮して可能な限り多くの従業員が幸福を追求しながら働き続けることができる仕組みを考え，構築することこそ，これからの時代の企業には不可欠になるのではないでしょうか。

演 習 問 題

6.1　企業で恒常的に行われている長時間労働は，根本的な解決が可能な問題だと思いますか，それともある種の必要悪だと思いますか。もし多少でも解決や改善が可能だとすると，それにはどのような対策が有効でしょう。具体的に考えてみましょう。

6.2　産前・産後休業と育児休業の違いを確認したうえで，育児・介護休業の取得が比較的盛んといわれる企業を調べてみましょう。そうした企業では，一般に育児・介護休業の取得を妨げている問題にどのように対処し，解決をはかっているの

でしょうか。整理してみましょう。

6.3 在宅勤務が適している業務内容と適さない業務内容を，それぞれの理由を挙げながら具体的にリストアップしてみましょう。

6.4 福利厚生費は，従業員に労働に関するインセンティブを与えていると思いますか。あるいは，どのような福利厚生制度であれば，従業員のインセンティブを高めるのに効果的と考えられるか，理由を添えて述べましょう。

第 7 章

退職管理

　本章では，人材フロー管理の出口部分として，これまでの日本企業の退職管理の諸制度を確認し，それらを個別の独立した制度というよりは，まとまった一連の流れとしてとらえる試みを行います。また，雇用延長や再雇用制度の導入などの最近の変化の位置づけについても考え，退職管理単独でとらえるのではなく，従業員の再流入との関係でとらえることで，企業の健全度を推し量れることについて言及します。

○ KEY WORDS ○
定年制度，退職・解雇，希望退職制度，早期退職優遇制度，
役職定年制度，セカンド・キャリア制度，再雇用制度，
リテンション・マネジメント

7.1　退職管理の意義

　企業が一度に賄える人件費には限りがあります。そのため，外から新たに人を雇い入れるたびに，企業全体を見渡し今後の事業計画を踏まえた雇用管理を行う必要があります。組織が新陳代謝を行い，必要な人材のみで構成されるようになれば，効率的な組織運営が可能になるだけでなく，組織活力がみなぎることが期待されるからです。こうした従業員の退職に関わるマネジメントを，採用管理・入口管理と対比させて退職管理，または出口管理と呼びます。

　定年退職などの言葉でイメージされる退職管理には，ここまで取り上げてきた人的資源管理の諸領域と比較すると，それほど難しいマネジメントは必要ないようにみえるかもしれません。しかし，誰を企業外に放ち，誰を残すのかという対象者の選択は，従業員の身分に関わる大変デリケートな問題です。労働法などとの関係を考慮するのはもちろんですが，それまで培ってきた従業員との信頼関係を損なわないような，十分な配慮や納得性の確保が求められるのです。それは，組織の士気や次に続く採用管理活動にも大きな影響を及ぼしうるためでもあります。

　本章では，これまでの日本企業が実施してきた退職管理を概観し，通常はそれほど明確に意識されない退職管理に，極端にみればどのようなとらえ方が可能か試みます。そして，そうした活動に最近どのような変化が生じつつあるか，退職管理を始めとして，これまで確認してきた人的資源管理の諸領域との関係も含めた位置づけを行います。

7.2 退職・解雇

○ 定年退職

　もっとも円満な企業外への送り出しは，やはり，定年制度による退職でしょう。定年制度とは，企業が定めた一定の年齢に従業員が達すると，自動的に雇用契約が終了し，退職させる制度のことを指します。

　1970年代までの定年年齢の主流は55歳でした。しかし，少子高齢化の進展の中，年金や医療保障など財政的な問題への社会的懸念が高まる一方で，健康で意欲ある定年退職者が溢れ出したことから，定年延長化の取り組みが政府主導で行われることとなりました。具体的には，1986年に高年齢者雇用安定法（高年齢者等の雇用の安定等に関する法律）が成立し，定年制を定める場合には，60歳を下回らないようにする努力義務が事業主に求められるようになりました。1998年の同法改正後にはその努力義務が一歩進み，定年を定める場合は60歳以上とすることが完全に義務化されることになります。その結果，1999年以降は，一律定年制を定める企業のほぼ100％が60歳定年制を敷くこととなりました。さらに最近は，後述するようにその年齢が高まり，65歳定年制が取り沙汰されています。厚生年金の受給開始年齢が2013年に65歳に延長されることになったためです。

　かつて定年制度は，従業員にとっては雇用や所得，ひいては生活の安定を一定年齢まで保証される点が，そして企業側には長期的な人材育成や従業員の帰属意識の確保が容易になる点が，双方から高く評価されていました。しかし，不景気になると，定年制度は人件費の重みをいっそう増加させる存在となります。また，個人の意欲や能力の違いを考慮せず，ある一定の年齢がくると一律に企業外に送り出してしまう不合理さにも，しばしば疑問符がつけられてきました。もっとも，定年年齢まで自社で勤め上げる従業員は，一

> **コラム** 定年退職日
>
> 　定年年齢ほど注目されていないものの，定年日についての議論も存在します。定年日の設定は各企業に任せられており，満年齢到達日，たとえば60歳の誕生日を個々の定年日とする企業もあれば，誕生日以降の任意の月末（年度末に1回，四半期ごとに年4回など）に複数の従業員をまとめて定年日とする企業もあります。
>
> 　前者の場合，同期入社で学歴や職位などすべてが同条件の者であっても，4月生まれと3月生まれとでは，退職までの在籍期間が約1年違うことになります。この違いは，まだ処遇に年功色が強い企業においては従業員間の生涯賃金や退職金額の違いに直結するため，公平性の観点から議論の対象となっています。また，4月一括採用の企業では，新たな人員の流入は年度始めにしか生じないのに退職者は誕生日ごとに発生するため，年度末に向けて徐々に欠員が拡大する状況でこれまでと同一の仕事量をこなしていかなければならないこととなります。こうした問題に対応するには，後者の方式を採用するのが一つの解決方法ですが，実際には双方の中間をとり，満年齢到達日の属する月の末日を退職日とする企業がもっとも多いようです。

般的に持つイメージよりは多くないようです。とくに企業規模が大きくなるほどその傾向は強まり，厚生労働省や財団法人高年齢者雇用開発協会の調査結果によれば，従業員規模5,000人以上の企業では，該当者全体の3割以下となる場合もあります。それでは残りの従業員は一体どうしてしまったのでしょうか。それは本章で徐々に紹介していきます。

○ 退　職

　企業側から行われる解雇に対して，従業員側から行う労働契約の解消を，退職といいます。退職にはさまざまな種類があり，企業と従業員の合意による合意退職，従業員の一方的な通告による辞職，契約期間や休職期間の満了による退職，当事者の死亡による自然退職があります。さらに合意退職の中には，従業員からの退職申し出を企業が承認して合意が成立する依願退職と，

企業側からの働きかけ・勧めを受け入れて従業員が退職を決断する勧奨退職があります。

　従業員には退職の自由があるため，たとえ会社がその従業員の退職を認めなくても，本人の退職の意思表示から2週間が経過すれば自動的に退職できます。しかし，実際には業務引継ぎなどの関係上，退職願は事前に提出して会社の承認を得ること，などと必要な退職手続きを就業規則等で明確に定めている企業が大半です。とくに企業規模が大きいほど，その割合が高くなります。労働政策研究・研修機構の調査（2005）によると，従業員規模300人以上の企業では，最低「2週間程度前」の退職願の提出を求めることが多いようです。この場合，月の前半に申し出をすれば，その月の末日の退職も可能ですが，月の後半に申し出を行うと翌月の末日まで在職を求められるのが一般的です。

　なお，一度，自己都合退職の申し出をした後に，従業員からそれを撤回することは容易なことではありません。前出の調査でも，63.8%の企業が「原則として当初の申し出どおり退職してもらう」と回答しています。従業員が退職届を提出した場合，それは従業員からの明確な意思表示と解釈されるため，企業にはその撤回に応じる義務がないと理解されるのです。ただし，退職願の提出であれば，それが会社に届き，会社から承認されるまでは撤回が可能です。これに関連したものとして，肩たたきとも呼ばれる退職勧奨に関しては，撤回が可能なケースが多くなります。とくに，大勢の従業員で取り囲み，長時間もしくは高圧的に退職を説得した，などの会社側の行き過ぎた行為が認められれば，たとえ従業員本人の自発的な申し出という形式をとっていても本人の真意ではないと理解されて，現実にはそれほど簡単に片づかないことも多いものの，法的には撤回が認められることになります。

　このほか，本当は退職の真意がないのに，会社を困らせ，自分に有利な形で交渉を進める目的で従業員が退職を申し出る，心裡留保という行為があります。これに関しては，もし従業員から退職希望撤回の申し出があっても，会社はそれに応じる義務はないとされています。明らかに従業員側に非があ

るためです。しかし，従業員のそうした意図を十分に理解したうえで，会社がそれに便乗して退職を承認したことが明らかになった場合，たとえ会社がその従業員を辞めさせたかったとしても，その退職届は無効となります。従業員の非以上に会社の非が認められるためと考えられます。

○ 普通解雇と懲戒解雇，整理解雇

　一方，解雇とは先に触れたように，使用者である企業側からの労働契約の解消のことです。解雇には大きく分けて，従業員側に原因のある普通解雇と懲戒解雇，そして企業側の理由による整理解雇の3種類があります。

　まず普通解雇とは，服務規律違反や頻繁な無断欠席などの本人の非行，勤務成績不良，事故等による労務提供能力の低下・喪失などを理由とする解雇です。いずれの理由でもいきなりの解雇ではなく，それに先立つ十分な企業努力の実施と，それでも改善が認められなかったという事実の積み重ねが必要です。たとえば，服務規律違反の場合には度重なる警告や是正機会の提供が，勤務成績不良の場合には指導や教育訓練，配置転換を行った実績が，最低限必要となります。同様に，労務提供能力の問題に対しても，まずは休職制度などの解雇猶予措置をとり経過観察したかどうかが問われます。また，その人物の採用時に業務を限定した採用を行っていなければ，より軽易な業務へ配置転換することなども考慮すべきとされています。

　一方，懲戒解雇とは，譴責・戒告，減給，出勤停止（停止期間中の賃金が支払われないうえ，退職金を計算する際，その期間は勤続年数に参入されないという内容の処分），降格などとある，企業のさまざまな懲戒処分の中でももっとも重い処分です。一般的には譴責・戒告や始末書の提出に留まることが多いものの，過去5年間の懲戒処分実績を示した図表7.1をみると，懲戒解雇を実施した企業も1割近くは存在していることがわかります。懲戒解雇の対象となるのは，重大な企業秩序違反行為を犯した場合や，学歴・職歴詐称や犯罪歴・非行歴を秘匿した場合，犯罪行為を行い逮捕などによって

図表 7.1　懲戒ごとの処分制度の 5 年間の実績の有無

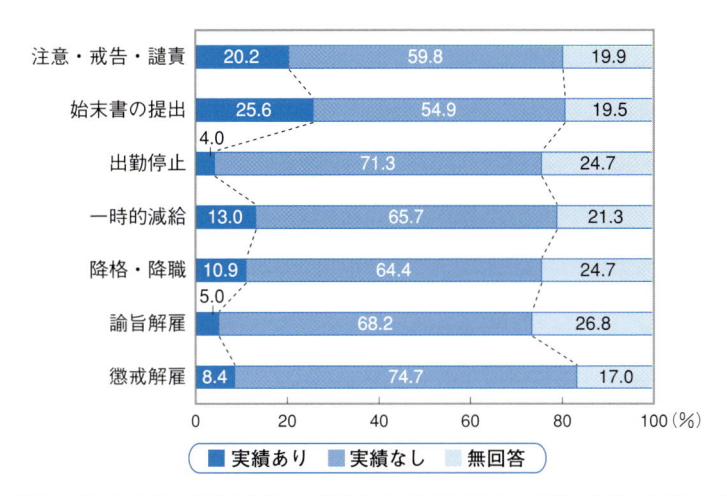

区分	実績あり	実績なし	無回答
注意・戒告・譴責	20.2	59.8	19.9
始末書の提出	25.6	54.9	19.5
出勤停止	4.0	71.3	24.7
一時的減給	13.0	65.7	21.3
降格・降職	10.9	64.4	24.7
諭旨解雇	5.0	68.2	26.8
懲戒解雇	8.4	74.7	17.0

(出所)　独立行政法人労働政策研究・研修機構（2005）「従業員関係の枠組みと採用・退職に関する実態調査——労働契約をめぐる実態に関する調査（Ⅰ）」調査シリーズ No.4，p.65 図表 4-5 より転載。
(注)　図は 2004 年 10～12 月に実施された調査結果にもとづく。

企業の信用を失墜させた場合などが該当します。明らかな犯罪行為の場合は別ですが，懲戒解雇の実施にあたっては，こうした解雇の事由や範囲を，あらかじめ就業規則等に明示しておく必要があります。

　普通解雇と懲戒解雇では，従業員に支給する退職金に違いが出ます。普通解雇の場合は退職金の支給を行いますが，懲戒解雇では全額もしくは一部が不支給となります。そこで，本来は懲戒解雇にあたる事例でも，会社が情状を示し，従業員の自己都合退職の形式をとって退職金を支給する諭旨解雇もしばしば行われます。もっとも，企業からのそうした勧告に応じない従業員は，本来どおりの懲戒解雇として扱われます。

　懲戒解雇による不利益はこうした退職金問題だけに留まりません。即時解雇（解雇予告なしで解雇される）されること，解雇後に従業員が受給可能な

図表7.2 雇用調整の実施状況の推移

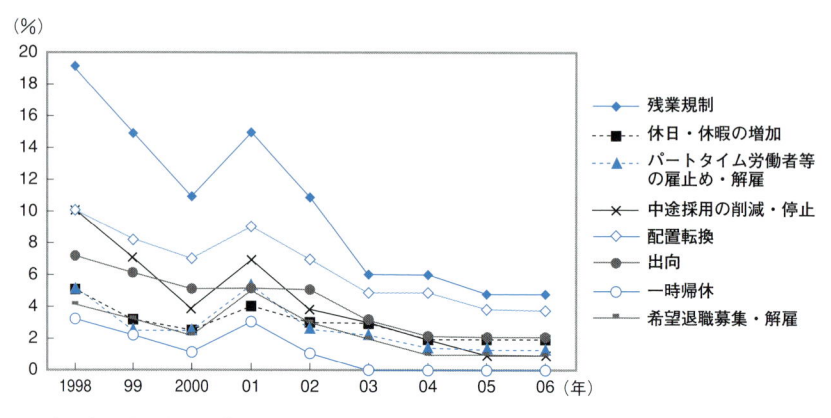

凡例：
- 残業規制
- 休日・休暇の増加
- パートタイム労働者等の雇止め・解雇
- 中途採用の削減・停止
- 配置転換
- 出向
- 一時帰休
- 希望退職募集・解雇

（出所）厚生労働省「労働経済動向調査」より各年の「10月～12月実績」の調査産業（7産業）計をもとに筆者作成。

雇用保険の基本手当に3カ月の給付制限が生じること，再就職の際にその過去が障害となること，などさまざまな不利益が伴います。

これに対し整理解雇とは，経営上の理由により相当数の従業員をまとめて解雇することを指し，企業が行う雇用調整の最終段階に位置しています。雇用調整の第1段階は，図表7.2から明らかなように，残業時間の規制など労働時間の調整による人件費の抑制から始まります。続いて第2段階は，採用抑制や退職による欠員の補充停止を行います。つまり，この段階では，現在の従業員の雇用を脅かさない範囲で対応するわけです。第3段階は，正規従業員の配置転換や関係会社への出向に加え，非正規従業員の契約更新の停止（雇止め）や解雇に着手します。さすがにこの段階になると，正規従業員も賞与削減や定期昇給の停止などに直面し始めることが一般的です。そして第4段階が，いよいよ正規従業員の人数調整策です。まずは一定期間・曜日を休業とする，一時帰休から試みられますが，それで対応不能なときは希望退職者の募集に移ります。そして，それでも不十分な場合に初めて企業によ

る強制的な措置，すなわち整理解雇という意思決定となるのです。

○ 解雇に関する代表的な法規制

　企業は従業員の解雇をけっして禁じられているわけではありません。しかし，従業員の生活に与える影響の甚大さから，第6章と同様に，遵守すべき法規制が明確に存在します。

　第1は，解雇権濫用の法理です。労働契約法では，「解雇は，客観的に合理的な理由を欠き，社会通念上相当であると認められない場合は，その権利を濫用したものとして，無効とする」と明文化しています。前述した整理解雇でも，整理解雇の有効性に関する4要件すべてを満たさないと有効となりません。4要件とは，①経営悪化で人員削減の高度の必要性があること，②人員削減の前に一時帰休や希望退職者募集などの解雇回避努力を行ったこと，③対象者の選定が適正で妥当性があること，④従業員や労働組合に対する説明・協議の実施など手続きに妥当性があること，の4つを指します。

　第2は，解雇制限です。労働基準法では，業務上の傷病による休職期間とその後30日間，そして産前6週間と産後8週間の産休期間とその後30日間には，いかなる理由があっても企業はその従業員を解雇できないことになっています。もっとも実際には女性従業員が妊娠・出産を機に，自宅待機など実質的な退職に追い込まれたり退職勧奨を受ける事例は後をたちません。なお，傷病の場合，企業が打切補償金を支払ったり，発生から3年が経過して従業員が第8章で触れる労災保険の傷病補償年金を受けられるようになれば，こうした制限から除外できるとされています。

　第3は，解雇予告の必要性です。懲戒解雇以外の解雇を行う場合，労働基準法によって，少なくとも30日前までに従業員本人に解雇予告を行うか，30日分以上の平均賃金を支払わねばなりません。ただし，天災事変その他やむをえない事由のために事業の継続が不可能となったときは，労働基準監督署の認定を受ければ解雇予告は必要なくなります。また，雇用期間1カ月

以下の日雇い労働者や4カ月以内の季節労働者には，解雇予告は必要ないとされています。

　このほか，2003年の法改正から，解雇予告日から退職日までの間に従業員から請求があれば，解雇理由証明書や退職証明書の遅滞なき交付が企業に新たに義務づけられました。ただし，本人が請求しない事柄や再就職の妨害を目的とした内容の記載は，固く禁じられています。

7.3　退職金制度

◯ 退職一時金と退職年金

　従業員が退職すると，就業規則等で明確に定められた支給要件にもとづき，退職金が支給されます。退職金は，従業員の長年の勤続や功労に対する報奨的な役割や，退職後の生活保障の役割を果たします。退職金には，退職一時金と退職年金の併用が一般的です。

　図表7.3の折れ線グラフは，従業員規模1,000人以上の企業の男性従業員に関して，会社都合退職の場合，勤続年数に応じてモデル退職金の支給額がどう変わるか図示したものです。勤続年数が長くなるほど，退職金が増加することがわかります。一般に，退職金のうち退職一時金は，「退職時の算定基礎給×勤続年数別支給率×退職事由別係数」で算出しますが，勤続年数が長くなるほど，式を構成する前者2つの要素が原則として高い値となるためです。同様の理由により，学歴の違いや退職時の役職の違いによって，支給すべき退職金の額には大きな開きが生じます。また，企業規模が大きいほど，退職金が高くなる傾向があることもいうまでもありません。

　一方，同じく図表7.3の棒グラフは，自己都合退職の場合，会社都合退職の場合と比較して，どの程度の差額が生じるかを示したものです。たとえ

図表 7.3　学歴別退職金額と退職事由の違いによる差額

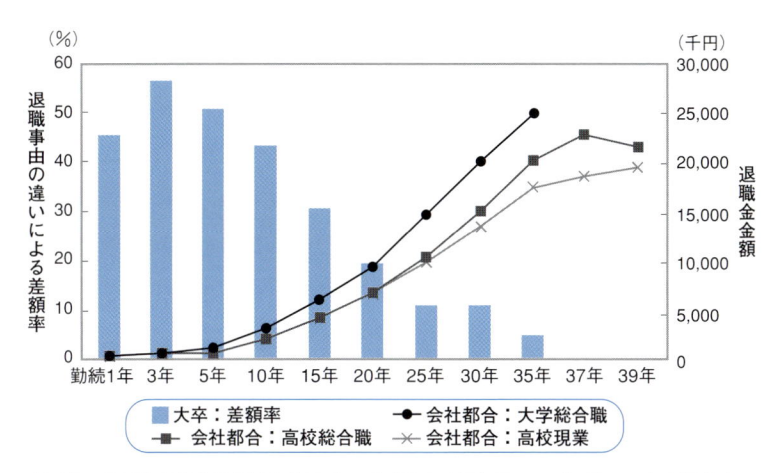

（出所）財団法人労務行政研究所編（2007）「労政時報」第 3699 号（「2006 年度退職金・年金制度総合調査」p.26 のデータ）をもとに筆者がグラフ化。

ば，勤続 3 年目で自己都合退職をした場合，会社都合退職と比較し約 6 割も差がつくこと，すなわち会社都合退職の 4 割しか退職金が支給されないことがわかります。それに対して，勤続年数が 25 年を超えると両者の差額分は約 1 割となって，いずれの理由でもさほど違いがなくなります。つまり，退職金に関していえば，自己都合退職は会社都合退職に比べて明らかに不利であり，その不利の程度は勤続年数が短いほど大きくなるといえるのです。また，退職金の支給要件として最低勤続年数を定める場合，会社都合の場合は 1 年でも自己都合の場合は 3 年以上とする企業が多くなっています。こうした点からも，自己都合退職が不利であることがわかります。

　これらを総合すると，これまでの日本企業では従業員の長期勤続を非常に重視していたことが改めて確認できます。なお，業務上の死亡や傷病による退職については，ほとんどの会社が退職事由を定年と同等以上の扱いにして，

その従業員に不利が生じないよう配慮しています。

○ 変化しつつある退職金制度

しかし，本書で繰返し取り上げたように中途採用や中途退職が増加する中，こうした自由な就業を妨げかねない自己都合退職が不利になる状況は，見直す必要があるといわれます。そこで注目されたのが，1998年に松下電器産業（現パナソニック株式会社）が初めて導入した退職金前払い制度です。前払い制度とは，退職金を退職時にまとめてではなく，在職中から毎年度の賞与や給与に上乗せ支給していく制度です。従業員にとってはその時々で確実に本来の報酬を回収できるメリットが，そして企業にとっては将来の支払いに関するリスクを排除できるメリットがあります。一方で，ここで支給された金銭は退職所得ではなく給与所得との扱いとなるため従業員の課税負担は大きくなるうえ，企業側もこれまで従業員に提示できた長期勤続に対するインセンティブ機能を失うなどのデメリットも存在します。

退職金前払い制度より，もう少し従来の退職金制度に近いものとしては，ポイント制退職金制度が挙げられます。ポイント制退職金制度とは，勤続年数や職能資格，役職，考課結果など，在職中の勤務内容にポイントを与え，その累計点にポイント単価を掛けた後，さらに退職事由別係数を乗じて退職金額の算定を行う制度です。成果主義的な要素を強めたい場合は，役職やその在任期間，考課結果に相対的に高いポイントを付与すれば容易に可能になります。また，ポイント単価を操作すれば，その他の要素の見直しを一切行わなかったとしても，簡単に物価などとの調整が可能になるため，大きな魅力を持っている制度です。

これら退職一時金に関する変革だけでなく，退職年金に関しても新たな動きがみられます。退職年金は，もともと退職金の資金繰りの問題を解消する目的で創設されました。退職金を退職時にまとめて支給することにしていると，確かに従業員が在職時には企業にとって楽ですが，その分，それら従業

員が退職を迎えるときには一転して大きな負担となります。その負担を軽減するために、退職時にあたっても全額を一度に支給するのではなく、まず退職一時金として一部を支払い、残りを年金として分割払いすることにしたのです。

　1960年代に、税制適格退職年金制度と厚生年金基金制度という退職年金制度が誕生して以来、多くの企業がこれらを活用してきました。しかし2001年に、途中で転職しても転職先に年金を持ち越せる、いわゆるポータビリティ化が可能な確定拠出年金制度（日本版401k）が登場すると、これまでの退職年金制度を見直す企業が相次ぎました。もっとも、拠出金の運用を完全な個人責任とする確定拠出型は、あまりにも個人の責任が重すぎるという考えもあります。そのため、給付額を企業が約束する確定給付年金制度や、両者の間をとったといわれるキャッシュバランスプラン型年金制度などの新企業年金制度も続々と創設されました。なお、2012年にはその役目を終えたとして適格年金制度の廃止が決定されています。

7.4　退職管理の具体的な取り組み

○ 希望退職制度

　本章の始めのほうで、とくに大企業の場合には、定年退職年齢まで在籍する従業員が3割程度になることもあると述べました。それでは、残り7割はどうしてしまったのでしょう。実は、企業が用意した従業員の退職管理の仕組みにより、定年までに企業を去っているのです。

　従業員の退職制度の代表格といえば、まず希望退職制度があります。希望退職制度とは前述のように、業績の悪化した企業が経営上の必要性から行う明確なリストラ策で、一定の期間や募集人数などを定めて、時限的に実施し

ます。実施にあたっては，希望退職を募る目的，勤続年数や年齢，職種などの応募条件，募集人数，募集期間，退職日，そして退職条件を明示しなければなりません。応募条件の例としては，「勤続10年以上，かつ30歳以上59歳未満の営業職」などのように，具体的な掲げ方をします。また，募集期間や退職日は，今後のキャリアや生き方に関して従業員が十分検討可能であるように，適度な準備期間を与えた形で設定しておく必要があります。

　希望退職制度は，会社都合が先行した退職であるうえ，定年前の中途退職によって従業員に経済的な不利益を与えることも少なくありません。そのため，そうした点への補償の意味も込めて，退職者にはかなり手厚い処遇が施されます。たとえば，退職金の算出には，退職事由別係数として自己都合ではなく会社都合や定年退職の支給率が適用され，加算金も付与されます。労務行政研究所の調査によると，大企業による希望退職の実施が目立った2000年度には，45歳における加算金の平均額は1,326万円であり，年収の2.5倍から3倍の加算金を提示する企業も少なくなかったことが明らかにされています。金銭面だけでなく，再就職支援会社と契約し，希望退職者が再就職を果たすまでその面倒を見続けたり，そのための費用を負担する企業も数多く存在しました。

　こうした優遇条件を操作することで，企業は応募者の人数をある程度コントロールすることが可能です。応募者が必要人数に達しなければ条件を厚遇とする一方，計画以上に流出する気配があれば，その優遇条件を下げればよいのです。とはいえ実際はそれほど簡単にはいきません。かつて希望退職を募ったマツダでは，会社の将来への失望感に加え，その優遇条件の高さも手伝い，希望退職の募集開始と同時にほぼ定員オーバーとなり，瞬時の締め切りを余儀なくされました。そのうえ，今後を期待していた有能な若手ほど退職を希望するという憂き目に遭ってしまいました。俗に，マツダ・ショックとして知られた出来事です。こうした事態に対処するため，あらかじめ募集条件に「会社が認めた者に限る」と記し，優秀な人材の流出防止策をはかるのは合法と見なされています。

○ 早期退職優遇制度

　希望退職制度と似ており，よく混同して扱われるのが早期退職優遇制度です。早期退職優遇制度は，企業側の経営上の都合にもとづいて時限的に用意された希望退職制度と異なり，従業員の意思と生涯設計にもとづいた選択肢の一つとして，恒常的に用意された制度です。制度の適用開始年齢は45歳または50歳に設定されるなど，勤続年数が長い人（20年以上）を対象とすることが一般的です。定年時期を自ら選ぶ形となるため，企業によっては選択定年制度とも呼んでいます。恒常的な制度のため，とくに募集期間を定めることはしませんが，社内規定などで退職予定日の2カ月前までの届出が必要，などと定めることはあります。

　早期退職優遇制度でも優遇措置があり，退職事由別係数は会社都合もしくは定年と同等として扱われます。若ければ若いほど優遇されますが，それでも加算金は年収の1年分がせいぜいです。また，優秀な人材は引き止められることが多くなります。

　早期退職優遇制度も，企業規模が大きくなるほど導入割合が増えます。厚生労働省の「雇用管理調査」（2000）によれば，500人未満の場合の導入率は1割程度ですが，5,000人以上では6割近くに上ります。この結果は，大企業ほど定年まで勤め上げる割合が減少するという，最初に述べた調査結果と整合性を持つといえるでしょう。大企業ほど，各従業員の再就職が比較的容易な時期からの早めの転身を促すことで，急激ではなく，徐々に分散させる形で従業員を退職させる仕組みを設けていると理解できるわけです。実際，この制度を利用した従業員に理由を尋ねると，「新しい仕事にチャレンジできるよい機会だった」という前向きな回答が，「会社の将来に不安があった」との回答と拮抗しています。このことから，制度の目的として従業員を次のキャリアに向けて送り出すことが前面に打ち出されていることが伺えます。その点が，とにかく辞めさせることを主目的としており，制度の好条件につられて辞めた従業員の中に後悔する者も多いとされる希望退職とは，本

図表 7.4 希望退職制度と早期退職優遇制度との比較

	希望退職制度	早期退職優遇制度
募集の背景	企業の経営上の事情による、リストラ策。	従業員のキャリア設計上の選択肢の一つとして用意される。
募集時期	・退職日より一定以上前に募集の告示を行う。 ・期間を区切っての時限的な募集。	・恒常的のため、とくに募集時期は設定しないのが一般的。 ・事前の申し出が必要であることが多い。
募集要件	退職条件なども明示する必要あり。	とくに明示しないが、本人の希望があれば受理する。
対象者の年齢層	とくに定めず。年齢が若い従業員も対象になる。	勤続年数20年以上の従業員が対象になることが多い。
優遇措置	加算金が多い。再就職までの支援も実施する。	希望退職と比べると少ないが、年収1年分程度の加算金はあり。

質的に異なると考えることもできそうです。

　希望退職制度と早期退職優遇制度の特徴を比較したのが、図表7.4です。こうした違いはありますが、早期退職優遇制度という名称を使って希望退職制度を実施する企業もあるため、名称に惑わされず、実質をみて企業の意図を判断する必要があります。

◯ 役職定年制度

　早期退職優遇制度のように直接退職に結びつける制度ではありませんが、大きくとらえれば、役職定年制度も企業の退職管理の一つです。役職定年制度とは、一定年齢に達したら管理職などの役職から離れ、一般社員に戻ることを定めた制度です。定年延長が進む中、ポスト不足問題やそれに伴う若手の昇進機会の遅延が懸念されたことから、後進に道を譲らせることを主目的として導入されました。しかし、役職を離れて一般社員に戻った従業員は、

居心地の悪さややりがいの低下を感じやすくなるため，結果として自発的な退職を促進する効果があると受け止められています。「労政時報」誌（2003）によれば，課長では55歳，部長では57歳を解任年齢と定める企業が4割近くを占めています。具体的な役職解任日は年齢到達日ではなく，年齢到達後の最初の社内定期異動日とする企業が一般的です。他の制度同様，大企業ほど役職定年制の導入が進んでいます。

役職離脱後は，第4章で触れた専任職，専門職などの社員区分に移行するという運用を行っている企業も多く，その場合は，これまで部長だった者は「専任部長」や「専門部長」，「担当部長」などの名称や，「参事」などの呼称で呼ばれることが多いようです。これに伴い，これまでとは異なる賃金テーブルに移行します。そのうえ，当然ながら役職手当も不支給となるため，月例賃金は役職離脱前と比べて20％程度の減額になります。そのため，役職定年制度を導入した場合，ただ単に該当者の身分を戻すだけでなく，こうした新たな賃金に応じた業務内容に配置しなおす作業が必要となります。

もちろん，離脱前と同じ部署に配属するケースも少なくありませんが，これまでの上司が部下や同僚になることにより，若手が仕事を進めにくい状況や人間関係に支障がでるような状況が生じるとしたら問題です。そこで，そうした事態を防ぐために，資金的にまったく余裕がない場合は不可能ですが，役職定年後の優秀な従業員だけを集めて新たに子会社を設立する企業もあります。

一時期は注目を浴びた制度ですが，定年制度と同様，一定年齢で一律に役職から離脱させることには疑問の声があります。余人に替え難い場合には特例を認める企業が6割以上に上るとはいえ，大半の従業員は有無をいわさず，役職から外されるのです。そのため，役職定年制そのものを見直し，廃止しようとする動きも観察されます。

なお，第4章で取り上げた出向や転籍も，大きくとらえれば，従業員の退職を目的とした制度と位置づけることができます。こちらは，年齢で一律に扱うわけではなく，各々の従業員の能力や適性などを考慮しながら実施され

るうえ，従業員に次の職業人生を用意する形にもなるため，積極的に活用され続けています。

○ セカンド・キャリア支援制度

　従業員の退職を促すために，セカンド・キャリア支援制度を充実させる企業も近年増加しています。セカンド・キャリア支援制度とは，主として企業の視点からみて必要性の薄れた従業員に対して，転職や独立，退職などの進路選択を企業が積極的にサポートする制度です。退職に伴って従業員が多かれ少なかれ被る衝撃の緩和を主目的に，企業の社会的責任の一環として行われます。具体的には，転職に向けた能力開発支援制度や転職先の斡旋・情報提供，独立開業支援制度，キャリア設計セミナーの実施などが挙げられます。

　まず，能力開発支援制度は，転職が少しでも有利になるように，各種資格取得のための受講費用を一部援助したり，学習のための有給休暇を付与する制度を指します。その期間は，数カ月から2年程度と企業によって多様ですが，その間に対象となる従業員に転身の準備を着実に進めることを期待する点では一致しています。転職先の斡旋や情報提供も重要です。高齢者雇用開発協会の「企業の高齢化諸施策の実態に関する調査研究」（2002）によると，定年前に再就職した人々の入職ルートは，大企業ほど取引先や親会社の紹介が多いことから，斡旋の重要性が伺えます。また，独立開業支援制度では，企業設立に必要な資本金や費用の援助を行ったり，企業経営や事業内容に関するノウハウの提供なども行っています。

　なかでも重要性の高いのが，キャリア設計セミナーの実施です。現在の就労に熱心なあまり，放っておけば定年の直前まで定年後の生活設計に無関心な従業員は少なくありません。しかし，現在の能力の棚卸しをし明確な将来計画・意識を持つことは，どの従業員にとってもキャリア形成上大きな意味を持ちます。そのため，ある年齢，たとえば45歳に達した者全員にセミナー参加の義務を課し，将来計画表の作成やカウンセラーとのキャリアプラン

面談などを経験させる，などの取り組みが積極的に始められています。最近では，退職準備策としてだけでなく，第5章で触れたCDPの一環としてより早期から，キャリア上の節目にあたるたびに実施する企業も増えています。

○ 多段階で行う従業員の退職管理

ここで，第2章や第4章での試みと同様，心情的な側面を極力排除し，企業の合理性のみを前面に打ち出した無機的な観点からこれらの退職管理を描き出すとしたら，どのようなとらえ方が可能になるか考えてみましょう。こうした作業にあたり，各制度を個別の独立した取り組みというよりは，それぞれ退職管理の一つの流れを構成するものとしてとらえ直してみると，その特徴は以下の4点に集約できそうです。

何よりもまず，企業側が原則として従業員に長期勤続を望んでいることは指摘しておくべきでしょう。そのために，長期間勤め上げた従業員に対しては，自己都合で早期に中途退社する従業員と比較し，退職金などで大きな差がつく仕組みを用意してきました。長期間勤めればそれだけ職能資格や到達役職からみて差がつくうえ，退職事由別係数でも厚遇する仕組みでした。こうした考え方の背景には，やはり採用管理や異動・昇進管理との整合性があると考えられます。不確実性の高い人材を採用し，それらの人々に対して行った多大な育成投資を回収するには，ある程度の長期的な時間が必要だからです。また，従業員の能力や序列の見定めがつく前に，次々と退職されないための工夫とも理解できます。

第2に，ただし，その長期間というのは，必ずしも定年までを指すのではなく，一定の年限を超えれば十分であること，そしてその後の企業の重点や関心はむしろ，従業員を徐々に企業外に送り出していくことにシフトするようにみえる点が挙げられます。一定の年限とは，早期退職優遇制度が適用され始める勤続20年が一つの目安となると考えられます。まずこの制度を通じて一部の従業員を退職させ，出向や転籍を通じてさらに送り出しを進め，

それでも残っている人々に対しては，役職定年制度によって退職が間近に迫っていることを匂わせます。そして，いよいよ定年退職を迎えると，残りのほぼ全員を円満な形で退職させるのです。

　その割合が大企業の場合，約3割となることもあるわけですが，主に出向や転籍の受け入れ先になるような企業や規模の小さい企業では，いわゆる玉突き現象が起こることもあって，もう少し多くの従業員が定年まで在籍することになります。また，企業に不適応な人物や，あまりにも目に余る非行や勤務成績を示す者に対しては，本人の自主的な退職や解雇という形でそうした一定の年限を迎える以前に対応していることは，いうまでもありません。このように定年前までに段階的に従業員の退職をはかるのは，2007年問題でも指摘されたように，一度に大量の人材が流出すると知識やノウハウの伝承に支障が出たり，欠員の補充や配置計画に困難が伴うからと考えられます。また，退職金の支給を集中化させないため，とも考えられます。

　第3は，従業員の中でも優秀と評価する人材とそれほどでもない人材とは明確に仕分けされており，企業にとって相対的に必要性の薄い人材は早めに，かつ積極的に企業外に送り出すものの，優秀な人材に対しては特例を使ったり，早めに昇進させるなど，企業内に残す工夫をしている点です。役職定年制の例として，現実にはあまりみられない極端なことをいえば，55歳までに部長になり，57歳までに役員に滑り込んでいれば，その人物は定年年齢を迎えても引き続きその企業で活躍できる可能性があると考えられるわけです。また，それら1番手に入らなくとも，もし2番手・3番手の「使える」従業員として認識されていれば，雇用調整の対象とはなっても，グループ子会社の役員や部長として出向・転籍する機会を得られる可能性が高まります。そもそも優秀な人材は，希望退職制度や早期退職優遇制度を利用しようとしても，可能な限り企業は慰留しているのが現実なのです。

　第4は，このように厳密で冷静な選別を行いながら徐々に従業員の退職を進める一方で，原則として，企業は従業員との信頼関係や心情を損なわないための配慮に努めています。退職に伴う不利益や衝撃を最大限緩和すべく，

図表 7.5　従業員の退職管理の仕組み

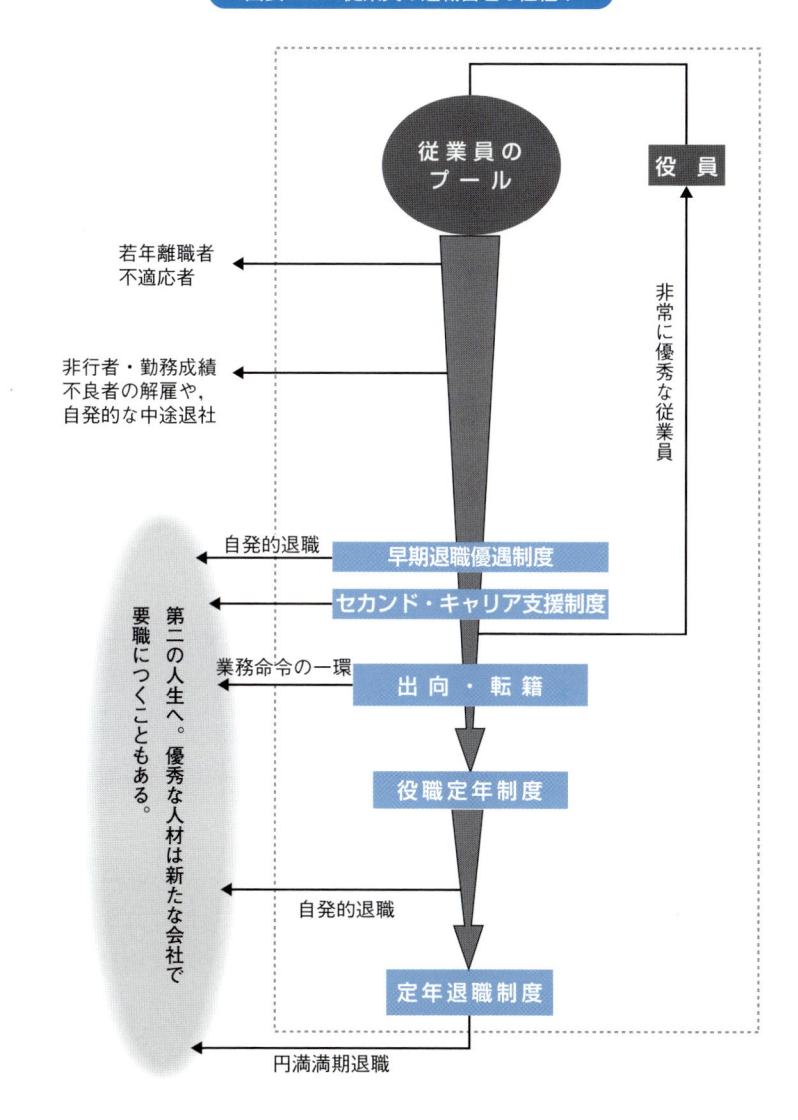

```
                          ┌─────────────────────────────┐
                          │                             │
                    ┌───────────┐         ┌─────────┐
                    │  従業員の  │         │ 役　員  │
                    │   プール   │         └─────────┘
                    └───────────┘              ▲
                          │                    │
  若年離職者       ◄──────┤                    │
  不適応者                │                    │ 非常に優秀な従業員
                          │                    │
  非行者・勤務成績 ◄──────┤                    │
  不良者の解雇や，        │                    │
  自発的な中途退社        │                    │
                          ▼                    │
              自発的退職 ┌──────────────────┐  │
         ◄──────────────│  早期退職優遇制度  │  │
                        └──────────────────┘  │
                        ┌──────────────────────┐
         ◄──────────────│セカンド・キャリア支援制度│
                        └──────────────────────┘
          業務命令の一環 ┌──────────────────┐
         ◄──────────────│    出　向・転　籍   │
                        └──────────────────┘
                        ┌──────────────────┐
                        │    役職定年制度    │
                        └──────────────────┘
              自発的退職
         ◄──────────────
                        ┌──────────────────┐
                        │    定年退職制度    │
                        └──────────────────┘
              円満満期退職
         ◄──────────────
```

第二の人生へ。優秀な人材は新たな会社で要職につくこともある。

7.4 退職管理の具体的な取り組み

優遇措置やキャリアセミナーなどを実施するのも，その一つです。企業にとって必要ない人物だからということで，あまりにも露骨で一方的な退職をさせれば，その対象になった人々だけでなく，企業に残る人々のモチベーションや帰属意識にも深刻な負の影響を与えかねないからです。とはいえ，円滑な退職ばかりでなく，第8章で述べるパワハラなどの露骨な嫌がらせによって退職に追い込まれる従業員が少なくないのも現実ではあります。

　このようなとらえ方にもとづき，これまでの退職管理の全体像を簡単にまとめたのが，図表7.5です。現実には，計画的な退職管理を行うまでもなく，むしろ高い離職率に頭を悩ませている企業も，規模が小さくなるほど増加します。そのため，採用管理の場合とは異なり，こうした流れを強く意識して退職管理を実施している企業は，実際にはそれほど多くないかもしれません。しかし，デリケートな問題を扱わざるをえない退職管理をより成功裏に導くためには，こうしたとらえ方による一連のプロセスに対して，若手から定年退職間近の従業員までの異なる年代の人々が，それぞれどのような感想を抱くかを把握しておくことは非常に大切なことと考えられるのです。

7.5　再雇用とリテンション

◯ 60歳超の高年齢者雇用確保措置

　退職管理に関する近年の大きな変化として，2004年に改正高年齢者雇用安定法が成立したことにより，2006年4月以降，従業員の65歳までの雇用確保が事業主に義務づけられるようになりました。この新たな変化に，企業は否応なく対応していかなければなりません。なお，高年齢者とはこの法律では55歳以上の者と定義されています。

　雇用確保措置の選択肢としては，3つ用意されています。①定年年齢を65

歳に引き上げること，②60歳定年制を維持しつつ，65歳まで働ける継続雇用制度を導入すること，③定年制自体を廃止すること，の3つです。いずれの方法にしても，2013年の公的年金の支給開始年齢引き上げに合わせて，段階的に引き上げを行えばよいことになっています。現在のところ，ほとんどの企業が2番目の継続雇用制度を選択しています。また，継続雇用制度には，これまでの労働契約の延長という位置づけの勤務延長制度と，いったん労働契約を解除し新たに別の労働契約を締結する再雇用制度がありますが，継続雇用制度を選択する企業の9割が後者を選んでいます。賃金や労働時間などの定年前の条件を一度リセットでき，必要性に応じた新たな条件設定が可能になるからです。

改正高齢法では，原則として希望者全員を再雇用制度の対象者とすることを求めていますが，労使協定で対象者に関する基準を定めれば対象者の限定が可能です。まず，本人の働く意思や意欲が大前提であることはいうまでもありません。厚生労働省の「平成16年度雇用構造調査」やリクルートワークス研究所の「シニアの就業意識調査」によると，「経済上の理由」に次いで，「いきがい・社会参加のため」を就業継続の理由として挙げる人々が多くなっています。企業はこうした本人の意思に加え，図表7.6で示すように本人の健康状態や定年前の勤務態度，人事考課の結果も重視します。出勤率に関しては，ほとんどの企業が直近3年間の出勤率を80%台以上に設定していますが，全体的にみるとけっして高いハードルとはいえません。

高年齢者は若年者と比較して確かに身体能力や新たな仕事への適応力の低下が認められますが，これまで蓄積した経験や高い技能，豊富な人脈という武器があります。義務だからという受身の姿勢ではなく，第5章で紹介したマイスター制度などのように，積極的な活用が企業に求められています。

雇用後の身分は正規従業員でなく，第8章で詳しく取り上げる嘱託社員・契約社員という非正規従業員とするのが一般的です。仕事内容は定年前と比較して負荷が下がることが多いものの，企業・従業員双方ともパートタイム型よりフルタイム型勤務を好む傾向があります。パートタイム型であると，

図表 7.6　高年齢者再雇用制度の対象者の基準

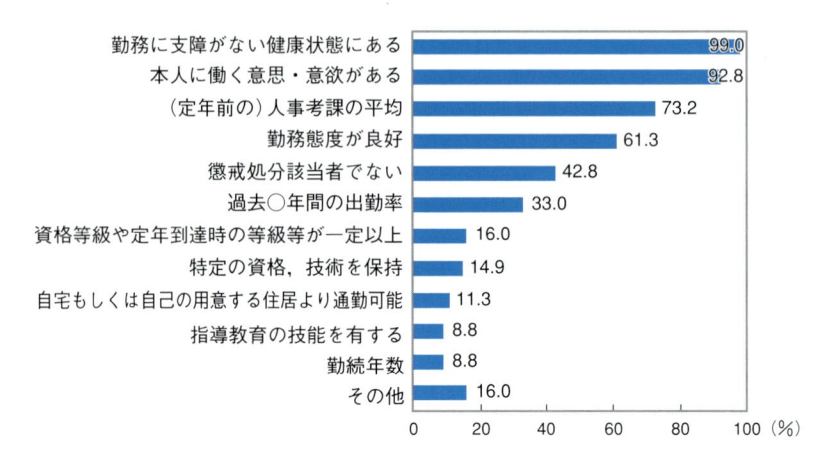

基準	%
勤務に支障がない健康状態にある	99.0
本人に働く意思・意欲がある	92.8
(定年前の)人事考課の平均	73.2
勤務態度が良好	61.3
懲戒処分該当者でない	42.8
過去○年間の出勤率	33.0
資格等級や定年到達時の等級等が一定以上	16.0
特定の資格,技術を保持	14.9
自宅もしくは自己の用意する住居より通勤可能	11.3
指導教育の技能を有する	8.8
勤続年数	8.8
その他	16.0

(出所)　財団法人労務行政研究所編(2006)「労政時報」第3687号(「高年齢者雇用の最新実態」p.8の図)より。

企業は従業員を活用しにくくなるうえ,従業員も仕事からやりがいを得にくくなるためです。ただし,高年齢者の健康状態は変わりやすいことから,1年ごとに契約を更新する形式をとることが通常です。

　なお,再雇用後の平均年収は,フルタイム勤務者の場合,60歳到達時賃金の6割程度にあたる200万円から400万円に設定する企業が大半です。これを上回る賃金設定をすると,税金などの関係からかえって実は所得が低くなったり,公的給付の停止など本来受けられるはずの恩恵を得られないなどの問題が生じるためです。公的給付金には,60歳を超えても就労する従業員を対象にした特別支給の老齢厚生年金である在職老齢年金や,60歳を過ぎて処遇が大幅に悪化した場合に,それを失業に準じた保険事故と見なし60歳から65歳までの期間に支給される高年齢者雇用継続給付金などがあります。これらに企業年金や月例賃金などが加わったものが,再雇用者の賃金となるわけです。退職金は定年退職時に一度支給されるため,再雇用された

後の退職に際しては支払われないことが多いようです。

○ リターン雇用制度

　やはり最近の変化の一つとして，高年齢者を対象とした再雇用制度だけでなく，導入率はまだまだ低いものの，より若い従業員を対象とする再雇用制度も登場しています。高年齢者対策と区別するために，その制度はリターン雇用制度と呼ばれています。以前は，このリターン雇用に難色を示す経営者や管理者も少なくありませんでした。たとえ優秀でも自己都合退職した従業員を再び戻すこと自体への抵抗感に加え，他の従業員に対して簡単に戻れるという印象を与えることの悪影響が懸念されたためです。しかし，外部で新たな経験やスキルを獲得してきたり，自社の事情や職務をすでにある程度理解していることは，業務遂行上プラスに働くはずとの見方が最近では広がるようになりました。

　リターン雇用の対象者の条件としてもっとも多いのは，「とくに優秀であると認められること」と「自己都合退職であること」のほか，ある程度以上の勤続年数と退社後の年数の制限などです。現在のところ，必要勤続年数は「入社後3年以上」で，退社後の年数は「5年以内」に設定する企業が多くなっています。さらに，この制度を利用するにあたっては，退職前にあらかじめ制度利用に関する希望申請を出しておくことを求める企業もあります。こうした要件から，育児や出産，配偶者の転勤に伴いやむをえず退職したものの，環境が整い再び働けるようになった女性が，現時点での主たる対象となっています。

　もし，こうした事情以外で退職した優秀な元従業員を呼び戻す場合，企業として必ず事前に実施すべきことは，その人物の退職理由を調査することです。そして，その原因が退職者個人ではなく，企業や職場に帰すると解釈できるときは，その問題を可能な限り改善しておくことが必要となります。当然ながら，退職時に無用な非難をしないこと，後味の悪い対応をしないこと

も重要です。むしろ気持ちよく退職させ，退職者ネットワークを活用するくらいの度量がないと制度のスムーズな運用は難しいでしょう。裏を返せば，こうしたリターン制度や再雇用制度が充実している企業は，それを呼び物として企業の魅力を高めることが可能になるため，優秀な人材を再び自社に引き戻せるうえ，採用活動の際も有利に働く可能性があると考えられます。

再雇用制度もリターン雇用制度も，退職管理であると同時に，入職経路のオプションを増やしたものととらえることができます。ただし，企業のコア・メンバーとして受け入れる要素は弱いため，これまでの退職管理のあり方に大きな影響を及ぼす可能性は低いと解釈されます。また，同様の理由から，異動・昇進管理や報酬管理の変化ともあまり関係を持たないと考えられます。たとえば，再雇用制度の対象者の場合，優秀と評価された場合の契約更新はあっても異動や昇進の対象としては該当せず，報酬面でも最初から低く抑えられた契約になっているからです。

○ リテンション・マネジメント

いったん退職した優秀な人材を再び戦力に加えることも重要ですが，そもそも優秀な人材を可能な限り組織から逃さないというのも，立派な退職管理の一つです。こうした優秀な人材の維持・引止めを，とくにリテンションと呼び，そのための工夫や施策の実施をリテンション・マネジメントといいます。

採用や人材育成，選抜には多大な費用がかかります。いわゆるスター社員を逃すことは，そうした費用一切を無駄にし，将来得られるはずだったリターンも失うことを意味します。また，優秀な人々が組織を去った場合，残った人々に及ぼす心理的な影響も無視できません。リストラを断行した場合，サバイバー（リストラの対象にならず，組織に残ることができた人）やリストラの旗振り役に心の傷が残ったり，帰属意識やモチベーションが薄れることはよく知られた事実です。優秀な人材が立て続けに企業を去ると，それを

目のあたりにする残された従業員は，自社に愛着を持てなくなったり組織に留まる自分の価値を低く受け止めるなど，本人にも説明できない無力感に襲われることが少なくないのです。負の影響はこうした心理面だけに留まりません。1人抜ければ，それがたとえ一時的なものであっても，その分だけ残った人々の仕事量や労働時間の増大を確実に招き，結果として職場全体の疲労感が高まります。それに伴い，組織全体としての効率も落ちることでしょう。

　そこで，非常に優秀な人材は何としても自社につなぎとめることが必要になります。従業員には職業選択の自由があり，労働契約を強制することはできないため，人的資源管理のあらゆる領域を駆使して，企業の魅力と働きやすさを高めることが重要になります。基礎となる考え方としては，マーチ＆サイモン（March & Simon, 1958）の組織均衡論が参考になると考えられます。すなわち，組織がメンバーに与えうる誘因とメンバーが組織に提供する貢献を秤にかけたとき，従業員が主観的にみて貢献の総計以上に誘因の総計が高い状態を作り出せばよいのです。ただし，優秀な人材ほど，このバランスが崩れやすいのが現実です。優秀な人材には現在所属している組織と比較してより魅力的な移動機会が提供されやすいためです。また，自分の能力を高く評価することで，自己の移動可能性を高く認識していることが多いためでもあります。

　こうした優秀な人材の流出を防ぐにあたっては，第5章で紹介した組織内地図の形成が有効と考えられます。筆者が日本経営協会を通じて実施した若手従業員の意識調査（2006）にもとづけば，図表7.7で示すように，自分の能力に対する自信を示す従業員は意外に多数に上ります。「自分が人事なら，今の自分をぜひ採用したいと思うだろう」との質問項目に対し，「該当する」と「やや該当する」をあわせたYes回答が過半数を占めています。また，そうした従業員ほど，「今より高い給料でスカウトされたら，いつ会社を辞めてもいい」と回答する傾向が，わずかながら見出せることもわかりました。

図表 7.7 自分自身に対する自信の高さ

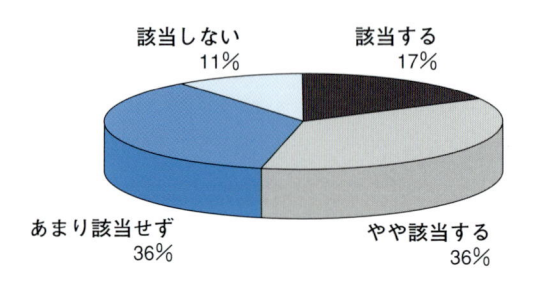

- 該当しない 11%
- 該当する 17%
- やや該当する 36%
- あまり該当せず 36%

（出所）　社団法人日本経営協会「20代の考えるプレミアムな会社研究会」において筆者実施の調査データ（2006）より作成。

　もちろん，これは回答者本人が主観的に回答する質問紙調査にもとづく結果であるため，「自信がある」と回答した従業員が本当に企業にとって優秀な人材と位置づけられているかは保証の限りではありません。しかし，主観的な誘因と貢献のバランスの状態は伺えるため，ここに組織均衡論の考え方を活用することは可能と考えられます。

　そこで，これら2つの質問項目に対する回答結果を組み合わせ，それらの回答結果が，組織内地図の高低でどのように異なるかを比較したところ，図表7.8の結果が得られました。この結果から主に次の2点が読み取れます。第1に，組織内地図が高い従業員は自分自身の能力に自信を持つ傾向があることが挙げられます。地図が低い人の場合，自信があると回答する割合は2割程度でしたが，地図が高い場合，反対に8割程度の従業員が自信を示しています。第2として，たとえ自信があっても，地図が高い人ほど，「転職の機会があっても辞めない」と考える従業員の割合が高くなっていることを指摘できます。地図が低い従業員の場合，自信を示す回答者の3割強しか「辞めない」とは回答しませんが，地図が高い従業員に関しては約6割がそう答えているのです。

　もちろん，仕事を継続できないさまざまな事情がある人には該当しません

図表 7.8　組織内地図の高低によるリテンション効果の比較

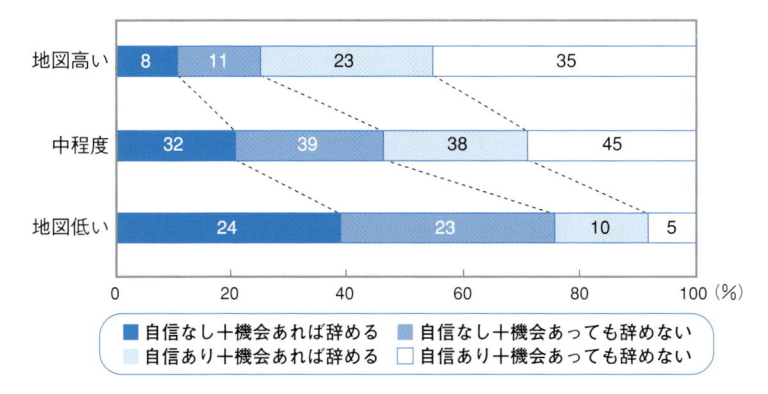

	自信なし＋機会あれば辞める	自信なし＋機会あっても辞めない	自信あり＋機会あれば辞める	自信あり＋機会あっても辞めない
地図高い	8	11	23	35
中程度	32	39	38	45
地図低い	24	23	10	5

（出所）　社団法人日本経営協会「20代の考えるプレミアムな会社研究会」において筆者実施の調査データ（2006）より作成。
（注）　数字は各項目に対する回答者数。

が，こうした結果を総合すると，一人ひとりの従業員の組織内地図を高める努力を企業として促進すれば，優秀な人材でも組織に留まることを自発的に選択してくれる可能性が高まると理解できそうです。

　従業員の計画的な退職管理は，企業運営上，大切なことです。とくに，当該企業にとって必要性の薄れた従業員，そして他の企業でまだ活躍できる余地や可能性を残している従業員を，比較的早期に円満な形で企業外に送り出すことは，組織の新陳代謝上，ある程度不可欠な活動といえます。しかし，そうした従業員だけでなく，企業としてぜひ引き止めたいと考える，自らの能力に自信を持つ優秀な従業員が次々に多数離脱してしまう場合には，その企業に何か問題があると考えるべきです。同様に，さまざまな事情によりいったん離職しても，退職した企業に少なからず愛着を感じ続けたり，再び戻って働きたいと思う人が少ないような企業も，そうした状況を一つの危険信号として真摯に受け止めるべきでしょう。

　まとめれば，単独の活動としての退職や採用のみではなく，退職活動とそ

の後の再流入との関係に着目することで，企業の健全度がある程度明らかになると考えられます。仮に，そのバランスが大きく崩れていたら，働く喜びや愛着を感じにくい企業になっていないだろうかとの観点から，退職管理の運用の仕方を始めとして，自社の人的資源管理全般を急ぎ再点検してみる必要があるでしょう。

演習問題

7.1　本書で登場したさまざまな退職年金制度を調べ，それぞれの特徴や違いを比較した表を作ってみましょう。その中でもっとも望ましいと思われる制度を挙げ，そう考えた理由を説明しなさい。

7.2　従業員の退職金制度に相当する役員の退職金制度として，「役員退職慰労金制度」というものがあります。この制度は最近廃止の動きがみられますが，その理由を調べてみましょう。

7.3　役職定年制度の是非について，多面的に検討してみましょう。それは企業にとって有益もしくは必要な仕組みでしょうか。それとも，改善もしくは廃止が求められる仕組みでしょうか。

7.4　リターン雇用制度を実施している企業を調べてみましょう。その導入が何年頃のことで，利用実績がどのくらいあるか，可能な範囲で確認してみましょう。

第 8 章

これからを拓く人的資源管理

　本書の最終章である第8章では，現代企業にとって重要性が高まっている「リスク・マネジメント」と「ダイバーシティ・マネジメント」を取り上げます。これらの新しいテーマが，従来の日本企業の人的資源管理とどのように関係するのか確認するとともに，企業の今現在の姿勢や今後あるべき姿の検討を行います。最後に，これら，テーマも含みつつ，人的資源管理の諸領域に訪れている変化を総合的にとらえたとき，第1章で掲げた問いにどのような答えを導きうるのか考えます。

○ KEY WORDS ○
労働災害，メンタルヘルス不全，リハビリ勤務，
労働安全衛生法，個人情報保護，情報漏洩対策，
雇用ポートフォリオ，非正規従業員，均衡処遇，外国人就労者

8.1　重要性が高まる2つのマネジメント

　最終章である本章では，近年，重要性が高まっている2つのテーマ，リスク・マネジメント（risk management）とダイバーシティ・マネジメント（diversity management）を取り上げ，それらがここまで順に理解してきた人的資源管理の基本的な流れとどのように関係しているか確認します。

　リスク・マネジメントといってもさまざまですが，本書ではその目的上，人的資源に関するものに限定します。具体的に着目するのは，従業員の健康状態に関するリスクと従業員を通じた情報漏洩などのリスクの2種類についてです。従業員の健康状態に配慮することは，モチベーション管理はもちろん，第6章で確認した労働環境の整備以前の大前提ですが，従来の日本企業はこの問題に対してどのような姿勢で臨んできたのでしょうか。十分な対応をしてきたのか，利益に直接関係の薄い余分な問題として比較的疎かにしてきたのか，いずれでしょうか。また，比較的新しいテーマとして浮上した情報管理に関しては，どうなのでしょうか。万全の管理体制や心構えがすでにできているのか，むしろこれからの課題という位置づけなのか，確認する必要があります。

　一方のダイバーシティ・マネジメントにもさまざまな視点が存在します。人種や性別，年齢，健康状態などから判断して，いわゆるマイノリティ（少数派）に属する人々のマネジメントはすべてこの議論の対象となりえますが，本書では，正規従業員と対応させた場合のマイノリティの活用，すなわち就業形態の多様化のマネジメントに焦点をあてます。これまで繰返し述べているように，非正規従業員の割合が年々増加している現在，企業が本当の意味で発展を遂げるには，正規従業員の幸せだけでなく非正規従業員のマネジメントにも心を配る必要があると考えるからです。

　最終的には，これら2つのテーマも含めた人的資源管理の諸領域の変化を

総合的にとらえ直し，第1章で掲げた問いに対し，どのような答えを導きうるか考えていくことにします。

8.2　安全・健康に関するリスク・マネジメント

○ 労働災害

　従業員の健康状態や生命が危機的な状況にさらされているとき，たとえ企業として利益が上がっていたとしても，本来それは健全な状況とはいえません。

　労働災害，いわゆる労災とは死亡や負傷，疾病など，労働者の受けた業務上の災害のことをいいます。たとえば，高所からの落下や機械に体をはさまれるなどの負傷事故，業務に起因する腰痛などの筋骨格系疾患，振動や騒音による聴力障害，化学物質や鉛中毒，電離放射線による障害などは，いずれもこれに該当します。また，最近の裁判事例ともなったアスベストによる肺がん・中皮腫などの健康障害も同様です。

　労災には，業務災害と通勤災害がありますが，業務災害と認定されるには，業務遂行性（労働契約にもとづき事業主の支配下にある状態）と，業務起因性（業務が原因となっている事実）がともに認められる必要があります。政府による指導とそれにもとづく企業努力もあり，1972年の労働安全衛生法の制定まで5,000人を上回っていた死亡災害数は年々減少し，2006年には1,500人を割るまでになりました。しかし，プラントの火災・爆発事故など，一度に3人以上が死傷する重大災害自体は必ずしも減っていません。

　また，業務災害の一つである過労死も，むしろ増加傾向にあります。社会問題として顕在化したのは1980年代半ば頃からですが，バブル崩壊後に厳しさを増した労働環境の中で加速しました。また，従来は発症前1週間程度

の働き方しか考慮されなかった，厚生労働省による過労死の労災認定基準が2001年に大幅に緩和され，発症前1カ月の時間外労働が100時間を超えている，もしくは発症前2カ月から6カ月間の月平均時間外労働が80時間を超えれば死と業務との関連性を認める方向になったことも，申請数の増加に影響していると考えられます。過労死とは，長時間労働や不規則な勤務，過度の拘束時間や出張回数，緊張を強いる業務内容によって，脳血管疾患や虚血性心疾患などが起こり，急激に死に至ることを指します。後述するメンタルヘルスとも大きく関係する問題です。

一方の通勤災害とは，従業員の通勤時における負傷や死亡のことです。通勤とは，住居と就業先との間を合理的な経路や方法で往復することを指しています。日用品の購入や病院での診療など最小限での逸脱の場合は除きますが，たとえ帰宅途中であっても通常の経路から逸脱したプライベートな時間として災害にあった場合は，労災の対象とはなりません。ただ最近では，単身赴任や事業所間移動が増加しているため，その経路間の事故も通勤災害と見なされるようになりました。

これら労災が認定されると，被災者は労災保険法（労働者災害補償保険法）により労災給付を受けられます。たとえば業務災害の場合，療養補償給付，休業補償給付，障害補償給付，傷病補償年金，遺族補償給付，葬祭料・葬祭給付，介護補償給付などが用意されており，その支給金額は休業期間の長さや障害等級の重さなどで変わります。また，こうした法で定められた給付のほかに，従業員が労災で死亡した場合には独自に法定外補償を実施する企業も過半数に上ります。扶養者の有無で異なりますが，業務災害による死亡は3,000万円程度，通勤災害による死亡は1,800万円程度が標準のようです。

○ メンタルヘルス不全の現状

従業員の身体面の安全・健康だけでなく，心の健康に配慮することも，現

代企業では不可欠となっています。1998年以降，日本では自殺者が増加傾向にあり，ここ数年は交通事故死者の3倍から4倍にあたる，年間3万人を超える状況が続いています。そのうち，企業で働く人々の自殺は約8,000人から9,000人で，大半を男性が占めるとされます。

　こうした中，慢性的な長時間労働や仕事のストレス，職場の人間関係などに起因する精神障害や自殺に対する労災申請・認定件数も急増中です。とくに，電通において入社2年目の従業員がうつ病による自殺をし，会社の安全配慮義務不履行とともにその自殺が労災に該当すると認められた後は，精神障害等を原因とした労災の認知度が飛躍的に高まりました。実際に，精神面に関する労災請求・認定状況の推移を示した図表8.1からは，自殺に至らないまでも精神障害を理由にした労災請求が，1999年から2006年のわずか7年で10倍近くに増加していることがわかります。ここでいう精神障害とは，躁鬱症や統合失調症などの精神病，アルコール依存症や心身症，抑うつ，

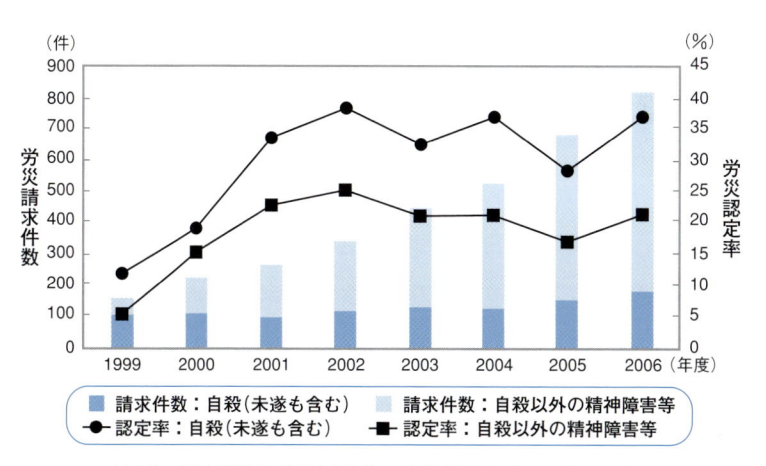

図表8.1　精神障害等の労災請求・認定状況の推移

（出所）　厚生労働省「精神障害等の労災補償状況」より筆者作成。

強迫神経症などの神経症などを指します。

　こうしたメンタルヘルスの問題を抱えるのは，本来企業の戦力と期待される30代従業員がもっとも多いことが明らかになっています。たとえば，社会経済生産性本部メンタルヘルス研究所の調査（2005）によれば，従業員規模3,000人以上の企業では，心の病を抱える従業員の約7割が30代といいます。中小企業よりは大企業，伝統的で安定した業界よりはサービス業や情報通信業など競争の激しい業界などで発症率が高く，海外勤務者や新任管理職など急激な環境変化や多大なストレスにさらされる人にも頻繁に見受けられます。過度の効率化で心身ともに慢性的な疲労を抱えていると起こりやすいとされますが，その最終的な決定打となるのは，実は，パワー・ハラスメント（いわゆるパワハラ）と呼ばれる，職場でのいじめや人間関係の悪化にあることも少なくありません。

　パワハラとは，職場での上下関係や権限の違いを利用した，いやがらせのことです。パワハラ被害を訴えるのも30代男性が多数を占めますが，その多くが通院や休職，退職を余儀なくされています。パワハラは，傷害にあたるような執拗ないじめや暴力，仕事上の不利益な取り扱いなどの違法行為に対して認定されます。また，上司にそのつもりがなくても，無理難題の強要や行き過ぎた指導，私生活に介入した不適切な業務指導，人格を傷つける言動やしごきなども，繰り返されればパワハラとして認定される可能性があります。

　これに対して，客観的に厚遇と思われる待遇でも，本人が真面目で完璧主義すぎる場合，気づかないうちに過剰労働で疲労が蓄積したり，周囲からの期待の大きさや責任の重さが大きなストレスとなって発症してしまうケースもあります。どのような原因であれ，メンタルヘルス不全の従業員が増えることは，それだけその労働環境が従業員にとって望ましい状況から逸脱しつつあることのシグナルと受け止めることができます。そのため，企業側はいかなる場合でも従業員の心身の健康状態にアンテナを張り，十分な配慮をするとともに，仕事の進め方や評価のあり方などを始めとしたシステム全体の

見直しに努める必要があります。

◯ メンタルヘルス・ケアへの取り組み

　そうはいっても，上司をはじめとした職場の人々は自らも日々の業務遂行に追われているため，なかなか他の従業員一人ひとりの健康管理にまで目を配れないのが現実です。とくに，メンタルヘルス不全の場合，早期発見が難しいことが障害となります。兆候として仕事の能率低下やミスの多発，遅刻や欠勤の増加などが挙げられますが，外部からみて明らかに病気とわかる頃にはかなり症状が悪化しており，自殺のリスクが高まっていることも多いとされます。原因の把握も難しく，仮に仕事や職場が主原因でも，家庭の悩みなどが絡んだ複合的なものになっている場合もありえます。

　もっとも，一度発症すると再発率は高く，休業も長期化する傾向があるため，難しいとばかりはいっていられません。図表8.2は，メンタルヘルス不全による休業者の有無と，その休業が1カ月以上に及ぶものかどうかにつ

図表8.2　企業規模別にみた1カ月以上の休業者のいる割合

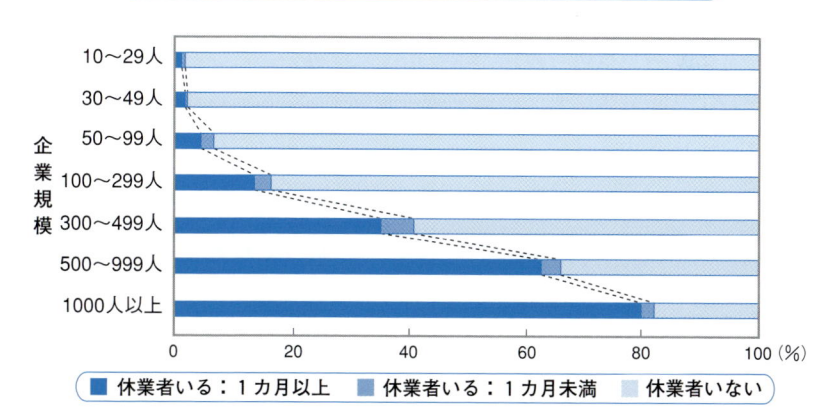

（出所）　厚生労働省（2005）「労働安全衛生基本調査（事業所用）」より筆者作成。

いての調査結果です。企業規模が大きいほど，休業者がいる割合が増えるとともに，そのほとんどが1カ月以上の休業者であることがわかります。その間は誰かが休業者の仕事を肩代わりせねばならず，本来の業務以外の負荷を背負う結果，第2・第3の心身の健康を損なう者を出すという悪循環にも陥りかねません。このように派及効果も含めると被害は甚大なため，何よりも予防に努めるべきなのです。

　そこで，事業場で推進すべきメンタルヘルス・ケアの方向性が，2006年に厚生労働省から示されています（「労働者の心の健康の保持増進のための指針」）。基本的には，①従業員自身によるセルフケア，②ラインによるケア，③事業場内の産業保健スタッフによるケア，④事業場外の資源によるケア，の4本柱で成り立ちます。かつて，メンタルヘルス不全は従業員個人の問題であるうえ，職場内にもその症状に関する誤解や偏見が蔓延しやすかったのですが，現在は組織の取り組むべき問題として，本人・上司・人事労務担当者・産業医・家族の連携強化が重視され始めています。とくに，もっとも早く異常に気づきやすく日常的なサポートを担う家族と，職場での様子が観察でき業務量の調整も可能な上司との，十分な情報共有は効果的とされます。ただし，メンタルヘルス不全の原因が上司によるパワハラにある場合は，将来，会社をも巻き込んだ訴訟に発展するなど，解決困難なほどこじれる事態も想定されるため，早めに組織が乗り出す必要性が一段と強まります。

　早期発見・予防だけでなく，休業後の職場復帰支援も最近の企業には求められます。復帰の第1ステップは，本人からの職場復帰申請です。主治医による復帰可能との診断書が必要なのはもちろんですが，主治医と産業医では復帰可能の判断基準が異なるため，最終的には，「1日8時間，週5日働ける」ことを基準とする，産業医の判断に従うことになります。復帰可能な場合，具体的な復帰日や労働時間や業務内容についての制限，職場関係者の果たすべき役割，通院の必要性の有無などを定めた職場復帰支援プランを作成し，必要ならばリハビリ勤務から開始します。

　リハビリ勤務とは慣らし勤務ともいい，最初はコアタイムもしくは午前中

だけ出勤し徐々に勤務時間を延長する方法か，週あたりの勤務日数を徐々に増やす方法が一般的です。休職者は，休業したことに関しさまざまな不安を抱えているため，この制度があるだけで安心できる可能性があります。また，休職者が希望しがちな早すぎる復帰は，症状悪化や再度の休職を招きがち，などの問題がありますが，この制度を通じて，企業側も休職者の回復状況を十分に見極められるという利点があります。ただし，これらの取り組みは着手されたばかりで，本格化や企業における知識の徹底にはまだまだ時間がかかりそうです。

なお，アメリカではEAP（Employee Assistance Programs）と呼ばれる従業員支援プログラムが普及しています。もともと，アルコール依存症患者の治療を支援するボランティア団体に端を発する活動ですが，単に発症者個人の治療や支援を目的とするのでなく，個人のパフォーマンスの向上と企業の効率性の両立を目指す点に特徴が見出せます。日本では，現在のところ，こうした外部の専門機関の利用状況は低い水準にとどまっています。

○ 予防としての安全配慮システム導入と健康診断

メンタルヘルス不全だけでなく，事故や健康障害すべてにおいて予防は最善の策です。そこで，安定的に安全を確保するため，総括安全衛生管理者や安全管理者・衛生管理者，産業医などを組織に配置し，安全衛生教育を徹底したり，あらゆる状況を想定した予防措置が必要となります。とくに安全衛生教育の重要性は高く，労働安全衛生法でも新たな従業員の雇用や作業内容の変更，新たな管理監督者の就任時には，安全衛生教育を義務づけています。当然，危険有害業務に就くときは，それに応じた特別な教育も必要とされます。

また，作業環境の危険性を測定し，そのリスクの軽減に努めることも重要です。そのための継続的な改善システムを，労働安全衛生マネジメントシステム（OHSMS；Occupational Health & Safety Management System）と呼び

ます。具体的には，事前にリスク・アセスメントを実施し，社内に潜む危険要因や有害要因を特定し，そのリスクが許容可能なものか，発生頻度が高そうか，などのさまざまな観点から評価づけをします。そして，リスクの大きいものから順に低減に努めることを繰り返します。このシステムの導入率もまだけっして高くありませんが，導入企業では災害発生率が減少したとの調査結果もあります。このほか，従業員を預かる企業側の当然の行為として，定期的な安全パトロールや施設の整備，従業員に対する健康診断も義務づけられています。

　健康診断には，全従業員を対象にした雇用時および年1回の定期健康診断と，深夜業務や有害業務に従事する従業員を対象にした，特定業務従事者健康診断および特殊健康診断があります。さらに2008年度からは，メタボリック・シンドローム（内臓脂肪症候群）などへの懸念を背景に，健康保険組合などの医療保険者のうち，40歳以上の被保険者・被扶養者を対象として，腹囲測定など生活習慣病に関する特定健康診査と特定保健指導も義務づけられました。これもまた，予防こそ最善の策という発想にもとづいた政策です。健康診断の結果は必ず本人に通知し，必要な保健指導を行うこととされています。同時に，何らかの疾病が認められた場合には改善と再発防止のために，企業にはその従業員の就業場所や作業の変更，労働時間の短縮などの措置が求められます。このほか，労働時間が一定の基準を超えた従業員には，第6章でも述べたように産業医との面談が実施されます。

　まとめると，従業員の健康状況へのリスク・マネジメントに対しては，労働環境の整備と同様，法の規制が先行していることは否めません。しかし，一度大きな労災が生じたり，多くの健康被害者やメンタルヘルス不全者を出してしまうと，結果的にみて企業経営に大きな打撃になるとの認識は以前と比較すると高まってきているようです。とくに，年々増加し続けるメンタルヘルス不全の問題に対しては，企業側も放置しておくことができず，仕組みの整備や自主的な勉強会の開催などの積極的な動きが徐々に広がりつつあります。こうした動きは望ましいことである一方，こうした取り組みの必要性

が生じるほど，従業員の疲弊感が高まっていたり，働く喜びを感じにくい状況に陥っているという事実は，けっして失念すべきではないでしょう。

8.3 情報管理に関するリスク・マネジメント

○ 個人情報保護の観点から

　続いて，比較的新しいテーマである，従業員に関する情報のリスク・マネジメントを取り上げます。これには従業員の情報管理に関するものと従業員を通じた企業情報管理に関するものの，大きく2種類があります。

　まず，従業員の情報管理から着目します。企業が前述のような従業員の健康管理を行うにあたって，最近とくに注意が必要なのが個人情報保護です。たとえば，感染症やメンタルヘルス不全など，他人に知られると偏見や差別につながりかねない病歴は，可能な限り隠しておきたいと考える人が多いことでしょう。産業保健スタッフへの相談内容や履歴についても同様です。こうした理由から，2004年の厚生労働省のガイドライン「雇用管理に関する個人情報のうち健康情報を取り扱うにあたっての留意事項」では，個人情報を取り扱う事業者が講ずべき措置を示し，それを遵守した管理体制の構築・運営を求めています。

　具体的には，企業がこうした情報を収集・共有する必要が生じた際は，当該従業員に必ずその目的と必要性を十分説明し，本人の同意・承諾を得ることが不可欠とされます。そのうえで，その情報は目的の達成に必要な範囲に限定し，産業医などの保健衛生専門スタッフ以外が取り扱う場合には，利用目的を超えた活用ができないよう加工した情報しか提供しないなどの措置が求められます。もっとも，伝染性など情報共有しないと他の従業員にも危険が及んだり，業務遂行に重大な支障が生じるなど緊急性が明らかな場合は，

例外的な措置が認められることもあります。

　慎重さと配慮が必要なのは，人種や本籍地，思想・信条・宗教，特殊団体活動経験の有無などの，いわゆる機微（センシティブ）情報についても同様です。また，パワハラやセクハラ（セクシュアル・ハラスメント）に関する相談内容や相談者のプライバシーの保護についても，いうまでもありません。相談することで逆恨みされ，かえって被害が深刻化するようでは，誰も勇気を出して企業に相談できなくなるからです。この点は，ホイッスルブロワー（内部告発者）とも呼ばれる，公益通報者に対しても同じです。実際には，たとえ組織のために良かれと思って社内の不正を通報した場合でも，その人物は裏切り者として周囲の冷たい視線にさらされ仕事が進めにくくなったり，結果として退職を余儀なくされるなどの不利益を被ることが大半のようです。告発により会社の業績が悪化したり，最悪の場合，倒産すら起こりうるなど，他の従業員の雇用を脅かす結果にもつながりかねないためでもあります。しかし当然ながら，2006年施行の公益通報者保護法では，通報者の情報も保護すべき対象としています。

　このほか，従業員のメールアドレスや緊急連絡先，家族構成などの情報も個人情報に属します。通常時におけるこれらの情報保護は当然ですが，有事に備える場合も注意を要します。最近では，地震などの自然災害や大事故発生の場合に備え，従業員の緊急連絡先を地理的に分散させ，いざというとき被災地以外から被災地の従業員の安否確認ができるようにする企業も少なくありません。しかしその場合でも，従業員であるから当然という論理は成り立たず，情報の収集・共有には従業員本人の同意・承諾が必要となります。あわせて，災害時のみに，しかも特定の担当者しかその情報へのアクセス権を持たないなどの十分な管理体制が要求されます。

◯ 情報漏洩への対策

　一方，従業員を通じた企業情報管理の問題とは，いわゆる情報漏洩のリス

クです。情報漏洩の諸原因のうち，発生頻度こそ低いものの，いったん発生すれば被害が甚大なのは何といっても不正行為です。

　不正行為にも，インターネットの普及によるウィルス感染やセキュリティ・ホールの攻撃，他人のIDやパスワードの無断使用による不正アクセスなどさまざまな種類がありますが，企業にとってより深刻度が高いのは，企業内部者による顧客名簿の売却などの事態です。もちろん，こうした営業秘密に属するものを不正に取得・複製・第三者に開示すれば，不正競争防止法の処罰の対象になります。しかし，企業としては，その犯人を罰して事が済むわけではありません。情報漏洩事件が一度発生すれば，企業の信頼は失墜し金銭的に大きな被害が出ることはもちろん，社内の雰囲気も悪化する恐れがあります。

　したがって，こうした事態を未然に防ぐためには，就業規則等で守秘義務やそれに違反した場合の罰則規定を明示するとともに，情報管理責任者をおき，管理システムの整備や従業員に対する啓蒙活動を行う必要があります。また，不正行為を起こしやすいのは，常日頃から企業の中で不当な扱いを受けていると不満を抱える者や，金銭的に行き詰っている者が多いとされます。そのため，上司が部下一人ひとりに目を配り，信頼関係を築いておくこともそれなりの効果があると考えられています。もっとも最近では，後述するように就業形態が多様化しており，アウトソーシング（外部委託）の機会も増えたため，情報管理の難しさがいっそう増しているのも事実です。

　不正行為のように悪意にもとづくものではないものの，情報漏洩の発生原因の第1位は，実はデータやPCの紛失・置忘れです。また，電子メールの誤操作も主要原因の一つです。これらの防止にも，組織体制の整備や従業員への情報セキュリティ教育の徹底が有効でしょう。さらには，やはり悪意がなくても，退職者からの機密情報漏れの問題もあります。たとえば退職後，元の従業員が在職中に培った人脈や知識を活かせる企業に転職することは少なくありませんが，それに伴い，その人物の転職先に自社の情報がある程度流れてしまうことは避けられません。そこで，就業規則等で定めた守秘義務

を「退職後も同様」とする企業や，一定期間は同業他社への転職を禁止する競業避止義務を設ける企業もあります。しかし，後者に関しては従業員の職業選択の自由と抵触するため，あまり望ましい方法とはいえないというのが現在の一般的な見解です。

　情報に関するリスク・マネジメントは，人的資源管理の諸領域の中では，最近ようやくその重要性が認識され，対策が講じられ始めたところです。そのため，残念ながらまだ企業の準備が整わず，さまざまな努力が後手に回っている感があります。組織体制の整備は当然ですが，解決の鍵はやはり従業員との信頼関係の再構築にあると考えるべきでしょう。

8.4　就業形態に関するダイバーシティ・マネジメント

◯ ダイバーシティ・マネジメントに期待する効果

　続いて，もう一つの比較的新しいテーマであるダイバーシティ・マネジメントに着目します。ダイバーシティ・マネジメントとは，多様なバックグラウンドを持つ多様な人材を上手に組み合わせることによって，画一的・同質的な人材のみでは実現しえないプラスのシナジー効果を狙う考え方です。

　この発想はもともと，多種多様な人々で構成されているはずのアメリカにおいて，人口割合的にはけっしてマジョリティ（多数派）ではないはずの白人の大卒男性が，マジョリティとして社会や企業を牛耳っていることへの疑問から生じています。多様で異質性の高い人材の管理は，企業にとって摩擦やコンフリクト（対立・葛藤）の種となったり，管理を煩雑にするなどのマイナス面も伴います。しかし，創造的な発想や思いがけないニーズの発見の多くが，異質な人材との交流や彼らの活躍で生まれることは少なくありませ

ん。何よりも，マジョリティ以外の多くの人的資源を有効に活用できないことは，企業にとって大きな機会損失といえます。

日本におけるダイバーシティ・マネジメントは，主に女性の活用という文脈で注目されてきました。日本の場合，女性の労働力の推移をM字カーブという言葉で表現するように，女性の社会進出・企業での活用の遅れが人種問題よりも大きな問題として理解されてきたためです。本書でも各章にわたって所々取り上げてきたように，ポジティブ・アクションやファミリー・フレンドリー施策などが推進されてもなお，女性の就業状況に関する改善は十分ではありません。その原因として，女性自身の就業に関する考えの甘さ，配偶者に養ってもらおうとの発想，家庭重視の姿勢があるとも指摘されています。しかし，ダイバーシティ・マネジメントという言葉を用いながら，男性とは異なる性である女性に依然として男性と同じ働き方をあてはめようとする企業の姿勢や，そこから外れるとキャリア上の成功を得にくくなるという現在の仕組みも，かなり大きな要因として作用していると考えられています。

こうした人種，性別などのほか，いわゆるマイノリティに属する人々のマネジメントはすべてこの議論の対象となりえますが，本章では正規従業員に対するマイノリティ，すなわち異なる就業形態の人々の同時活用に焦点をあてることにします。

○ 雇用ポートフォリオ

本書ではここまで，少しでも読者の理解を容易にするために，主に雇用期間に定めのない正規従業員のみを対象とし，有期契約労働者である非正規従業員については，意識的に議論の対象から外してきました。しかし，非正規従業員の割合は増加の一途を辿り，現在は企業で働く人々の3人に1人を占めるといわれます。第1章でも触れた労働者側の価値観やライフスタイルの多様化という事情に加え，人件費の削減，リストラ後の正規従業員の代替と

いう企業側の都合が大きな原動力となって，非正規従業員の活用を促進してきたのです。現代企業にとって，今や非正規従業員の労働力は欠かせない存在となっています。正規従業員だけ幸せにしていれば良い時代ではなくなり，非正規従業員を含めたすべての働き手に配慮する重要性が高まってきているのです。

非正規従業員の種類には，パート・アルバイト，契約社員，嘱託社員，派遣社員などがあります。期待される働き方がそれぞれ異なるこうした人々を，企業は正規従業員とともにどのように活用しうるのでしょうか。その考え方の一助になるとされるのが，図表8.3で示す日本経団連（1995）提起の，雇用ポートフォリオ・モデルです。

このモデルは，企業で働く人々を短期勤続か長期勤続か，企業にとってのコア人材か周辺人材か，という2軸からとらえ，それにもとづき長期蓄積能

図表8.3　雇用ポートフォリオ・モデル

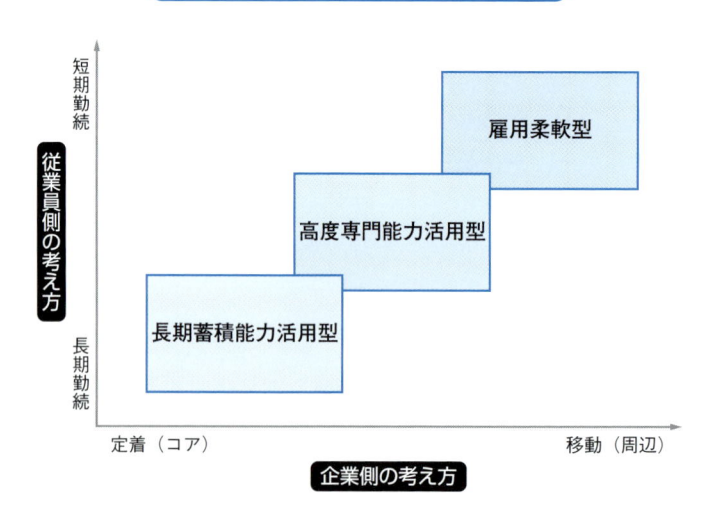

（縦軸：従業員側の考え方　短期勤続／長期勤続　横軸：企業側の考え方　定着（コア）／移動（周辺））

・長期蓄積能力活用型
・高度専門能力活用型
・雇用柔軟型

（出所）　社団法人日本経営者団体連盟（1995）『新時代の「日本的経営」――挑戦すべき方向とその具体策』日本経団連出版より。
（注）　（　）内は筆者による補足。

力活用型と高度専門能力活用型，雇用柔軟型の3タイプに分類しています。

　長期蓄積能力活用型とは，長期勤続を前提に，企業文化の継承や企業特殊性の高い能力・スキルの蓄積，長期にわたる能力発揮を期待する人々を指します。基幹的業務を担う正規従業員がこれに該当します。それに対して雇用柔軟型とは，流動的な働き方に価値を置く，企業の数量的柔軟性の確保にもっとも貢献しうる人々をイメージしており，非正規従業員の中でも特別なスキルを持たないパート・アルバイト，派遣社員などが該当しやすいでしょう。さらに，その中間に位置する高度専門能力活用型は，正規・非正規を問わず，長期勤務にこだわらず高い専門性で勝負する人々があてはまります。たとえば，研究所勤務の正規従業員や契約社員，嘱託社員の一部などは，ここに分類される可能性が高いと理解されます。

　基本的に，企業からみて各タイプに優劣は存在せず，大切なのは自社の目的や戦略に合った効果的な組合せや，各タイプに応じた適正な処遇の実現とされます。たとえば，業務の繁閑に応じて弾力的な人材活用を理想とするサービス業や飲食業では，雇用柔軟型の割合を増やすのが効果的かもしれません。内部人材より雇用柔軟型人材を活用したほうが，コスト的に優れている場合も同様です。それに対して，社内にノウハウやスキルを蓄積する必要がある場合や企業情報の流出を恐れる場合には，長期蓄積能力活用型の人材が欠かせません。また，雇用柔軟型人材が急増したあまり，その指導や指示に時間をとられ，コア人材が本来の仕事ができなくなる状態もけっして望ましいことではないため，そのバランスをはかることが重要となります。たとえば，いかに雇用柔軟型の必要性が高まろうとも，長期蓄積能力活用型がまったく必要ない業種や企業は存在しないため，全員を雇用柔軟型に置き換えるわけにはいかないのです。

　なお，この雇用ポートフォリオ・モデルでは，労働者を一つのタイプに固定するのでなく，本人の価値観や目的の変化，努力次第でタイプ間の移動は可能と説明しています。実際，後述のように，雇用柔軟型として雇用されたパートタイム労働者が，その能力の高さから次第に高度専門能力活用型とし

て期待される例も散見されます。とはいえ，一般職から総合職へのコース転換が必ずしも容易ではなかったように，一度あるタイプに位置づけられると，そこから抜け出し別のタイプに移動するのは容易ではないとの指摘も存在します。とくに，正規従業員になれないために不本意ながら雇用柔軟型として労働力を提供している人々の大半は，その立場に応じた仕事しか与えられず，能力向上の機会も極端に少ないのが通常です。能力が向上しないままでは，そこから抜け出し正規従業員として雇用されることは，実際のところなかなか難しいでしょう。また，常に雇用が不安定な状況に身を晒されているうえ，ほとんどの場合，非常に少ない報酬に甘んじなければならないため，得られる利益と比較して不利益が大きすぎるともいわれます。こうした理由から，このモデルは結局コア以外の人材は使い捨てにしようとする，企業側にとってのみ都合のいい考え方にすぎないとの批判が存在しているのです。

○ パートタイム労働者

　それでは，いよいよ各非正規従業員の特徴を押さえていきましょう。非正規従業員の7割を占めるのがパート・アルバイト，いわゆるパートタイム労働者です。賃金構造統計基本調査の定義に従えば，同じ事業所に雇用されている通常の労働者に比べ，1週間の所定労働時間が短い労働者のことを指します。

　パートとアルバイトに対する厳密な区別はありませんが，一般に，パートは主婦などの女性が多くを占め，アルバイトは学生を中心とした副業的・臨時的な働き方と理解されています。パートタイム労働者の雇用割合が高い業種は，厚生労働省の「平成18年度パートタイム労働者総合実態調査」によれば，「飲食店・宿泊業」「医療・福祉」「教育・学習支援業」「卸売・小売業」などです。

　企業がパートタイム労働者を雇用する理由の上位には，やはり人件費の削減や仕事の繁閑への対応，景気や業務量の変動への対応などが来ます。対す

るパートタイム労働者側では，自分の都合に合わせられる，勤務時間・日数が短い，気軽に働けるなどの理由が上位にきており，両者のニーズがある程度一致していることがわかります。男性の場合，働く目的として「家計の主たる稼ぎ手として生活維持のため」を挙げる割合が高いのに対し，配偶者がおり主にその収入で暮らす女性の場合には，「家計の足しにする」「生きがい・社会参加のため」との回答が多くなるという違いが見出せます。

パートタイム労働者の賃金は低く，2007年時点の時給では大半が800円から1,400円に分布し，年収100万円未満が約半数を占めます。ただし，正規従業員と比較すると，仕事に求められる専門性や責任が軽微で，勤務時間の自由度も高く，配置転換もまれなため，始めからその条件に納得している者も多いようです。とくに配偶者のいる女性の場合，年間総収入を一定枠内に収めないと，所得税の対象となったり配偶者控除や厚生年金の被扶養者の対象外になることから，年末に仕事を休んだり労働時間を削減するなどの就業調整を行う者すらいます。もっとも最近では，正規従業員とほとんど同等の仕事や労働時間をこなすにもかかわらず，賃金は正規従業員にはるかに及ばない擬似パートもしくは正社員的パートも増加しており，そのような人々はこうした不公平な現状に不満を抱きやすいと考えられています。

パートタイム労働者全体の地位向上をはかる目的で，1993年に制定され，2008年に改正されたパートタイム労働法（短時間労働者の雇用管理の改善等に関する法律）によれば，契約に関しては，パートタイム労働者に対しても，正規従業員と同様の労働条件の明示が義務づけられています。通勤手当の支給，健康診断の実施，必要な教育研修，比例付与での年次有給休暇制度，産休・育休制度などの適用もあります。しかし有給休暇はともかく，育児休暇制度は第6章で述べたように，雇用の保障のある正規従業員ですら取得しにくいものです。パートタイム労働者という立場での取得は，あまり現実的とはいえないでしょう。教育研修も実際にはほとんど行われません。人によっては賞与の支給や定期昇給の対象になることもありますが，家族手当や住宅手当，退職金などは支給されないのが普通です。つまり，正規従業員とは

大きな処遇差があるのが実状なのです。

○ 契約社員・嘱託社員

　契約社員とは，契約によって定められた期間だけ雇用される労働者の総称で，本来はパート・アルバイトもこの契約社員に含まれます。ただし，特定の業務遂行に必要な専門的な知識・技術・経験を有する，プロフェッショナル的な働き方をする人々のみを指す言葉として，特別な位置づけを与えている企業もあります。

　契約社員を活用するメリットは，専門的な人材を必要なときに必要な期間だけ雇用できることです。こうした専門性の高い人材に対しては，アルバイト・パートとは異なり，正規従業員に準じた扱いをするのが通常ですが，単に正規従業員と同じ処遇では不満を感じる者も少なくないため，単年度の業績を基準とした年俸制を採用することも増えています。その場合，業績によっては役員並みの報酬も期待できる一方，当初目標として示された成果を上げられないときは契約更新されない，という実績勝負の雇用形態となります。

　一方の嘱託社員とは，主に経験を有する高齢者等が対象で，一定の職務に従事するために非常勤で直接雇用されている者を指します。いわゆる再雇用制度の対象者が大半で，第7章の該当箇所で説明したとおり，仕事内容は正規従業員と同じか，やや負荷が軽くなる傾向があります。もっとも，長年の経験や高い専門性を買われて嘱託社員となっている場合は，技能伝承など後進の育成を初めとして，正規従業員よりも専門性が高い仕事を任されることもまれではありません。嘱託社員の労働条件や給与水準についても第7章で述べたとおりです。

○ 派遣労働者

　非正規従業員の中でも，とくに増加が著しいのは派遣労働者です。ここまで取り上げたパート・アルバイト，契約社員，嘱託社員はいずれも企業による直接雇用ですが，派遣労働者は図表8.4で示すように間接雇用で，正式な雇用関係は派遣先ではなく派遣元である人材派遣会社との間に結ばれます。一見，第4章で説明した出向と似ていますが，出向の場合，出向元はもちろん出向先との間にも労働契約が成立している点が本質的に異なります。また，請負業者が自社の社員を発注先に派遣し業務を遂行する請負労働とも似ているようですが，発注先には労働者に対する直接の指揮命令権がないため，派遣先に指揮命令権のある派遣労働とはやはり異なるものとして理解されます。

　かつて労働者派遣は，強制労働や中間搾取等の弊害をもたらすとして，職

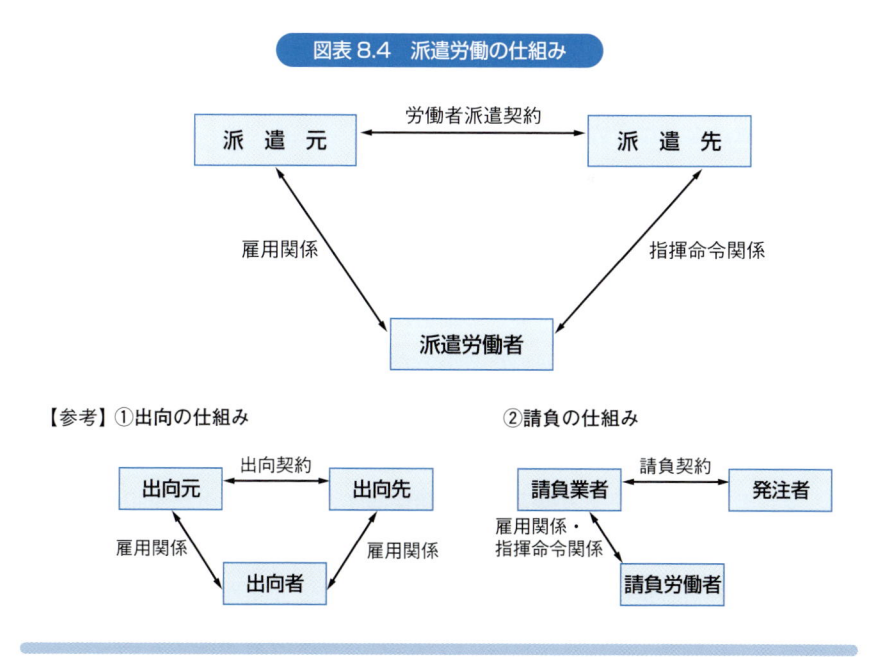

図表8.4　派遣労働の仕組み

```
         労働者派遣契約
派遣元 ←──────────→ 派遣先
   ↘                    ↙
  雇用関係          指揮命令関係
      ↘            ↙
       派遣労働者
```

【参考】①出向の仕組み

```
         出向契約
出向元 ←────────→ 出向先
   ↘              ↙
 雇用関係      雇用関係
      ↘       ↙
       出向者
```

②請負の仕組み

```
             請負契約
請負業者 ←──────────→ 発注者
   ↓
雇用関係・
指揮命令関係
   ↓
請負労働者
```

業安定法44条で禁止されていました。しかし，技術革新が進み，専門性の高い外部人材へのニーズが高まると，派遣元や労働者の雇用責任を明確に負うことなどを条件として，1986年制定の労働者派遣法で認められるようになりました。当初はソフトウェア開発など特定の26業務のみでしたが，段階的に解禁が進み，現在ではネガティブ・リスト方式で港湾運輸業務や建設業務，警備，医療関係以外は原則自由化されています。企業側の熱心な働きかけによって実現したこうした解禁が就職氷河期と呼ばれた時期と重なったことから，自由な働き方を求める者や正規従業員として就職できなかった者が，派遣労働者という雇用のチャンスに飛びつき，結果的に派遣労働人口の急増につながったとみられています。

　企業が派遣労働者を活用するメリットは，パートタイム労働者の場合とほぼ同様です。それに加え，派遣元を通すことで募集や採用，管理コストが不要なこと，即戦力が前提のため教育訓練コストも不要なことが挙げられます。対する派遣労働者側は，自分のニーズに合った働き方ができる，専門性を活かせるなどのメリットがあるとされる一方，賃金の安さや月単位の細切れ契約による雇用の不安定さなどが最大のデメリットです。近年問題になっている日雇い派遣などはその最たるものといえます。派遣期間には上限があり，同一場所・同一業務に派遣できるのは3年までです。それを超えると，労働者派遣法により正規従業員や契約社員として直接雇用する努力義務が派遣先企業に生じます。それを回避しようと，その期間に至る前に契約を打ち切ったり，契約を打ち切りやすいように細切れ契約を望む企業も多く，皮肉なことに，かえって法の意図に反した結果となりがちです。

　派遣労働者は概して年齢が若く，25歳から34歳が過半数を占めます。全体の6割を占める女性は，派遣会社にあらかじめ登録し求めに応じて派遣される登録型として，卸売・小売業や金融保険業などで一般事務を担当する傾向がありますが，男性の場合は，派遣されない期間も派遣元の従業員としての地位が継続する常用型の割合が女性と比べて多く，主な勤務先は製造業や運輸業です。前職で正社員だったが人員整理・解雇の対象になったため派遣

になった，という人が多いのも男性ならではの特徴です。

派遣労働者が担当する仕事は，派遣の受け入れ前は正規従業員がこなしていた仕事が大部分であり，周辺的な内容とはいえ，正規従業員と同等の仕事をしていると受け止めている派遣労働者も少なくありません。労働時間も基本的にはフルタイム型勤務で，派遣元が36協定を締結していれば時間外労働も行います。東京都産業労働局の調査（2006）によると，とくに男性の場合，「ほとんど毎日」残業するという回答が約45％にも上ります。しかし，その報酬は，時給で1,000円から1,500円未満が標準で，年収は200万円から300万円程度にしかなりません。さらに賞与や退職金も支給されません。昇給も時給数十円単位での実施はありますが，貢献度の違いよりは派遣元の違いのほうが大きく反映されるくらいといわれます。通勤手当や健康診断，年休は用意されますが，正規従業員と比較した処遇差は大きいといわざるをえません。なお，雇用保険・健康保険は派遣元が加入することになっています。

以上でみてきた，非正規従業員の特徴を正規従業員と比較・整理したのが，図表8.5です。働き方に多少の自由度がある反面，非正規従業員は報酬や処遇などで，圧倒的に不利で損な状況におかれていることがわかります。なかには，ワーキング・プアと呼ばれるような，働いても働いても暮らしが楽にならない人々や，その日暮らしがやっとのうえに頼みの綱である自身の健康まで損なう人々さえ出てきています。採用管理や退職管理も不十分で，モチベーション管理にもほとんど力が入れられていません。労働法で定められた労働環境に関しては，正規従業員と比較的共有されているものの，非正規従業員は福利厚生を利用できないことが大半です。それでいて，とくに正規従業員と同等の働きを要求されるパートタイム労働者や派遣労働者の場合，非正規従業員のメリットとされている事柄をどの程度享受できているかも疑問です。

こうした状況をみると，非正規従業員は企業側に都合よく利用され使い捨てられるだけという，雇用ポートフォリオ・モデルに対して行われた批判が思い起こされます。こうした非人間的な要素さえある非正規従業員に対する

図表 8.5　正規従業員と非正規従業員の比較

	正規従業員	非正規従業員			
		パートタイム労働者	契約社員	嘱託社員	派遣労働者
企業との労働契約関係	期間に定めのない，直接雇用。	数カ月単位の有期契約で，直接雇用。	年単位の有期契約で，直接雇用。	年単位の有期契約で，直接雇用。	数カ月単位の有期契約で，間接雇用。
仕事内容やレベル	フルタイム。基幹的業務および周辺業務。	パートタイム。正社員より，専門性・責任の軽い業務が一般的。	フルタイム。正社員と同等以上に専門性の高い業務。具体的成果を求められる。	フルタイムもパートタイムも両方あり。正社員と同等か負担の軽い業務。技能伝承などの役目。	フルタイム。周辺業務が多いが，正社員と同等の業務を担当することも。
対象者	新卒から定年まで。	主婦・学生が中心。	高い専門性をもつプロフェッショナル。	再雇用制度を利用する高年齢者が多い。	20代から30代の若年層が多い。中には60代も。
賃金・評価体系	月給制。第3章で説明したとおり。	時給制。年収100万円以内が大半。多少昇給あり。	年俸制。最高額は，役員並みになることも。	月給制。年収200～400万程度。多少昇給あり。	時給制。年収は200～300万程度。多少昇給あり。
配置転換	頻繁にあり。第4章で説明したとおり，総合職には転勤も。	パートタイム比率の高い職場では，本人の事情を考慮しつつ，多少はある。	基本的になし。（特定の専門性を買われ，それが活かせる職場に配置されるため）	基本的になし。（初めから，経験を活かせる職場に配置されるため）	なし。（契約上，派遣される職場・業務を特定しているため）
昇進・昇格	あり。	ほとんどなし。	なし。	なし。	なし。
能力開発	積極的に行う。第5章で説明したとおり，とくに昇進対象者。	業務内容上，必要性がないとして，ほとんどなし。	高い専門性を買っているため，改めて実施されず。	経験を買っているため，実施されず。	派遣元でマナー研修程度。派遣先ではOJTで業務内容を覚える。
労働条件	時間外労働あり。休暇制度や福利厚生は，第6章で説明したとおり充実。退職金あり。	本人事情を考慮した時間外労働あり。通勤手当，有給休暇以外は支給されず。	裁量労働的な働き方。正社員にほぼ準じた処遇。	正社員にほぼ準じた処遇。退職金は，第7章で説明した事情により支給されず。	時間外労働あり。パートタイム労働者に近い処遇。雇用保険等は派遣元で加入。退職金なし。
安全衛生	第8章のとおり。	正社員と同じ。	正社員と同じ。	正社員と同じ。	派遣元が責任。

扱い・働かせ方への疑問が，近年，社会的問題の一つとして取り上げられ始め，パートタイム労働法や労働者派遣法の改正の動きにつながってきています。

8.5 ダイバーシティ・マネジメントに関するトピックス

○ パート・派遣社員等に対する均衡処遇への動き

　正規従業員とパートタイム労働者を除いた非正規従業員の，20歳代から定年年齢時までの生涯賃金を比較すると，両者の間には1億円近い違いが生じると指摘されています。このように，両者の待遇にあまりにも不合理な格差が存在し，コスト削減の手段としての扱いを続けている限り，ダイバーシティ・マネジメントの成功は期待しにくいといえるでしょう。あからさまな格差を目のあたりにする非正規従業員のモチベーションは高まるはずもないうえ，非正規従業員が正規従業員と協力・連携してこそ得られるシナジー効果も期待できないと考えられるからです。

　前述した2008年施行の改正パートタイム労働法は，こうした状況を少しでも改善することを目的に，労働条件の文書交付や待遇の説明，労働条件などの均衡待遇の確保，そして通常の労働者への転換推進などの措置を講じることを求めています。より具体的には，正規従業員を新たに募集する場合，募集に関する事項をまず現在雇用しているパートに周知し，優先的に応募の機会を与えることや，正社員登用・転換制度を設けることなどを求めています。

　正社員登用・転換制度とは，一定の就業期間を満たし，かつ優れた働きをみせる非正規従業員に対しては，本人が希望する場合に限りますが，選考の

図表8.6　正社員登用・転換制度の例

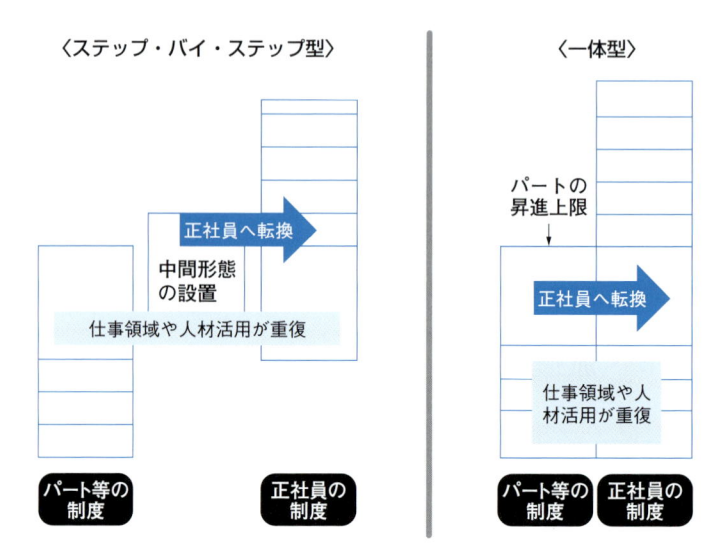

〈ステップ・バイ・ステップ型〉

正社員へ転換
中間形態の設置
仕事領域や人材活用が重複
パート等の制度
正社員の制度

〈一体型〉

パートの昇進上限
正社員へ転換
仕事領域や人材活用が重復
パート等の制度
正社員の制度

（出所）独立行政法人労働政策研究・研修機構（2007）「パート，契約社員等の正社員登用・転換制度――処遇改善の事例調査」調査シリーズNo.32，p.10 図3-1より一部転載。

うえ正社員もしくは契約社員として登用する制度のことです。運用の仕方は，正規従業員との仕事領域の重なり具合にも依存するため，企業によってさまざまですが，大きくは図表8.6で示すようなタイプがあります。ステップ・バイ・ステップ型は，パート等の制度と正規従業員の制度との間に，地域限定社員などといった中間形態を設け，両者に緩やかな連続性を持たせるものです。また，非正規従業員と正規従業員の業務がかなり重複していれば，両者を基本的には隔てず処遇する一体型をとることもできます。非正規従業員としての現在の処遇に総合的に満足している場合，たとえ優秀でも正規従業員への登用を望まない従業員も確かにいます。しかし，正規従業員として雇用されず，やむをえず非正規従業員の形で働いている者や挑戦意欲にあふ

れた者には，この制度は好感と期待を持って受け止められています。

そのほか，まだまだ組織率は低いものの，パートタイム労働者や派遣労働者の労働組合を結成し，その活動を通じて処遇の均衡化を求めようとする動きもみられます。

○ 増加する外国人就労者

最後に，就業形態の違いとはいえませんが，グローバル化の進展の中，やはり社会問題の一つとなっている日本国内における外国人就労者の問題についても触れておきましょう。

日本国内への外国人入国数および登録数は増加傾向にあります。外国人が日本で就労するには，就労が認められる在留資格を取得し，それによって認められる在留期間内で働く必要があります。政府は，専門的・技能的職業の受け入れは歓迎・促進する方針のため，外交，公用，教授，芸術，宗教，報道，投資・経営，法律・会計業務，医療，研究，教育，技術，人文知識・国際業務，企業内転勤，興行，芸能の活動については，外国人の就労を認めています。こうしたタイプには，比較的欧米出身者が多くみられます。このほか，永住者はもちろん，その配偶者や日本人の配偶者，日系人などの定住者資格保有者については，在留期間内であれば業種に関係なく就労が認められます。

これに対して，いわゆる単純労働者の受け入れについては，政府は慎重な姿勢を示しています。たとえば，観光などの短期滞在，留学・就学，文化活動のような在留資格での就労は認めておらず，仮に就労した場合，それは不法就労（次頁コラム参照）となります。もっとも，留学生・就学生のうち，許可申請をし認められた者が1日4時間以内（夏休み中は1日8時間以内）で就労することは可能とされています。一方，いうまでもないことながら，不法入国者や在留期間を超えて働く場合も不法就労となります。

> **コラム** 不法就労
>
> 　法務省入国管理局の資料にもとづけば，不法就労者は日本の外国人労働者の4分の1を占め，判明しているだけでかなりの数に上ることがわかります。
>
> 　不法就労・不法残留者の出身国で多いのは，中国，フィリピン，韓国などです。適法な外国人就労者の場合と比較すると，中小零細企業における工員や建設作業者などの単純作業で，いわゆる3K（p.16 参照）と呼ばれる仕事や，ホステス等の接客業などに従事する者がほとんどを占めます。労働者側に不法就労という弱みがあるため，長時間労働や突然の解雇，極端に安い賃金や賃金そのものの不払いなど，不当な労働条件を突きつけられても，また，人権侵害の言行や労災事故に直面しても泣き寝入りする者も少なくないようです。しかし，不法就労者といえども労働者である限り，日本人や適法の外国人就労者と同様に，労働基準法や最低賃金法，労災保険法などの保護の対象となります。ただし，不法就労者の中には犯罪や違法行為に手を染める者も後を絶たず，大きな問題となっています。

○ トラブルを抱える外国人研修・技能実習制度

　不法就労でもなく，外国人就労者全体に占める割合もまだわずかながら，1993年創設の外国人研修・技能実習制度では，すでにトラブルが続発しています。この制度は，技能・ノウハウの移転を通じた国際貢献の実現や，国内での求人が思わしくない日本の中小零細企業の人材確保を目的として作られたものです。3年間のプログラムとして設計され，図表8.7 の上図のように，まず日本の受け入れ先で1年間研修期間を過ごした後，技能検定基礎2級レベルに合格すると，在留資格が研修から特定活動へと変更になります。すると，受け入れ先と正式な雇用関係を結べるため，2年間の技能実習を通じて収入を得ながら技能習得・向上が可能になるという仕組みです。雇用関係にない研修中は，賃金ではなく，わずかな研修手当のみが支給されます。

　受け入れ先には大きく，海外の現地法人や外国の取引先企業の常勤職員を研修生として受け入れる企業単独型と，商工会議所や中小企業団体，公益法人などが受け入れ責任を持ち，その指導・監督下で受け入れる会員・組合員

図表 8.7 外国人研修・技能実習制度の仕組み

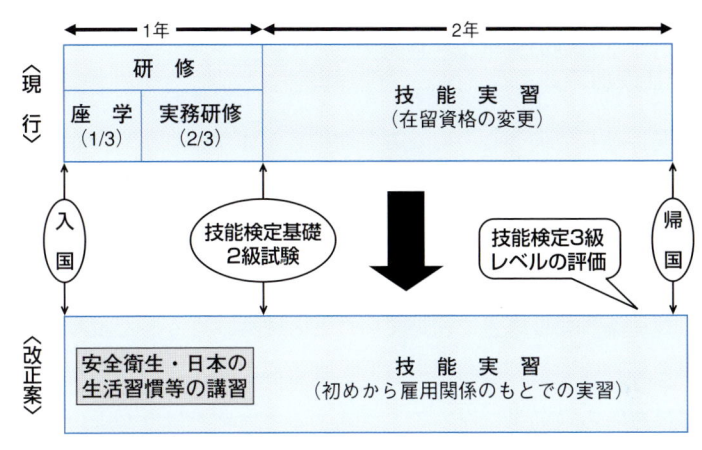

〈現行〉
- 1年：研修（座学 1/3、実務研修 2/3）
- 2年：技能実習（在留資格の変更）
- 入国 → 技能検定基礎2級試験 → 技能検定3級レベルの評価 → 帰国

〈改正案〉
- 安全衛生・日本の生活習慣等の講習
- 技能実習（初めから雇用関係のもとでの実習）

(出所) 厚生労働省 (2008)「研修・技能実習制度研究会資料」より。

企業である団体監理型の2種類があります。圧倒的に多いのが後者です。

実は，この制度を悪用し，研修生を劣悪な労働環境のもと，長時間かつ最低賃金を大幅に下回る研修手当のみで働かせるなど，実質的な低賃金労働者として扱う受け入れ先が少なくないことが判明し，このところ問題視されています。そうした企業ではコスト削減が目的であるため，教育訓練を実施しないことはもちろん，労災への対応も行わず，研修生を使い捨てにすることが大半です。また，営利目的で高額の管理料を研修生・技能実習生から徴収している場合もあります。こうした実態が明らかになるにつれ，日本企業のイメージダウンだけでなく，重大な人権侵害と諸外国から批判を集めるようになっています。不法行為認定件数の約 98% が，前述の団体監理型によるといわれています。

こうした不法行為を一掃するため，図表 8.7 の下図のようにプログラムの内容を一部変更して，最初から雇用関係を結んだ3年間の実習としてはど

うか，指導員を配置したり実習終了後の技能評価，たとえば技能検定3級レベルの合格を義務づけてはどうか，などの諸提案がなされ始めています。また，罰金やその後一切の受け入れ禁止など，不法行為が明らかになった受け入れ先に対する罰則の厳格化も議論に上っています。

　本来，成功裏にダイバーシティ・マネジメントを進めることができれば，それは企業にとって大きな力になると期待されます。しかし，非正規従業員に対しても同様のことがいえましたが，目先の利益のみにとらわれて，弱い立場の外国人労働者を不当に軽んじ差別的な待遇を続けている限り，真のダイバーシティ・マネジメントの実現は程遠いといわざるをえないでしょう。たとえ正規従業員には厚遇で報いていたとしても，こうした誤った姿勢は企業に対する正規従業員の信頼感や誇り，愛着心をも損ないかねないため，結果としてはむしろ逆効果になることさえあると考えたほうがよいでしょう。

8.6　これからの日本企業の人的資源管理

　本章では，2つの新たなテーマを概観し，いずれもまだ現在の多くの企業では，表面的な対処やつけ足し的な位置づけに留まり，これまでの制度と十分に融合されない状態にあることが認められました。そうした状態は，本書で取り上げた人的資源管理の随所で散見されます。労働をめぐる内外の環境変化に対応すべく部分的な変化は行っていても，システム全体の視点からみると，各領域の変化間の整合性が不十分でつぎはぎ的な印象が拭えないのです。

　このように個別の動向や変化を押さえたうえで，最後に，第1章で掲げた「これまでの人的資源管理のあり方はどう変化すべきか」という問いについて，改めて考えてみることにしましょう。まず変化を取り入れる場合，ここまで繰返し指摘してきたように，必ずシステム全体に整合性を確保すること

が重要となります。ある部分だけは変化させても，その他の部分は従来の考え方をひきずったままとなれば，変化のベクトルが相殺しあい，期待する効果を上げることはできません。もちろん，それぞれの変化の進行度合にタイムラグが存在するのは構いませんが，その場合でも各取り組みが同じ方向を目指したものであることが必要になります。そうでなければ，企業が何を目指しているのか，もしくは目指すつもりなのか，そのメッセージが従業員に正しく伝わらないうえ，そのことを原因として無用な疑心暗鬼を生み出してしまう恐れがあるからです。たとえば，各従業員に自己責任という名のもと，自主的にキャリアを追求させるのであれば，一部の従業員しか利用できないオプションや利用にあたって従業員に究極の選択を迫るオプションではなく，すべての従業員がその時々の考えや状況に応じて，柔軟かつ多様に組み換え可能なオプションを用意する必要があることは，本書の該当章ですでに述べたとおりです。

　こうした各領域における変化間の整合性もさることながら，目指す方向性の中味も重要です。最近の変化は，整合性が不十分なだけでなく，全体的にあまり望ましくない方向にシフトしているようにみえます。具体的には，これも各章で述べてきたように，大部分の従業員にとって心身ともに疲弊したり，働く意欲や将来への見通し，希望を失いやすい仕組みになっていると解釈されることを指します。正規従業員に対してすら，そうした企業の姿勢が見え隠れするのです。まして，もともと大きな処遇差が指摘されている非正規従業員の待遇に問題があることは，改めていうまでもありません。

　それぞれの人材を長期的な視点で育てていくというよりは，それぞれの能力に応じ使えるときに使い切るという姿勢は，第1章で言及した人的資源管理以前の時代に逆戻りするのに等しいことと受け止められます。機械でも無理をさせれば壊れます。まして，仕事の楽しさ，働く喜び，成長の実感を得られない状況で常に従業員を追い立てていれば，たとえ短期的には収益を上げることができても，遠からず人的資源の枯渇を招くことでしょう。そもそも，企業の発展のために従業員が存在するわけではありません。その点をは

き違えている企業は，最終的には，自身の競争力の弱体化もありうることを覚悟しておく必要があるでしょう。そして，もしそうした問題ある企業ばかりが巷にあふれれば，そうした企業で支えられた社会や国家も次第に国際競争力を失っていくことと考えられます。

そのような視点に立てば，仮に現在の日本がかろうじて優れた製品やサービスを生み出せていたとしても，それが過去の遺産を食いつぶすことで成り立っており，今はむしろ人的資源に関する未来への種まきを疎かにしている状態に陥っていると受け止められるならば，早晩，大きな打撃を受けることになることでしょう。これは，今後に対する強い懸念事項といえます。

こうした状況を鑑みると，いかに環境が変化しても，本社人事部の重要性は変わらないというだけでなく，増しているとさえ考えることができます。もちろん，ラインである各事業部が，重要度の高い独自情報を豊富に保有しているうえ，それぞれの内部のマネジメントに関しては本社人事部不要論が登場するほど優れているのは，一面の事実かもしれません。

しかし，各章で確認してきたようなさまざまな変化の中でも，トップやライン間，労働組合などの利害関係者を調整する必要性に変わりが生じているようにはみえません。それどころか現在は，人的資源管理の各所において，前述のような進行状況の異なる変化がつぎはぎ状に生じているのです。それらの動きを同じ方向に揃え，かつ企業と従業員双方に望ましい内容になるよう必要な制度設計・運用を専門にする部署の存在は，ますます不可欠になってきているのではないでしょうか。

さらに視点を移せば，増加している非正規従業員のマネジメントは，現在のところ各ラインや各職場・現場が担っているのが一般的です。通常の業務に加え，こうした新たな仕事が加わった各ラインに，このうえ全体を見渡して整合性を保つ役割や，その内容を望ましい方向に操作することまで期待するのは，酷というものではないでしょうか。

もっとも，企業全体として仕事の負荷や複雑性，不確実性が増す中，人事部だけの力で動かせるものは何もないに違いありません。人事部が求められ

ている役割を十分に果たし，一人ひとりの従業員がこの会社で働けて良かったと思えるような状況を作りあげるためには，人事部の活躍はもちろんのこと，ラインとの連携や協力体制を充実させることが今まで以上に大切になることでしょう。

演習問題

8.1　企業におけるメンタルヘルス不全者が増加している現状について，その原因をさまざまな側面から考えてみましょう。そうした複数の原因の中で，企業が対処できること，積極的に対処すべきことの範囲を具体的に示してみましょう。

8.2　ホイッスルブロワーと呼ばれる人々の評価については，賛否が分かれます。最近メディアなどで取り上げられた事例をいくつかリストアップし，その行為の是非について論じなさい。また，彼らに関する情報保護の必要性についても検討してみましょう。

8.3　最近，社会問題の一つになっている偽装請負や多重派遣とは，どのようなものか各自で調べてみましょう。そのうえで，そうした働かせ方の何がどのように問題となるのか，考えてみましょう。

8.4　正規従業員と比較した非正規従業員に対する日本企業の処遇のあり方について，どのような評価を持ちますか。自分の考えを述べてみましょう。また，日本以外の国で非正規従業員のマネジメントがどのように行われているか，調べてみましょう。

文献案内

　本書は教科書であるため，参考文献・引用文献の掲載という形をとらず，代わりとして，さらにこの分野に関する学習を深めたいと考える方々に一読をお薦めしたい，基礎的な文献・資料を挙げておきます。また，人的資源管理という変化の激しい分野の性質上，比較的新しいものに限定して紹介しておきます（刊行年順に掲載）。

1．人的資源管理全般のテキスト・入門書

[くまなく全体を網羅しているもの]

今野浩一郎・佐藤博樹（2002）『人事管理入門』日本経済新聞社

佐藤博樹・藤村博之・八代充史（2007）『新しい人事労務管理［第3版］』有斐閣（有斐閣アルマ）

[論調や視点に執筆者のバックグラウンドが比較的色濃く反映されているもの]

慶應義塾大学ビジネス・スクール編・高木晴夫監修（2004）『人的資源マネジメント戦略』有斐閣

廣石忠司（2005）『ゼミナール人事労務』八千代出版

岩出　博（2006）『新・これからの人事労務』泉文堂

2．人的資源管理全般に関わる古典・研究書

[翻訳されているもの]

ゲーリー・S. ベッカー　佐野陽子訳（1976）『人的資本——教育を中心とした理論的・経験的分析』東洋経済新報社（Becker, Gary S.(1975) *Human Capital: A Theoretical and Empirical Analysis, with Special Reference to Education*. 2nd ed. Columbia University Press, New York.）

ピーター・キャペリ　若山由美訳（2001）『雇用の未来』日本経済新聞（Cappeli, Peter（1999）*The New Deal at Work: Managing the Market-Driven Workforce*. Harvard

Business School Press, Boston.）

サンフォード・M. ジャコービィ　鈴木良始・伊藤健市・堀　龍二共訳（2005）『日本の人事部・アメリカの人事部——日米企業のコーポレート・ガバナンスと雇用関係』東洋経済新報社（Jacoby, Sanford M.（2005）*The Embedded Corporation: Corporate Governance and Employment Relations in Japan and the United States.* Princeton University Press, New Jersey.）

[和　書]

高橋伸夫（1997）『日本企業の意思決定原理』東京大学出版会
仁田道夫（2003）『変化のなかの雇用システム』東京大学出版会
平野光俊（2006）『日本型人事管理——進化型の発生プロセスと機能性』中央経済社

3．人的資源管理の個別分野

竹内　洋（1995）『日本のメリトクラシー——構造と心性』東京大学出版会
白井泰四郎（1996）『労使関係論』日本労働研究機構
橘木俊詔（1997）『昇進のしくみ』東洋経済新報社
八代充史（2002）『管理職層の人的資源管理——労働市場論的アプローチ』有斐閣
土田道夫・山川隆一共編（2003）『成果主義人事と労働法』日本労働研究機構
佐藤博樹編（2004）『パート・契約・派遣・請負の人材活用』日本経済新聞社（日経文庫）
二村英幸（2005）『人事アセスメント論——個と組織を生かす心理学の知恵』ミネルヴァ書房
本田由紀（2005）『若者と仕事——「学校経由の就職」を超えて』東京大学出版会
都留　康・阿部正浩・久保克行（2005）『日本企業の人事改革——人事データによる成果主義の検証』東洋経済新報社

4．労働経済学

樋口美雄（1996）『労働経済学』東洋経済新報社
エドワード・P. ラジアー　樋口美雄・清家　篤共訳（1998）『人事と組織の経済学』日本経済新聞社（Lazear, Edward P.（1988）*Personnel Economics for Manager.* John

Wiley&Sons, New York.）

5. 労働法

菅野和夫（2008）『労働法［第8版］』弘文堂
菅野和夫・土田道夫・山川隆一・大内伸哉共編著（2007）『ケースブック労働法［第3版］』弘文堂
水町勇一郎（2008）『労働法［第2版］』有斐閣

6. 人的資源管理関係の資料について（主な参照先）

[白書]
「厚生労働白書」「労働白書」（厚生労働省）

[統計データベース]
厚生労働省
独立行政法人労働政策研究・研修機構

[調査研究報告書]
独立行政法人労働政策研究・研修機構
財団法人社会経済生産性本部生産性労働情報センター
社団法人日本経営協会
社団法人日本産業訓練協会
社団法人日本経済団体連合会（経団連）

[論文誌]
「日本労働研究雑誌」（独立行政法人労働政策研究・研修機構）

[雑誌]
「労政時報」（財団法人労務行政研究所）
「人材教育」（株式会社 JMAM 人材教育）
「企業と人材」（株式会社産労総合研究所）など

索　引

あ　行

アウトソーシング（外部委託）　223
洗い替え方式　79
安全衛生教育　219
安全配慮義務不履行　215
暗黙的な処遇差　142

依願退職　184
育児・介護休業制度　167
育児・介護休業法　167
一時帰休　188
一時金　65
一括定期採用　38
一体型　236
一般職　108
一般能力　119
異動・昇進管理　88
移動可能性　207
入口管理　24
インターンシップ制度　50
インフォーマルなOJT　122

請負労働　231
打切補償金　189
売り手市場　25
上乗せ支給　192

衛生要因　18, 150
エグゼクティブ・サーチ　39
エリア総合職　108
オープン・ショップ制　11
送り出し　93

遅い昇進　95

か　行

カークパトリック（D. L. Kirkpatrick）　120
　――の4段階評価　120
海外転勤　100
海外留学者　131
解雇　186
　――権濫用の法理　189
　――制限　189
　――猶予措置　186
　――予告の必要性　189
介護休業　170
外国人研修・技能実習制度　238
外国人就労者　237
外国人留学生　38
会社説明会　30
会社都合退職　190
階層別教育　124
外的整合性　20
外的報酬　63
買い手市場　26
解任年齢　197
抱え込み　93
科学的管理法　6
確定給付年金制度　193
確定拠出年金制度（日本版401k）　193
学歴　27
　――による育成格差　139
隠れ長時間労働　161
加算金　194
過重労働　151

肩たたき　185
カフェテリアプラン　177
ガラスの天井　141
借り上げ社宅　176
仮配属　89
過労死　213
勧奨退職　185
間接雇用　231
幹部候補生　136
管理監督職　153
管理職　107
　——群　109
　——手当　111

企画業務型　158
基幹的な人材　27
企業単独型　238
企業特殊能力　119
企業内訓練　118
企業内大学　134
企業内留保分　75
企業別労働組合　11
擬似パート　229
技術の空洞化　134
基準日　154
季節労働者　190
技能研修　238
技能伝承　134
機微（センシティブ）情報　222
希望退職制度　193
基本給　64
基本年俸　80
逆転人事　94
キャッシュバランスプラン型年金制度
　　193
キャリア　52
　——・アンカー　52
　——・オプション　114

——教育　52
——上の節目　199
——設計セミナー　198
——面談　133
休憩時間　154
休日　154
給与グレード　77
給与住宅制度　176
給与所得　192
教育訓練担当者　125
競業避止義務　224
業績年俸　80
業績評価　56
業績連動型賞与　81
業務起因性　213
業務災害　213
業務職　109
業務遂行性　213
業務命令　130
拠出率　175
勤続給　64
勤務延長制度　203

屈折点　68
組合組織率　11
クランボルツ（J. D. Krumboltz）　52
　——のプランド・ハップンスタンス理
　　論　52
グループ面接　31
クローズド・ショップ制　11

経営資源　4
計画的 OJT　122
計画的付与　155
継続雇用制度　203
契約社員　203, 230
減給　186
現金インセンティブ　81

健康診断　220
研修　238
　　選択型——　132
　　選抜型——　133
譴責・戒告　186

コア人材　227
コアタイム　157
合意退職　184
公益通報者　222
　　——保護法　222
降格　78, 93, 186
　　——制度　95
考課者訓練　56
降級　78
公共職業安定所（ハローワーク）　25
厚生年金基金制度　193
構造的な問題　163
高度専門能力活用型　227
高年齢者雇用安定法　183
高年齢者雇用継続給付金　204
高年齢者雇用安定法　202
公平性の観点　73
号俸表　68
高齢化率　14
コース転換　109
コース別雇用制度　108
国内転勤　100
個人情報漏洩　221
個人面接　31
細切れ契約　232
細切れの年休付与　155
コミュニティ　178
雇用確保措置　202
雇用形態　26
雇用柔軟性　227
雇用調整　188
雇用ポートフォリオ・モデル　226

雇用保険　168
コンプライアンス（法令遵守）　20

さ 行

サービス（賃金不払い）残業　166
再雇用制度　203, 230
在職老齢年金　204
在宅勤務　115, 174
最短在留年数　73
最低勤続年数　191
最低賃金法　81
再発率　217
採用ウェブページ　29
採用活動の早期化　36
採用管理　24
採用計画　24
採用に関するミスマッチ　46
採用予算　29
在留資格　237
裁量労働制　157
サクセッション・プラン　134
査定昇給　66
サバイバー　206
差別的出来高給　6
産業保健スタッフ　218
三種の神器　10

塩漬け　93
資格のインフレ　75
時間外労働時間　151
時間研究　6
事業所内託児施設　160
事業場外みなし制　157
自己啓発　125
自己申告シート　104
自己申告制度　104
自己都合退職　185
時差通勤　157

自殺者　215
市場価値　129
辞職　184
次世代育成支援対策推進法　169
自然退職　184
時短促進法　161
七五三現象　47
自動昇給　66
シナジー効果　179, 235
シャイン（E. H. Schein）　52
社会保険制度　175
若年者トライアル雇用制度　51
若年者の離退職問題　47
社内FA制度　105
社内公募制度　104
社内資格制度　135
社有社宅　176
従業員支援プログラム（EAP）　219
従業員の健康に関するリスク　212
就業調整　229
就職協定　36
重大災害　213
住宅関連費　176
住宅融資制度　176
周辺業務　16
就労始期付解約権留保付　47
熟練者　134
出勤停止　186
出向　101
守秘義務　223
準総合職　108
春闘　69
情意評価　56
生涯雇用　10
障害者雇用促進法　45
生涯賃金　235
紹介予定派遣制度　51
昇格　57

昇給　57
　——率（ピッチ）　66
昇進　57
　——・昇格昇給　68
　——スピード競争　95
少数精鋭教育　136
傷病補償年金　189
情報管理責任者　223
情報セキュリティ教育　223
情報の非対称性　48
情報漏洩　222
　——などのリスク　212
賞与　65
常用型　232
奨励給制　64
初期選考　31
処遇と貢献の不一致　77
処遇の均衡化　237
職業安定法　231
職業規則　100
職業選択の自由　47
職種別採用　38
嘱託社員　203, 230
職能資格制度　57
職能資格等級　57
職能等級の呼称　61
職能別教育　125
職能要件　62
職場デザイン　172
職場復帰支援　218
職場不適応　92
職務記述書　77
職務給　77
職務遂行能力　57
職務等級制度　77
職務特性　78
職務分析　77
職務要件書　77

諸手当　64
所定外賃金　64
所定内賃金　64
所定労働時間　151
初任格付　60
初任給　71
初任配属　89
書類審査　30
新規学卒者の採用・選考に関する企業の
　倫理憲章　36
新規高卒者　42
シングル・レート　76
人権侵害　239
人件費の膨張　62
人材育成　18,118
　──型　132
　──に関する格差　137
人材紹介業者　39
人材選抜　94
人材派遣会社　231
人材フロー管理　18
人事管理　7
人事考課　56
人事部　12
　本社──　12
心身の疲労感　83
新卒採用　27
人的資源　4
　──管理（HRM）　2,8
人的ネットワーク　124
心裡留保　185

数量的柔軟性　15
スキル・ニーズ　133
スクラップ・アンド・ビルド　177
スター社員　206
スタッフ管理職　108
ステップ・バイ・ステップ型　236

ストレス　216
ストレッチ目標　76
スペシャリスト　93

正規従業員　26
　──比率　15
正社員的パート　229
正社員登用・転換制度　235
精神障害　215
税制適格退職年金制度　193
制度運用　3
制度設計　2
性別による育成格差　141
整理解雇　188
整理解雇の有効性に関する4要件　189
セカンド・キャリア支援制度　198
セクシュアル・ハラスメント（セクハラ）
　222
是正勧告　166
ゼネラリスト　92
ゼネラリスト育成型　92
セミナー　30
セルフ・スクリーニング　30
全体最適　14
選択定年制度　195
専門業務型　158
専門職制度　109
戦略的人的資源管理（SHRM）　9

総括安全衛生管理者　219
早期退職優遇制度　195
早期発見　217
総合職　108
即時解雇　187
即戦力　26
組織開発（OD）　7
組織均衡論　207
組織内地図　145

索引

卒業方式　94

た 行

退職　184
　　──一時金　190
　　──管理　182
　　──金前払い制度　192
　　──事由別係数　190
　　──届　185
　　──願　185
　　──年金　190
第二新卒者　38, 41
ダイバーシティ・マネジメント　19, 212
タイプ間の移動　227
タイムラグ　129
滞留ゾーン　68
大量採用　38
大量リストラ　74
多段階のふるい分け　97
タテの異動　93
短期計画　25
短時間勤務制度　115, 160
男女雇用機会均等法　44
単身赴任　100
団体監理型　239
弾力的な人材活用　227

地域限定総合職　108
知的生産性　4
中央制御型　104
中途採用者　26, 39
懲戒解雇　186
超過労働　162
長期勤続　199
長期計画　25
長期蓄積能力活用型　226
直接雇用　231

賃金カーブ　70
賃金支払いの5原則　63
賃金テーブル　68
賃金の機能　63
賃金不払い（サービス）残業　166

通勤災害　213
通年採用　38
積み上げ方式　79

定額給制　64
定期昇給（定昇）　66
定住者資格保有者　237
低賃金労働者　239
定年延長化　183
定年制度　183
定年退職　183
　　──日　184
テイラー（F. W. Taylor）　6
適材適所　88
適性検査　31
出口管理　182
テレワーク　174
転勤　100
転職支援サイト　39
天職信仰　52
転籍　102

同一年次同時昇進　95
動機づけ要因　18
登録型　232
トーナメント方式　95
独身寮　176
特定活動　238
特別休暇　156
特別条項つき36協定　152
独立開業支援制度　198
どこでもオフィス　174

252

特許法 *82*
トレード・オフ *179*

な　行

内示 *100*
内定式 *32*
内定辞退率 *46*
内定者（入社前）研修 *124*
内定承諾書 *32*
内定通知書 *32*
内的整合性 *20*
内部育成 *10*
名ばかり管理職 *165*
慣らし勤務 *218*
成り行き管理 *6*

入学方式 *94*
入社式 *32*
人間ドッグ利用補助 *177*
妊産婦 *153*

ネガティブ・リスト方式 *232*
年間スケジュール *28*
年功賃金 *10*
年功的資格制度 *57*
年次有給休暇 *154*
年少者 *153*
年俸制 *80*, *230*
年齢給 *64*
　　――テーブル *66*

能力開発支援制度 *198*
能力評価 *56*
ノー残業デー *163*
ノーワーク・ノーペイ *63*
伸びしろ *35*

は　行

ハーズバーグ（F. Herzberg） *18*, *150*
パートタイム労働者 *228*
パートタイム労働法 *229*
配置転換 *90*
配置転換・昇進管理 *18*
波及効果 *119*
派遣労働者 *231*
発症率 *216*
抜擢人事 *94*
発明報奨 *82*
発令 *100*
花形部門 *13*
バブル期入社組 *144*
パワー・ハラスメント（パワハラ）
　　 202, *216*

非管理職群 *109*
ビジネス・リーダー *133*
非正規従業員 *26*, *225*
筆記試験 *31*
一人一社制度 *42*
日雇い労働者 *190*
評価エラー *57*
評価・報酬管理 *18*, *56*
標準ゾーン *68*
標準モデル *74*

ファスト・トラック型 *95*
ファミリー・フレンドリー施策 *225*
付加価値 *75*
複線型人事管理制度 *108*
福利厚生 *175*
　　――型 *132*
不正競争防止法 *223*
不正行為 *223*
普通解雇 *186*

不法就労　237, 238
フリーアドレス化　173
フルタイム型勤務　203, 233
プレエントリー　30
フレキシブルタイム　157
フレックスタイム制度　157
風呂敷残業　164
プロフィット・シェアリング　81

ベアゼロ　69
ベースアップ（ベア）　69
ペーパーレス化　174
ベッカー（G. S. Becker）　119
ヘッドハンティング　39
変形労働時間制　156

ホイッスルブロワー（内部告発者）　222
ポイント制退職金制度　192
ポイント単価　192
報奨金　81
法定外休日　154
法定外福利費　175
法定外補償　214
法定外労働時間　151
法定休日　154
法定雇用率　45
法定福利費　175
法定労働時間　130, 151
法内超勤　151
ホーソン実験　7
ポータビリティ化　193
ポジティブ・アクション　44
母集団の形成　29
ホワイトカラー・エグゼンプション　164
本エントリー　30

ま行

マイスター制度　135
マイノリティ（少数派）　212
マジョリティ（多数派）　224
マツダ・ショック　194
満額回答　69
満了による退職　184

ミーイズム　52
見込み採用　143
見込み違い　46, 143
みなし労働時間制　157
身分拘束　131
身分的資格制度　57

メタボリック・シンドローム　220
メンタルヘルス　214
　──・ケア　218
免罰的効力　151
目的別教育　125
目標管理制度（MBO）　76
持たざる経営　178
持ち帰り残業　164
モチベーション管理　18

や行

役職定年制度　196
役割給　79
役割等級　78
　──制度　78
雇止め　188

誘因　63
有給休暇の比例付与　156
優遇条件　194
有効求人倍率　25
有配偶単身赴任者　101

諭旨解雇　187
ユニオン・ショップ制　11
揺り戻し現象　136

要員計画　24
ヨコの（人事）異動　90

ら　行

ライセンス供与　82
ライフスタイルの変化　74
ライン管理職　107
　──志向　112

リアリティ・ショック　48
理系のメーカー離れ　30
リスク・アセスメント　220
リスク・マネジメント　19, 212
リターン雇用制度　205
リテンション　206
　──・マネジメント　206
リハビリ勤務　218
レンジ・レート（範囲給）　76

労災認定基準　214
労災保健法　214
労働安全衛生法　165
労働安全衛生マネジメントシステム
　（OHSMS）　219
労働基準法　10
労働組合　11
労働契約法　189
労働災害（労災）　213
労働時間柔軟化　156

労働時間等設定改善法　163
労働者観　6
労働者派遣法　51, 232
労働諸条件管理　18
労働生活の質（QWL）　7
労働の見返り　63
労働法　20
労働保険制度　175
労働力　4
労務管理　6
ロードマップ　120
ロールモデル　89

わ　行

ワーキング・プア　233
ワーク・ライフ・バランス　133
ワクチン効果　49
割増賃金　151

数字・英字

2007年問題　14
360度（多面）評価　56
36協定　151
3K　16, 238
60歳定年制　183
CDP　132
eラーニング　132
FA資格　105
M字カーブ　225
Off-JT　122, 124
OJT　122
RJP　49
SOHO　174

著者紹介

安藤　史江（あんどう　ふみえ）

1999 年　東京大学大学院経済学研究科博士課程単位取得退学
　　　　博士（経済学）（東京大学）　2000 年に学位取得
1999 年　南山大学経営学部経営学科専任講師
2002 年より 1 年間　米マサチューセッツ工科大学スローンスクールにて客員研究員
2003 年　南山大学経営学部助教授
現　在　南山大学大学院ビジネス研究科准教授

主要著書・論文

『未来傾斜原理』（分担執筆，白桃書房，1996 年）
『組織文化の経営学』（分担執筆，中央経済社，1997 年）
「組織学習と組織内地図の形成」（「組織科学」Vol.32，No.1，1998 年）（組織学会賞「高宮賞」受賞：論文部門）
『超企業・組織論』（分担執筆，有斐閣，2000 年）
『組織学習と組織内地図』（単著，白桃書房，2001 年）
『コンカレント・ラーニング・ダイナミクス』（分担執筆，白桃書房，2003 年）
『現代ミクロ組織論』（分担執筆，有斐閣，2004 年）
『コラボレーション組織の経営学』（分担執筆，中央経済社，2008 年）

ライブラリ 経営学コア・テキスト＝6
コア・テキスト人的資源管理

2008 年 11 月 10 日©　　　初　版　発　行
2013 年 5 月 10 日　　　　初版第 3 刷発行

著　者　安　藤　史　江　　　発行者　木　下　敏　孝
　　　　　　　　　　　　　印刷者　加　藤　純　男
　　　　　　　　　　　　　製本者　米　良　孝　司

【発行】　　　　　　　株式会社　新世社
〒151-0051　東京都渋谷区千駄ヶ谷 1 丁目 3 番 25 号
編集☎(03)5474-8818(代)　　　サイエンスビル
【発売】　　　　　　　株式会社　サイエンス社
〒151-0051　東京都渋谷区千駄ヶ谷 1 丁目 3 番 25 号
営業☎(03)5474-8500(代)　　　振替 00170-7-2387
FAX☎(03)5474-8900

印刷　加藤文明社　　　　製本　ブックアート
《検印省略》

本書の内容を無断で複写複製することは，著作者および出版者の権利を侵害することがありますので，その場合にはあらかじめ小社あて許諾をお求めください。

サイエンス社・新世社のホームページのご案内
http://www.saiensu.co.jp
ご意見・ご要望は
shin@saiensu.co.jp まで．

ISBN 978-4-88384-130-1
PRINTED IN JAPAN